東線悲歌

The World Crisis: The Eastern Front

邱吉爾述說
這場失敗者的遊戲

第一次世界大戰不為人知的一面
以獨到視角重述三大帝國的毀滅

(Winston Churchill)
溫斯頓·邱吉爾 著
伊莉莎 編譯

揭開東線戰爭的序幕
不僅是一部戰爭史，更是一則警示

深入剖析影響歐洲格局的關鍵事件
還原那段被忽視但應受重視的歷史
記錄這場「不為人知的戰爭」背後全貌
邱吉爾筆下俄國、德國與奧匈帝國之間的戰爭

目錄

哈布斯堡王朝的暮色 ………………………… 009

併吞波士尼亞 ………………………………… 023

邁向危機深淵 ………………………………… 033

皇儲遇刺事件 ………………………………… 047

奧地利的最後警告 …………………………… 059

戰線與戰士 …………………………………… 069

宣戰 …………………………………………… 083

動員與備戰的間隙 …………………………… 099

東線戰力的部署 ……………………………… 113

奧地利與俄國的戰爭 ………………………… 123

倫貝格之役 …………………………………… 133

入侵東普魯士 ………………………………… 143

坦能堡戰役 …………………………………… 155

首戰馬祖爾湖之役 …………………………… 171

第二輪對決 …………………………………… 183

目錄

羅茲攻防戰………………………………………………195

東進或西擊？……………………………………………209

嚴冬中的會戰……………………………………………223

跨越達達尼爾海峽………………………………………231

華沙陷落…………………………………………………245

清算塞爾維亞……………………………………………255

法金漢重返西線…………………………………………269

布魯西洛夫的進攻………………………………………277

俄羅斯帝國的瓦解………………………………………289

獻給

我們忠誠的盟友

和俄羅斯帝國的戰士

前言

　　在本書中，我按英國的觀點，尤其是依據我當時擔任的職務所持的立場，講述了第一次世界大戰的情況。導致大戰的事件和大戰各次戰役的內容講的都是發生在東線戰場的故事，英國和法國的事情則只是簡略地、在不可或缺之處才提到。我試圖全面敘述發生在東線的整個戰況，法國的遙遠炮擊聲只是偶然傳到耳際。主題發生在維也納，包含中歐的苦惱。發生在西線的熟悉的事件只有在談它們對東線的影響時才會提到。

　　整個戰爭歲月中，雖然我是在視野開闊和能夠獲得最佳資訊的職位上生活並緊張地工作，我還是驚奇地感到，俄國和兩個日耳曼帝國之間的衝突，留給我的印象是那麼朦朧，而且常常又是那樣地不完整。實際上，我曾想將本書稱為「不知道的戰爭」。我是直到從這個新的角度研究了這些問題之後才開始完整地了解這場悲劇的。我相信，英國和美國的讀者也會認同，要了解真相，講述這些故事是必不可少的部分。

　　史料來源非常豐富。可供利用的有卷帙浩繁的歷史著作、回憶錄、答辯、辯白錄、無罪證明和官方紀錄，其中有的還是近期才公諸於世的。很多尚未譯成法文。極少譯成英語。另外一些則是技術性的，主要是研究軍事問題學者感興趣的資料。另有一個完整的書庫，但說英語的世界幾乎還沒有人大膽進入。我們自己現在的命運還處於東線所發生的一切重大事件之影響之下，因此，我們必須到那裡去尋找我們命運中很多奇怪而悲慘的轉捩點。

　　我必須特別感謝下列這些資料，因為我從中獲益匪淺。這些資料是：實際上的奧匈帝國總司令康拉德・馮・赫岑多夫的大量紀錄；興登堡、魯登道夫、法金漢和霍夫曼的著作；丹尼洛夫、古爾科和蘇霍姆利諾夫的俄

前言

國紀事；多卷本的德國和奧地利官方歷史；皇家國際事務研究所的圖書；以及經常見於《軍隊季刊》（*Army Quarterly*）的大批探索性的軍事專著。我還必須對芝加哥大學的伯納多特‧施米特教授關於戰爭起因的闡述表示敬意，他巧妙地從浩瀚又可靠的官方資料中整理出一批讓人深刻印象的文獻。

最後，我還要衷心感謝陸軍中校查爾斯‧霍登。他花了一年多的時間，以卓越的能力幫助我蒐集和精選資料，完成必要的翻譯，並繪製了很多地圖，沒有這些地圖，我講述的情況就難以理解。

我參考過的，或引用過一些權威人士的相關著作請見附錄。在所有情況下，凡我需用的文獻資料，我都力求找到原件，而且依據德文和俄文的原文直接譯出。

我還力求讓一般讀者對軍隊的軍事行動一看就明白，同時還像在前幾卷中一樣，說明發生了什麼和為什麼會發生。我竭盡全力簡化專業術語。俄國、波蘭和奧地利的大量人名和地名對說英語的讀者來說必然會造成一些理解及閱讀的障礙。但如果不幸大戰在威爾斯打起來，對他們無疑也會發生同樣的困難！為方便簡明起見，奧地利這個詞幾乎總是用來取代奧匈帝國。威廉二世在全書中一概稱為 Kaiser（德皇），法蘭茲‧約瑟夫一世稱為 Emperor（奧皇）。至於略語和符號將隨著敘述予以介紹。我的希望是，細心的讀者，在仔細閱讀說明和細心閱讀輔佐正文的簡明地圖和圖表之後，將能完全領會，本書對人類命運中這些浩大悲劇插曲的描述是連貫而清晰的。

溫斯頓‧邱吉爾

肯特郡　查特韋爾

1931 年 8 月 13 日

哈布斯堡王朝的暮色

　　假如我們暫時從——我們的——記憶中抹去發生在法國和弗蘭德斯的戰爭，那麼在東線的戰爭就是歷史上無可比擬的最大戰役。就其規模大小、屠殺人數、士兵的投入、軍事上的變幻莫測來說，它的重要性和激烈程度都遠遠超過歷史上所有相似的人類戰爭。

　　它也是有文字記載當中最令人沮喪的戰爭。參與其中的三個帝國，敵我雙方，勝者和敗者，都毀了。所有的皇帝或其繼承人全都被殺或被廢黜了。羅曼諾夫王朝（俄羅斯沙皇國）、哈布斯堡王朝（奧地利王國）和霍亨索倫王朝（德意志帝國）被粉碎和剷除，它們數世紀以來名聲顯赫，交織成歐洲的特有結構。這三大體系的結構是由若干代人的忍耐與英勇所建立起來的。代表歐洲大家庭貴族支脈的傳統群集，如今卻已變得不能辨認了。本書再次敘述了實實在在的、理所應得的、令人目眩神迷的勝利和失敗。它們記錄下了數百萬人的苦難、艱險。他們的汗水、他們的淚水、他們的鮮血沾染了無垠的平原。千家萬戶都在翹首等待將士戰勝後歸來。成百上千座城市的居民準備歡呼迎接他們的勝利。但所有人都失敗了，每個人都受到了打擊，他們的一切都付諸東流。他們蒙受了駭人聽聞的傷害，他們忍受了物質與生活的匱乏，他們以典型的忠誠獻身國家，但一切的犧牲最後都化為烏有。任何人一無倖免。他們在泥濘中掙扎，他們在雪堆上凍死，他們在嚴寒裡餓死。那些僥倖生存者，那些經歷過無數日夜戰鬥的老兵最終回來了，無論是帶著勝利的榮譽抑或是戰敗的恥辱，都已回到了早被戰火肆虐、災禍吞沒的家鄉。

　　我們可以透過比較拿破崙戰爭來想像這次的戰線。艱難與陰沉的天候；冬季的戰爭；荒涼貧瘠的地區；背負重物前進或撤退的長途行軍；

戰馬套著韁繩倒下；傷者被自己的血凍傷；死者不清數、不掩埋；生者再次被迫忍受煎熬。埃勞、阿斯珀恩、瓦格拉姆、博羅季諾、別列津納河——所有有關這些戰役的邪惡印象再現於眼前，所有穿著壯麗的、熠熠閃光的外衣被剝掉了，露出醜惡可怖的原形。在這裡，整個中歐將自己撕成碎片，在痛苦中毀滅，然後又再次面目全非地站起來。

我曾追溯了這些對抗的無情發展，這些對抗在 19 世紀的最後 25 年內把歐洲變成一個兵營，分成兩大聯盟體系，世界和平就如危樓般地建立在這兩大體系的均勢上。但這個漫長的過程主要是依據西方強國的觀點予以研究和描寫的，是以法國和德國之間的持久爭執以及英國對此一狀態的態度為中心。

現在我們逆著歷史的長河追溯中歐、東歐和南歐之所以發生世界戰爭的根源。即使德國和法國從未成為對手和敵人，或者，即使英國也從未被德國排斥，奧匈帝國和巴爾幹諸國相互之間憤怒的對峙也遲早要氾濫成戰爭的洪水。如果沒有這些東部的混亂根源，那麼西歐大國或許早就處在和平與進步的陽光之下了。這兩組自成一體的不定時炸彈，本身就有可能釀成最深重的災難，致命的時刻也確是由東方事態的發展過程決定的。

中歐和南歐的國家和民族從古代戰爭的混亂中占有廣袤的疆域。古戰場上凌亂地堆積著昨日陣亡戰士的纍纍白骨以及往昔勝利的旗幟和戰利品，關於這些有許多殘酷壓迫和征戰滅亡的故事可供描述，對此人們記憶猶新。哈布斯堡帝國和巴爾幹半島國家基本上處於與悍然入侵、強迫其他民族改變宗教信仰、踐踏平民的土耳其人歷經數世紀戰鬥之後留下的廢墟中。好戰的伊斯蘭教潮流在西方衰落和消失很久之後，在這裡最終也被擋住了。經過長期的奮戰之後，多瑙河流域得到解放。有一段時間，鄂圖曼帝國統治著巴爾幹國家的基督教民族，而且在其開始衰敗後還是極為嚴厲地控制著他們。這些勇猛的基督教民族，主要是在俄國的幫助下，一次又一次沉重地打擊土耳其的暴政，奮力爭取自由，直至土耳其帝國的永遠瓦

解。羅馬尼亞、保加利亞、塞爾維亞、蒙特內哥羅和希臘最終擺脫了 500 年來被奴役的災難，重生站了起來，但這些國家彼此之間幾乎立即開始以憎恨與敵對的犀利目光相互注視。他們當中的每一個都記得巴爾幹的主權在這個或那個時期曾經是屬於「他」的；各國都著手收集他們國家在衝突歷史中所有亂成一團的、不連貫但有利於自己的線索。

在基督教國家的所有勝利者當中，第一個當屬俄羅斯沙皇帝國。如果說是奧地利和匈牙利的騎士團曾經抵擋過土耳其入侵的話，那麼是俄國在長達兩個世紀的時間裡緊逼著土耳其，除了激勵著那些仍在受奴役的兄弟民族持續爭取解放，並受其他動機的驅使趨步逼近君士坦丁堡，要求開放地中海的不凍水域。俄、土之間的世仇與法、德之間的仇恨一樣古老，一樣不共戴天。但俄國，在彼得大帝和葉卡捷琳娜（凱薩琳大帝）以及其他著名的羅曼諾夫王朝君主的統治下，富有生氣，持續強盛；而鄂圖曼帝國則漸趨衰敗，日落西山。從 14 至 18 世紀，中、東歐面臨的危險以及其全神貫注的問題是土耳其的強大。到了 19 世紀，它們所面臨的危機則是土耳其的衰落。

由於入侵的軍隊最終撤退了，強悍本性的民族和廣大疆域的解放，共同敵人的衰敗和消亡，長期能夠聯合奧匈帝國各民族之間的結合力量逐漸鬆弛瓦解。日耳曼人、捷克人、匈牙利人和斯拉夫人認為為了安全而有組成一個聯合帝國的必要性，由於接二連三的災難性戰爭和內戰而受到了拖延。隨著外部敵人消失，原本奧匈帝國的軍隊開始解體。與巴爾幹解放了的國家一樣，多瑙河平原的 4 個民族也開始再次為自己思考過去和未來。

1848 年，匈牙利人發動了起義和革命，差一點自己獨立分離出去。但是最終他們被通過喀爾巴阡山脈隘口，蜂湧而出的俄軍攔截並且擊潰，不僅淪為俘虜，還被沙皇帶回，再次成為其兄弟皇帝的階下囚。年輕的法蘭茲·約瑟夫是在經歷了流血和殘殺的大慘劇之後，才進入他漫長而不祥和的統治的。現今處於全面復甦中民族主義的波希米亞，在奧地利的羅網中

感到焦慮、憤慨，正在竭力掙扎，而這種民族主義的復甦，象徵著 19 世紀的結束。如果雙重君主變成三重君主，他也許會同意和解。但無論是法蘭茲·約瑟夫還是匈牙利對此都不會讓步。

往南看，「該帝國」的問題甚至還要嚴重。南斯拉夫人橫跨帝國邊界的兩側。該民族的核心是塞爾維亞，但大部分南斯拉夫人居住在多瑙河以北以及波士尼亞與赫塞哥維納兩省。所有南斯拉夫人的感情和傳統都向著塞爾維亞，就像被磁鐵所吸引，而且還透過塞爾維亞嚮往著久遠年代前曾經盛極一時的史蒂芬·杜尚的塞爾維亞帝國。復興昔日的榮耀，重新統一現在分離的土地和人民，成了塞爾維亞人擺脫土耳其奴役之後的堅定抱負。這是個堅強且尚武的民族，「巴爾幹的普魯士人」，他們的牙齒是在與土耳其蘇丹部隊進行了數世紀之久、無記載的凶猛戰鬥中磨鋒利的，對擋道者毫不留情。他們從不顧忌行動對自己或別人的影響，無所畏懼，能忍受一切，透過這次大戰的煎熬和苦難，仍然持續地嘗試實現他們的龐大計畫，而且事實上，在大戰結束時，就已經達到了他們的目標。

19 世紀後半葉開始，所有這些改變的力量在帝國內部積極地並且越來越明顯地發揮作用。西方世界的進步，民主思想的傳播，普及教育的至高無上的必要性，代表制和議會制在廣泛選舉權基礎上的採用，義務兵役制的施行，這一切往往會加劇民眾的緊張程度。接受教育是用心求學的少數人得來不易的一種特權，而語言和歷史的問題並不會產生麻煩；但當種族混雜和宗教信仰多元的數百萬人坐在課桌旁接受義務教育時，每個鄉村學校的每個教室、每一門課程一不小心都會成為角力的場所。在這個衰落的帝國中沒有一種力量，能迫使所有國民學校像美國那樣使用單一語言，把宗教與教育分離開來，互不影響。奧匈帝國的每一個民族都沉溺於分離主義的想像中，並把它推向極致，而且復活了古老的，甚至是早就忘卻的語言，在日益擴大的敵對形式中，把它們作為武器使用。

在帝國議院中召集這些對立力量開會討論是毫無用處的。即使英國下

院議事程序的步驟也無力應付如此嚴重的分歧。只有當原則為各黨派大多數所同意或至少肯接受時，議會才會順利進行。在哈布斯堡王朝的議會中，一批批激動的代表坐在那裡，整個鐘頭都以敵對的語言相互號叫，以無休止的敲擊桌子來為他們的「合唱」伴奏，這種合唱還會突然變調，最終發展為口頭攻擊。所有的人都縱容仇恨；也都為了這些縱容付出了血與淚的代價。

這些民族的表現以及與他們有連繫的、雖然不是完全相同的社會主義和無產階級傾向，令許多階層的人士感到非常苦惱和憂心忡忡；這些人士是有文化、有特權的土地貴族，包含所有等級的官員和各階軍人，他們是保護財產、維護帝國團結和支持君主政體的基本力量。試看某些愛爾蘭人，又是新芬黨又是社會主義者，他們一起爭吵，一起撼搖帝國的結構；而那些認為安全和昌盛均繫於帝國生存的強大統治階級，則以憤怒、擔心和困惑的心情注視著愛爾蘭事態的發展。當20世紀的第一波朝陽即將在6,000萬人上空破曉照耀的同時，統治奧地利的是面有倦容、年邁體衰、命運悲慘的80多歲的皇帝，人民的災難看起來還要繼續一段時間。

包含著土耳其的國力衰弱、巴爾幹國家的野心和奧地利王國逐漸衰敗的場面同步上演之時，此刻，如果沒有包含波蘭的夢想就不完整了。當多瑙河沿岸的離心力在積儲能量時，維斯圖拉河兩岸的向心力卻保持著不滅的能量。著名的波蘭王國的位置就在這裡，雖然130年來一直被包圍著他的三個軍事帝國瓜分，但他始終珍視自由並追求重新統一，還懷著動搖三個瓜分者的希望。在隱蔽的華沙地下室當中安放著波蘭國家的古老旗幟。2,000萬到3,000萬波蘭人在三隻帝國之鷹的魔爪下無依無靠，他們被強制地編入三支傲慢的軍隊之中，相互敵對，隨時都可能被迫兄弟相殘。但他們內心等待著有那麼一天，在三個帝國的廢墟上，揮舞隱藏的旗幟，再次向日光致敬。這裡有一個永不消失的夢。

奧、匈二元帝國雖已破裂，然而仍舊繃緊的制度，依然沉悶地圍繞著

這個年邁的皇帝轉。法蘭茲・約瑟夫1848年在頒布處決令、戒嚴令和對起義的嚴厲鎮壓中登基。他遭受過各種國家苦難和家庭悲劇：其弟馬克西米連在墨西哥被反叛的行刑隊處以極刑。他的獨子、王位繼承人魯道夫於1889年悲慘地自殺。他的妻子，在日內瓦的一個碼頭上，被一名義大利無政府主義者用刀刺穿了心臟。他發動的對外戰爭均以失敗告終，他專心致力的國內政策也都是顯然徒勞無功的。

1859年，索爾費里諾和馬真塔這兩個戰役使他喪失了義大利北部。1866年的薩多瓦戰役使日爾曼民族的霸權從奧地利轉移到普魯士。他曾與之鏖戰的匈牙利在帝國的內心堅持富有挑戰性的分離主義。他永遠不會承認波希米亞曾是夥伴，後者正在他的手掌中苦苦掙扎。

然而，這位皇帝不止是活著，而且活得很好。國王愛德華七世去世時他已經在位60年。他75歲時不僅保養得好，而且精力旺盛；他走得了長途；他還能騎馬；他最主要的娛樂是射獵野豬、熊和鹿。他曾經堅毅地承受喪親之痛；他妒忌其弟馬克西米連；他不愛他的妻子；他與他家族的所有成員都不和，其中甚至有的惹出了醜聞，按他的嚴格標準是絕不會寬恕的；他有肚量地認可了他的姪子、新的皇位繼承人法蘭茲・斐迪南大公的存在，但他永遠不會原諒他的戀愛婚姻。在1905年至1911年期間，俄國駐維也納使館陸軍武官馬爾琴科將軍，在其確實對歷史作出了貢獻的回憶錄中說，他的同僚德國武官馮・比洛少校（德國前首相之弟，後來在比利時被殺害）談過這位皇帝的麻煩：「他習慣於那樣。一天工作中如不發生不幸，他就會感到乏味。」馬爾琴科自己則說，法蘭茲・約瑟夫「把他的失敗和挫折看成是對好運的獻祭」。這位精明、有禮、執拗而無幻想的老紳士，在帝皇家裡長大，從青年時期起一直被大量公務纏擾，對公務是否處理得當總是反覆自省。

在他在位的最後階段，他幾乎成了一部自動機器。他沒有歡樂，事實上是心情憂鬱，每天從黎明到黃昏準時地、勤勉地完成日常事務。他通常

凌晨四時即起，穿一身天藍色制服，在四周全是公文和卷宗的辦公桌旁喝完咖啡。他希望晚上不晚於八時可以就寢。他對影響這個規律的一切社交活動都深惡痛絕。而在不得不宴請賓客時，就最遲在下午5、6點鐘開宴。沒有這類安排時，皇帝在3、4點鐘之間就進餐了，雖然維也納通常的晚餐時間在8、9點之間。但這位年邁的老人獨自一人處於權力的頂峰，從那裡感受時間的潮流一去不返，他品德高尚，是一位辦事認真的公務員，只要一息尚存，就要繼續在職位上忠誠地工作，而且在大部分情況下能夠朝著正確的方向率先前進。

在帝國最後17年間成為皇室權貴的馮‧馬爾古蒂男爵，對宮廷作過生動的描寫。法蘭茲‧約瑟夫與一個奇怪的小圈子親密無間地生活，小圈子由兩個70多歲的隨從武官組成——帕爾伯爵和博爾弗拉斯男爵，後者還是內閣軍事方面的首領——還包括貝克伯爵，他在1906年時就已經滿70歲了，也許是皇帝信任的一位朋友。這3人是權力中心周圍的人。他們在法蘭茲‧約瑟夫的大部分臣民出生前就在那裡了。他們的一生一直為皇帝效勞。帕爾在年輕下屬的幫助下處理宮廷內務和很大一部分官員的任命等大小事宜。博爾弗拉斯主持有關軍事領域的業務；但他常常會參與重要的政策問題討論且不斷提出他的建議，而且實際上，在1878年最初占領波士尼亞與赫塞哥維納時，還提出過相關決策和執行計畫。到1906年已效忠皇帝達50年的貝克，指揮和照顧他敬愛的主人的一切行動和公開露面等行程。他確切地知道皇帝對進行檢閱、軍事演習、視察軍營或衛戍部隊以及每一種非政治的公開活動的喜歡程度；他了解皇帝的欲望和嗜好；他細心保護他的君主不受瑣事的煩惱；他當然還就軍事問題向皇帝提出過一些個人過時的意見，因為他當年曾任奧匈帝國軍隊的參謀長。

這些人就似著名的維多利亞時代幾位忠貞不渝的遺老，他們毫不偏離地圍繞著年邁但頭腦清楚的君主轉，在這位君主身上集中了對於一個已經逐漸腐朽帝國的全部忠誠，以及對其政治制度不滿的所有仇恨。

皇帝還有一個知心的女友。卡塔麗娜・施拉特是距維也納不遠的巴登一位郵政局長的女兒，在西元1880年代是一名出色的女演員。法蘭茲・約瑟夫欣賞他的美麗、嫵媚和幽默。伊麗莎白皇后也歡迎他。因此他與宮廷有交往。30多年來他是備受皇帝寵愛的密友。無論在美泉宮還是在伊薩爾河，他不顯眼的寓所總是和皇帝住所近在咫尺。每天一大早，老人就經過一道便門離開皇宮，走過精心隱蔽的小路，去與施拉特夫人共進早餐。他「總是那麼和藹可親並面帶微笑」。他們在一間「有一張鋪著白布的餐桌，桌上安放鮮花的」老式房間內用餐。在這裡，他找到了平靜、快樂和一個觀察世界的櫥窗，這裡沒有要他準時處理的文件。

馮・施拉特夫人——後來人們如此稱呼他，對國家和社會的各種問題都瞭如指掌。大臣、銀行家、貴族和演員們都感到與他保持聯絡是明智且令人愉快的。丘皮克說：「他是皇帝與外部世界連繫的樞紐。他是他的報紙；從他那裡得知的……比從他的所有大臣合在一起得知的還要多；……他常常只有從他那裡才知道事情的真相。」實際上，在必須告知皇帝，他的獨子自殺（或被謀殺）的噩耗的那個悲慘的早晨，是皇后伊麗莎白先求教於馮・施拉特夫人，然後兩位婦人才一起透露這個消息的。這位在一定範圍內有極大權柄的天選女性，始終保持平民身分。他從不濫用地位斂財或擴大自己的權勢。他和皇帝談起國事時態度得體而謙遜。但他知道該怎麼告訴他，他認為對他有好處的事；他也總願意傾聽他說的事項，仔細考慮他說的一切。宮廷大臣、內務要求和品行的指導人蒙特努福伯爵妒忌他的影響力，不斷動腦子設法破壞他和皇帝的關係，但是他的努力沒有成功。這種交往是法蘭茲・約瑟夫的唯一幸福。他始終執拗地堅持這種友誼，直到最後。

當然，還得指出皇帝是一位頑固的守舊派。他認為老式的習慣和方法以及保守的世界觀，是他的地位和帝國的複雜結構責令他維護的東西。他沒有隱瞞他對革命的厭惡。他永遠不搭電梯，公開表示不喜愛電器，討厭

電話，只因為了取悅英王愛德華才坐汽車，還反對乘坐飛機。

西元1889年皇太子魯道夫之死使皇位繼承順位轉到了皇弟查理，後者在1896年死後又使它轉移給了查理的長子法蘭茲‧斐迪南大公。這位新的法定繼承人受過高等教育，也有企圖想登上皇位。他是一位英俊的男子，但能力中等，愛好簡單，舉止不夠圓滑，擁有真誠的個性和堅強的意志。他從他的外祖父，即西西里的「炸彈國王」身上繼承了對陌生人的不信任和一種自認為不受人喜歡的性格傾向。據說他曾對他的參謀長說：「你通常會期望，每個人都將證明自己是一個天使⋯⋯但就我來說，我總是假定，第一次看到的任何人都是無賴，以後，如果可能，我再修正我的看法。」

在普雷斯堡的弗雷德里克大公城堡中，他是一位受歡迎的客人，因為大公希望他能與長公主結婚。但是人們逐漸猜想，引起他興趣的是一位年輕的、受尊敬的姑娘，一位門第不高的德國－捷克裔的女伯爵霍特克。在他的女主人伊莎貝拉大公夫人的盤問下，女伯爵霍特克以全盤否定回應這些謠傳。在亞得里亞海邊度假時，有一天大公夫人偶然揀到一個其主人不知不覺間丟失的小金盒。他打開小金盒，發現裡面珍藏著法蘭茲‧斐迪南的微小畫像，上題「永遠屬於你的」。他認出這個小金盒是女伯爵霍特克經常繫戴的。

不久後，這位女侍從官就被辭退了。這個結果震驚了奧地利全國。法蘭茲‧斐迪南考慮到他已連累一位年輕小姐，使他丟臉並遭解僱，便決定聽任自己的激情飛揚，他立即宣布要和他結婚。已是耄耋之年的皇帝，本已打算讓他的新繼承人娶其子魯道夫的遺孀皇太子妃斯特凡妮，據說聽聞消息之後感到極度震驚；維也納皇宮震盪；奧匈帝國譁然。人們想方式法的設定了許多障礙，提出了許多論據，試圖否決這場婚事。法蘭茲‧斐迪南推倒了這一切。他簽署了一份願意放棄因為皇位而賦予他未來妻兒所有權利的法令。甚至聲明，如果有必要他也準備放棄他自己的這種權利。他

認為舉行婚禮是他一生中最盛大、最幸福和最隆重的事件。他們將是恩愛的、生死永不分離的夫妻。

然而，守舊和革新的交錯衝突複雜情況攪亂了皇宮嚴格的規矩。法蘭茲·斐迪南是奧地利王國未來最重要的人物，隨著皇帝年邁，他必定要在帝國的軍、政事務中發揮日益重要而且幾乎是支配一切的作用。總有一把鑰匙能觸動他關心之事，那就是給予他妻子的禮遇對待，這對他來說是有決定性的效果。匈牙利法律的寬大原則只考慮婚姻事實，他的丈夫一旦繼承帝位，他必定成為匈牙利的皇后。但在奧地利，他的地位就相對低了，而且會一直很低，例如在有男女出席的重大聚會上會出現令人難堪的情況。隨著孩子們的出生，大公又感覺到了新的困擾。他對自己放棄妻兒權利的誓言後悔莫及。「他想收回在痛苦狀態中發出的誓言，只有如此才能安心。他給出的理由是這個誓言既無理又無效。」為他的至愛獲得他認為他們應該得到的承認，成了他一生中的至高目標。女伯爵霍特克不斷地煽動這種情緒。維也納副主教對馬爾古蒂說：「這個女人的野心是肆無忌憚的，而他的非凡才智將很快給他指明把他的野心轉變成現實的途徑。」

德皇威廉很快就揀到了這把顯而易見的鑰匙，正好可以打開這把對他十分重要的鎖。在結婚之前，法蘭茲·斐迪南敵視德國人，憎恨德國皇帝，而且講起他時更是指名道姓，比平常直率得多。但威廉二世忍了。他無論何時途經維也納，總是對女伯爵霍特克特別關注。友誼很快就建立起來。法蘭茲·斐迪南及其妻應邀來到柏林，受到盡可能高規格的款待。宴會上採用小圓桌，使得德國皇帝能安排女伯爵在其身邊就座而又不違反規則。恭維的話不絕於耳，招待熱情周到。女伯爵霍特克是個嬌媚的女人，和藹可親、有才能而又用心深遠，很快就成了德國的堅定支持者。他談到德皇時使用最尊敬、最欽佩的言詞。他已經可以毫不費力地使其丈夫聽他指揮。他已放棄他以前的成見，從1908年或1909年起這兩個男人成為密友。年邁的奧皇一直不贊成這樁婚姻，但由於歲月的重負使他精力日衰，

他只得聽之任之。其間，帝國陸軍和海軍的指揮權轉移到王儲手中，儘管原有的軍事指揮機構抱有成見並進行了抵制，但陸軍，尤其是炮兵，還是大刀闊斧地進行改革。軍隊組織日漸德國化，裝備了現代武器，任用年輕領導人。

在這些新的軍隊長官中最突出的是──第一次也是最後一次把他的全名寫在這裡──步兵將軍法蘭茲‧康拉德‧馮‧赫岑多夫男爵。1914年，他的名字在國外還鮮為人知。即使在大戰期間他的名聲也僅限於軍界之內。在法國、英國或美國收聽戰爭新聞的激動公眾從未聽過他的名字。然而，他在這次世界大戰及其起因之中所發揮的作用，比哈布斯堡帝國6,000萬臣民中的任何人都大。在戰爭的大部分時間裡，他事實上是全部軍隊的司令官。他制定計畫，進行動員，參加了差不多所有的戰役。他不只是盡了這些重要的職責。他既是一名軍人，又是一位外交家；既是一位戰略家，又是一位政治家。據了解他的人說，他實際上首先是一位政治家，其次才是一位軍人。他是一位參謀長，然而全神貫注於外交政策；他代表著一種最危險的組合。魯登道夫1917年做到的事，十年前康拉德已經做到了。

康拉德生於1852年，是一位輕騎兵上校的兒子，在奧地利軍隊裡，他的官職穩步上升。作為戰術和軍事訓練的講師和作家，他是那些主張正面進攻戰的倡導者之一，但機關槍和鐵刺網的運用使這些倡導者的許多幻想都破滅了。1906年，法蘭茲‧斐迪南大公託付他改組帝國軍隊，委其為軍中第一要職。康拉德在職位上清楚地意識到，帝國處於可怕的而且日益嚴重的危險之中，因此不敢苟安。他看到，帝國內部受到民族關係緊張的折磨，外部則受凶狠、飢渴的強敵的包圍。俄國、義大利、羅馬尼亞以及最主要的敵人塞爾維亞，在他看來似乎都在伺機撲向垂死的帝國，試圖從他的身軀搶奪財富。俄國覬覦加利西亞；羅馬尼亞盯著特蘭西瓦尼亞；義大利謀求索還提洛爾和亞得里亞海岸；塞爾維亞渴望藉助俄國的同情，為

南斯拉夫人建立一個偉大的王國。在康拉德看來，塞爾維亞是其中最邪惡和最可恨的。不能否認，到關鍵時刻，這些國家都會證明，他們是奧地利帝國的致命敵人；也不能否認，他們會全部入侵或威脅他們覬覦的省分；更不能否認，上述四國之中可能有三國會達成他們的主要目標。

康拉德作為軍人是詳細研究過這些戰略問題的，他深信，如果國家的敵人聯合起來，他的國家肯定要被毀滅。因此，他希望一個一個地打擊他們。他說：「我們必須利用最早的機會跟我們的最脆弱的敵人算帳……予以打擊。」他主張：「一有機會就逐個徹底打倒敵人，以確保他們不會同時攻擊奧地利。」他信奉先發制人的戰略，深信奧地利能接連打敗2個或3個敵人；首先是義大利，其次是塞爾維亞，如此等等。在近10年中，他不時地催促皇帝。他的固執常常激怒他的主人，而他的忠誠和能力又為他贏得再次冒犯的機會。他終於能遂其所願，真的是滴水穿石。

他的工作能力超過了他的體力負荷。由於長期在提洛爾服役，習慣於山區空氣，他在陸軍部的房內感到悶氣。在嚴寒的冬季，他工作時要敞開窗戶，這往往使來訪的人招寒傷風。他對自己嚴厲，對別人更加嚴厲。他忍受艱辛和匱乏的環境，也樂於使其部隊吃苦。實際上，在戰前一年的軍事演習中，他對部隊的要求非常嚴厲，以致大公都不得不表示異議。法蘭茲·斐迪南說：「沒有必要讓戰士在和平時期去死。」這位長得又黑、又矮、又弱、又瘦的軍官有一雙敏銳並富於觀察的眼睛，鑲嵌在他那禁慾主義者的臉上；他生活方式樸素，對人對事無所畏懼；他對職務和皇帝盡心盡責，因憂國而消瘦，年復一年地居住在歐洲火藥庫的中心，專管起爆雷管。

1879年俾斯麥組成的德、奧聯盟，到1883年把義大利包含在內，擴大為三國同盟；但1887年德國與俄國簽署的《再保險條約》解除了這個可怕集團的進攻特性。俾斯麥故去之後，由於泛斯拉夫情緒在俄國的增長和德國政策的愚蠢，最終產生了導致俄、德之間的裂縫。從宣布俄、法同

盟的1892年起，歐洲在新的意義上被分為三國聯合和兩國聯合的對峙。1904年的《英法協定》不僅結束了英、法之間的爭執，而且此後還促使英國更接近俄國。英國與這兩個國家的逐漸聯合趨勢削弱了使義大利與三國同盟聯合的紐帶。無論上述哪一種情況都沒有出現任何明顯或正式的變化。英國的大臣們仍然讚揚英帝國不參與歐洲聯合，而義大利政治家則重申他們忠於三國同盟。不過歐洲的均勢已經同時發生雙重的變化了。20世紀的不祥曙光照亮了德國和奧地利為一方、法國和俄國為另一方的明顯對抗。在這兩個對立集團之間有著根深蒂固的敵意。此後，俄、奧在巴爾幹國家的利害衝突沿著德、法之間過去無休止爭吵的同一途徑湧出。陽光依然明媚，氣候和煦；但在微風中有一股刺骨的寒氣。

俄國與日本之間的戰爭影響了原有的對抗集團。剛開始時，俄國人的失敗以及英國與日本的聯合似乎是致命地削弱了兩國同盟；但德國國力和自信心的不斷增強和摩洛哥問題上的糾紛又把各國拉回各自的主要聯盟。法國和德國都在19世紀最後25年間占有了大量殖民地；英國征服而且併吞了阿非利卡人（波耳人）共和國。這三個大國也都在從埃及到摩洛哥的北非海岸積極地建立他們的勢力範圍。法國考慮到英國在摩洛哥問題上給予的支持，放棄了在埃及的權利和利益，但德國，不顧《英法協議》，堅決拒絕滿足法國在摩洛哥的權力要求。在阿爾赫西拉斯會議上，由於英國幽靈式的出現，以及他巧妙的干預，德國幾乎陷入孤立，只有奧地利一個盟國支持。

為實現和平和達成國際協議所作的努力並不少見，但無論是1907年的海牙會議還是其前的1899年海牙會議，根本都不是真正的和平會議。這些會議對維護和平所做的貢獻——也許除了建立海牙法庭——幾乎微不足道。它們主要致力於制定戰爭規則，然而即使在這方面它們也沒有成功地制定出經得起現實考驗的法規來。這種全神貫注於戰爭的特定做法，引起了各國參謀部的深思，並激起很多疑慮；我們自己帝國國防委員會的很多準備工作，其由來就是海牙會議當中模稜兩可的話。這就迫使我們

決定自己應有什麼樣的政策,並步入戰備工作中尚未探索過的領域摸索前景。

　　這些舊世界的組織控制不了無情的事態發展。事態的發展加重了德國已經在承受的負擔,原有的重壓是因為德國的擴張野心以及腐敗的奧匈帝國所有不能解決的問題引起的。從此時起,兩個中歐帝國有了共同事業,單一方必定成為另一方任何政策目標不論是非的護衛者。他們已經結盟;他們現在緊密相連;他們現在就像雙手已被手銬鎖在一起了一般。自詡忠誠的奧地利期望德國的力量作為他能生存的手段;有世界上最優秀、最強大軍隊的德國知道奧地利是他唯一的朋友。由於這個罪惡的、致命的墮落,人類的和平和文明就取決於交替折磨著哈布斯堡王朝的瓦解與恢復的痛苦掙扎過程了。有關阿爾薩斯─洛林的爭執在波士尼亞與赫塞哥維納重新展開。英國與德國之間的海軍對抗被從未看見過大海的民族激情挑起。今後,歐洲的光榮和安全將懸掛在它最薄弱的環節上。

併吞波士尼亞

　　法蘭茲・約瑟夫皇帝在回首他漫長的一生時，為哈布斯堡皇室的君主國在他在位時期喪失了相當不錯的義大利諸省而感到悲傷，在內心深處殷切期望能對此作些補償。這一點，1906 年成為他外交大臣的埃倫塔爾並非不知道，埃倫塔爾和康拉德一樣，也對這個困擾著帝國且與日俱增的危險焦慮不安。他希望能靠巧妙的外交手段重振帝國的昔日雄風，讓其主人聊以慰藉。1878 年俄土戰爭後，波士尼亞與赫塞哥維納兩省從土耳其人的統治下解放出來，柏林的代表大會將這兩省置於奧地利的託管之下。30 年來，按照有著至高無上權威的簽約國命令，這兩個省一直處於維也納的統治之下，然而在形式上，它們仍為土耳其蘇丹領土的一部分，這種安排進行得相當不錯。蘇丹已不復為失地暗自神傷，歐洲也已視這些省分為奧匈帝國的一部分。

　　這種平靜終因青年土耳其黨的革命而被打破了。土耳其出現了一個現代主義的、民族主義的、富有進取性的政府。巴爾幹各國以及與土耳其關係密切的所有國家都不得不檢視一下自己的立場。如果青年土耳其黨成功地復興了衰落的帝國，那麼，土耳其成了一個強國後，不會要求恢復各方面的權利嗎？如今波士尼亞已享有父系世襲統治；如果土耳其建立起哪怕僅僅是表面文章的議會政體，難道他不會提出理由說，他那兩個在奧地利託管之下的原有省分肯定也會要求建立至少是同一層級的機構？保加利亞雖然事實上是獨立的，但與埃及一樣仍是土耳其帝國的附庸國。斐迪南親王早就抱有成為國王並宣布保加利亞獨立的願望。他從土耳其的變化中也看到自行其是的必要性和時機。1908 年秋，這種種問題已到了決定性階段。

　　俄國在其對日戰爭中所蒙受的不幸，重新喚醒了俄國人對達達尼爾海

併吞波士尼亞

峽的感情。若不是《柏林條約》第 29 條阻止俄國黑海艦隊通過達達尼爾和博斯普魯斯兩海峽，該艦隊本來會與羅傑斯特文斯基海軍上將一起作悲劇性的日本海航行的。俄國的論點雖說錯誤，但有一點是真的，那就是對馬海峽之戰本來或許會有不同的結局。因此，當埃倫塔爾開始慶賀俄國修正有關波士尼亞問題的第 25 條時，看來這兩個帝國都可能從修改這個著名條約中得到滿足。不過，這沒有太大的實際重要性。奧地利已經實質占有了那兩個省，而博斯普魯斯和達達尼爾兩海峽已由土耳其大大加固了防禦工事。不過，兩國還是有望加深感情。奧地利在阿爾赫西拉斯會議上幫了德國的忙。在德皇口氣強硬的語言中奧地利一直是「決鬥場上忠實的幫手」。這一回他不能期望德國給予幫助以滿足他的欲望嗎？

1908 年夏，埃倫塔爾寫信給俄國外交大臣伊茲沃爾斯基。他們之間曾經進行過不止一次的祕密會談。伊茲沃爾斯基是一位高大英俊的俄國人，但不是一位特別謹慎的談判家。原則上，他對埃倫塔爾的野心有好感，而且，只要奧地利支持俄國獲得其戰艦通過兩海峽的權利，他就樂意討論俄國聽任奧地利併吞波士尼亞的計畫。

奧地利駐聖彼得堡大使貝希托爾德伯爵在這些事務上自然是中心人物。1908 年 9 月，他在自己的布赫勞別墅裡安排了埃倫塔爾與伊茲沃爾斯基的會晤。這對於賓主雙方都是重要的時刻。這本是一次友好的會談！埃倫塔爾達成外交成就的一個良機！但事實上，在這裡一個大國的外交大臣要做的事情可能會冒犯所有其他相關國家。他以良好的態度和足夠的誠意，準備開誠布公的把問題談個透澈。事後，人們可以指責伊茲沃爾斯基在處理這些嚴重問題時所採用隨隨便便的態度不夠謹慎。當兩人代表兩個大國講話時，在其過程中，他們不能一直使談話保持順利和愉快。但我們必須更多地譴責埃倫塔爾。他對這場攸關世界的談判競賽寸步不讓。他寸利必得；他利用了對方的每一次容忍，甚至利用了對方的每一種好意。他留給了伊茲沃爾斯基這麼一個印象，那就是，雖然今天他們還在一起開會

討論，但第二天他就可能會在全世界面前把他出賣了。較量的人歷來有一套規則，那就是宣布雙方開始較量，開始討價還價，如果有必要就開打；還有一套規則適用於以友好方式進行交談以謀求合作的紳士。埃倫塔爾的過錯就在於選擇了後者。這是一個嚴重的大錯；它顯然限制了國家之間的正常交往。每一位外交家都應該研究這件事的每一細節；但從中吸取的教訓，對於達成人與人之間、國家與國家之間的諒解多有不便。

會談結束，布赫勞之行也結束了。伊茲沃爾斯基開始度假；埃倫塔爾返回維也納。他是帶著這樣的感覺返回維也納的：他已經使俄國人收回了阻礙的力量，俄國無論如何也不會再給併吞問題製造嚴重麻煩了。他仔細整理了他的全套文件；他讓他的印刷機開足了馬力；他告訴奧皇俄國已經同意，接著急匆匆地把併吞波士尼亞公諸於世。

這是一個爆炸性的事件。每一個歐洲政府都認為這是一個居心叵測的侵略行動。事先一無所知的德國感到驚訝，但沒有撤銷對其同盟國的支持。法國冷嘲熱諷；義大利感到驚愕；俄國極為憤怒；土耳其被激怒；塞爾維亞狂怒；英國深為震驚。愛德華‧格雷爵士氣憤到極點。他信奉的一切原則都遭到了踐踏。這位輝格黨的政治家是歐洲公法的監察員、英格蘭紳士、曾是公學學生——他剛硬性格中的這一切要素都同樣受到侮辱。一個條約被撕毀了。由很多國家簽署的國際文件被一個，也可能是兩個國家拋在一旁。其他簽字國的立場受到了傷害；他們有權要求別國傾聽自己的意見，發表自己的觀點。也許是忘卻了我們自己歷史中的最新幾頁，總之格雷爵士有信心地、甚至還興味盎然地採取了最嚴肅的對策。

德皇對此事作了正式評論，沒有給人留下任何評說的餘地。這是一個明顯的例子，說明德國的戰前政治是如何置正義或是非曲直於不顧的。評論說：

埃倫塔爾的表演看起來越來越像是一個僕役手中的一塊抹布。關於此事他什麼也沒有告訴我們，給伊茲沃爾斯基和蒂托尼的暗示是如此不清

楚，以致他們自認為是完全受騙上當。對作為主要一方的蘇丹則根本不予考慮。他強把得到斐迪南默許的表象以及條約與和平的破壞者的責任推到他主人身上；他使塞爾維亞人的憤怒達到了沸點；使蒙特內哥羅的激動達到了極點；煽動克里特島人造反；把我們的土耳其政策、20年艱苦工作的結果丟入了垃圾堆；使英國人惱怒，促使他們去伊斯坦堡，我們的地方；以他對保加利亞人的友好來激怒希臘人；把《柏林條約》撕得粉碎，使大國一致的原則變成最糟糕的失和狀態；惹怒匈牙利人，因為波士尼亞就要與他們合併；使克羅埃西亞人狂怒，因為他們曾打算讓波士尼亞和他們自己合併。這種表演，整體看來是創了一項歐洲紀錄，從來沒有別的外交家把這種做法記在自己名下。他當然不是一名有遠見的政治家。

這沒有阻止德國全力支持埃倫塔爾。新的教條變成了「只要支持我的盟友，無所謂對錯」！

現在，歐洲進入了成為國際大決戰序曲的三大危機中的第二個危機。在法、俄支持下，英國建議召開由所有簽約國參加的會議，重新檢視《柏林條約》。奧地利和德國一開始是同意的。隨後在議題上發生了爭論。奧地利宣布合併本身已經解決，毋須再提，因而不容討論。後來出現了很多反對意見，是針對俄國的——他想讓達達尼爾海峽對其戰艦開放。土耳其要求有效補償。幾個月過去了，緊張程度與日俱增。土耳其人對奧地利商品進行了一次最強烈的抵制。奧地利與塞爾維亞之間開始了「豬肉戰」，整個奧匈帝國的鹹豬肉價格漲了近一倍。格雷的正義譴責嚴重地傷害了維也納。英國大使與埃倫塔爾之間發生了最激烈的唇槍舌劍，埃倫塔爾大聲說：「你得為這一切麻煩負責。」大使回答說：「違反《柏林條約》且併吞波士尼亞的，毋庸置疑，不是我們。」這一反駁大大地激怒了埃倫塔爾，所以他求助於其他論點，指責英國對波耳人的行為不當，對這一指責，我們的代表只能說此事與爭論點無關。

沙皇看上去極為沮喪。馬爾琴科對他在聖彼得堡受接見的情況作了生

動的說明。沙皇指著他的寫字檯說：「我這裡有老人（奧皇）寫來的很多信；不過全是謊言和欺騙。」伊茲沃爾斯基成了埃倫塔爾的死敵，他匆忙奔赴巴黎和倫敦，揭露埃倫塔爾的錯誤。塞爾維亞人的怒氣逐步上升。他們宣布說，他們的未來因粗暴和非法破壞國際條約而受到了踐踏，如果他們的未來還要改變的話，應該讓他們與他們在波士尼亞的親屬重新統一。在貝爾格勒不斷發生民眾示威，還進行了措辭激烈的演說和相當規模的軍事活動。奧地利的戰備業已達到可怕的規模。在塞爾維亞邊界的3個軍團幾乎已提高到戰時編制。大批部隊一整夜、一整夜地偷偷通過維也納向南出發。奧國軍事力量急遽膨脹，明顯是針對在加利西亞的俄國人的。與此同時，外交使團為大會的日程而爭論，而報紙，尤其是倫敦和維也納的各報在進行文字戰。冬季就在這種情況中過去了。

1909年3月，奧地利與塞爾維亞的關係已降到了冰點，任何一種邊界的偶發事件都會引起戰爭。戰爭，這個嚴重的詞彙現在進入了發自各國首都的電訊。如果奧地利侵入塞爾維亞，歐洲必定燃起戰火，那麼大火將燒到何處為止？塞爾維亞對奧地利違法之行為實行懲罰，肯定會喚起俄國民眾的運動高潮，然而，沙皇（他的軍隊沒有準備）能和平地抑制民運嗎？如果俄國進軍或是遭受攻擊，德國會採取什麼行動？法國呢？不同同盟之間的關係都受文件上重要條款的制約。德國不一定支持奧地利的侵略戰爭，法國也不保證在不涉及德國的爭吵中支持俄國。但奧、德之間的關係自從阿爾赫西拉斯會議和德皇與法蘭茲·斐迪南大公建立友誼之後加強了。誰也不能保證，德國會急於找到一種技術上的藉口，以放棄對其忠實盟友的支持。法、德之間在卡薩布蘭卡發生的一樁使人震驚的事件，可能被利用成為擴大爭執範圍的一個現成藉口，據信這與德國擬在兩條戰線上打仗的軍事計畫是協調一致的。克列蒙梭統治著法國，他在這些令人焦慮的幾個星期中的行為，表明他具有鋼鐵般的鎮靜。可以斷言，他在位期間法國不會直接遭到輕舉妄動的挑戰。

併吞波士尼亞

愛德華‧格雷爵士從一開始就表明英國對近東爭端的處理不會超出外交行動的範圍。他絕對拒絕討論若歐洲出現全面大災難英國將採取什麼行動。事實上，他是在做他後來在1914年7月重複做過的事。這是他可以採取的最強硬的政策；因為無論內閣還是議會都不會容忍任何斷然的宣告。由於這個原因，當我們重讀這個時期的信件時，也許可以說，英國是尋求在一個已經變得無斡旋餘地的舞臺上，扮演最突出的角色。假如我們不準備冒其他演員所冒的風險，難道我們不應當持超然的態度嗎？但他的一切行動又恰到好處，目的只是和平與談判以及耐心地維護條約。

在那些日子裡，歐洲分裂成的兩個武裝集團但尚未形成陣營，無論三國同盟還是「三國協約」（如條約所說的），都沒有如他們後來那樣緊密地結合起來，也沒有由於生死攸關的問題而聯合在一起。英國在外交上堅決支持俄國，但對開放達達尼爾海峽和博斯普魯斯海峽並不熱心。義大利想得更多的是與奧地利的對抗，而不是他是三國同盟的成員。法國堅持一種令人難解的保留態度；但我們可以確信，最致命的不可測事件並沒有被他的軍政首腦所忽視。當我們用事後資料研究這些危機時，我們知道歐洲距深淵有多近，6年後他就被投入了這個深淵。1909年3月，埃倫塔爾要求塞爾維亞停止一切備戰行動並立即公開承認奧地利對波士尼亞的併吞。俄國的同情，以及在某種程度上英國對他的申訴給予的支持，令塞爾維亞深受鼓舞，所以他拒絕屈服。貝爾格勒揚言，沒有任何力量能夠消滅塞爾維亞民族。入侵、征服比起輕視它的命運來說還是較小的邪惡行為。就在這個時刻，德國發動了打擊。

1909年3月22日，德國駐聖彼得堡大使普塔萊斯伯爵向伊茲沃爾斯基遞交了一份措辭急切而專橫的簡短書面通知。除非俄國立即承認波士尼亞的被併吞並勸導塞爾維亞也承認這一事實，否則德國就讓奧地利在塞爾維亞為所欲為，繼而將爆發戰爭，在戰爭中德國將支持其盟國，這種支持將達到任何可能需要的程度。伊茲沃爾斯基大驚失色，欲言又止。「很

好，」這位德國人說，「那就讓戰爭來臨吧。」伊茲沃爾斯基此時才說，他將與同事討論並請示沙皇。當天，俄國國務會議緊急開會開了4個小時。晚上，俄國無條件服從德國提出的要求。他甚至沒有與法國和英國商量。沙皇及其大臣們也許有充分理由相信，哪怕是僅僅推遲一天也會鑄成大錯。他們認為自己就要遭到德國和奧地利的進攻和入侵。他們的軍隊尚未從滿洲戰役的災難中完全恢復元氣。動搖沙皇皇位和俄羅斯國家的革命運動幾乎沒有消退。現在不是堅持尊嚴的時候。5年前法國是在同樣可怕的境遇中讓德爾卡塞去職的。現在輪到俄國必須回答嚴峻的日耳曼要求了：「服從還是打仗。」俄國服從了。

當1909年3月25日德國向倫敦的愛德華·格雷爵士提出一個類似的、但文字結構稍有不同的要求時，格雷交給德國大使梅特涅伯爵下面這份自由黨內閣同意的簡短的備忘錄：

保證樂意接受埃倫塔爾男爵在未來會議上發表《併吞宣言》，只有助於解決由去年秋季奧地利行動引起的各種問題之中的一個。當前，陛下政府深深關注如何維護歐洲和平，因而尤其關注如何解決塞爾維亞危機。德國政府所要求的保證牽涉改變《柏林條約》，且未能使塞爾維亞問題得到解決，同時沒有規定英國和歐洲其他國家同樣關心的有關《柏林條約》其他問題的解決辦法。在塞爾維亞問題以使塞爾維亞和其他國家都滿意的和平方式獲得解決之前，以及在由於奧地利併吞波士尼亞、尤其是改變第29條引起其他問題的解決得到保證之前，陛下政府不想作出所要求的保證。當得到這個結果時，陛下政府將隨時同意以各國彼此之間的善意為基礎的任何和平解決辦法。

梅特涅以驚訝和更加憂鬱的心情讀了這個文件。他說：「這是一項很嚴重的決定，它會使和平陷於危機。」格雷說：「我答道，要是我們不照奧地利要求的做，就意味著奧地利打算進攻塞爾維亞，或者是向他提出條件。英國政府絕不會在這種壓力之下同意這樣做。」德國與英國對立的意

併吞波士尼亞

志就這樣做了第一次正面交鋒。兩國政府似乎都在觀察對方的內心。接著是沉默。此舉是英國在知道了俄國退縮，而且並不尋求法國支援的情況下採取的。依仗海洋和迄今為止尚無敵手的海軍，他有能力維護自己的尊嚴，即使處於孤立也在所不辭。他不是籠中的雄鷹。

對日耳曼同盟願望的抵抗依然是至此為止。愛德華·格雷爵士所能做的僅僅是，安排塞爾維亞對奧地利的要求——在措辭上力求盡可能少地傷害塞爾維亞——必須採取的回答形式。勸說埃倫塔爾允許塞爾維亞把「深信奧匈帝國的和平意圖，塞爾維亞將把他的軍隊恢復到1908年春季的狀況」這話包括進去，是經歷了不少困難的。他渴望使各方都清楚塞爾維亞已在脅迫下屈服。有了這個讓步，奧匈帝國必須滿足。塞爾維亞應正式宣布他放棄對奧匈帝國併吞波士尼亞的一切抗議，並許諾未來與奧匈帝國保持睦鄰友好關係。保加利亞與土耳其之間也簽署了協議，在協議中土耳其承認了保加利亞的獨立。因此，各大國都表示無條件地同意對《柏林條約》第25條的修改，並承認奧地利對波士尼亞的併吞。第29條沒有為俄國提供任何滿意之處。他只能默默地沉思過去的種種事件。伊茲沃爾斯基在歐洲面前蒙受了恥辱，又受到了國人的指責，說他使俄國遭受了他在和平時期記憶之中最嚴重的挫折，只有沙皇姑息並支持他。1910年他離開了外交部，改任駐法國大使。在那裡他還可以發揮作用。埃倫塔爾的勝利就這樣完成了。

英國駐聖彼得堡大使亞瑟·尼柯爾森爵士，在對獲悉俄國屈服時的感受記憶猶新時，寫有如下一段話：

在此次德國和奧地利輕而易舉地獲勝後，如果有人對俄國提出更大的要求，我不會感到驚奇……我堅定地認為，德國、奧地利是在實行一種經過精心籌備和策劃的政策和行動方針……必須對阿爾赫西拉斯會議進行報復：斷開這個『環節』，使3國協約消失……法、俄同盟沒有經受住考驗；英、俄協約的強大程度或根植的深厚不足以產生足夠大的影響。中歐大國

的霸權將在歐洲確立，英國將受到孤立。建立德國海軍的活動有重大意義；德國突然進入這個舞臺也引人注目。當我們度過當前的動亂時期後，如果我們發現法國和俄國迅速靠攏中歐大國，我不會感到驚奇，這是因為這兩個國家互不信任，沒有一個國家感到他能單獨抗衡中歐大國的聯合力量……無疑，德國的最終目標一定是獲取歐洲大陸的優勢，在他足夠強大時──他顯然在全力以赴以擁有這個優勢──他就將開始跟我們爭奪海上優勢。在過去的時代，我們曾經必須與荷蘭、西班牙和法國爭奪這個優勢，在我個人看來，我堅信我們遲早必須與德國再次進行同樣的爭奪。

這些就是這位出類拔萃的、學識淵博的外交家心聲，他很快就會入主英國外交部。這段話無疑是從奧地利對波士尼亞的統治權成功地從事實轉變成合法的形式這個變化中得出的嚴肅結論。對於所有由這個插曲給歐洲和平結構帶來的損害，埃倫塔爾是最應該負責任的。他能夠不遇嚴重阻力即達到他大部分的目的。如果他以尋常的關心或以真誠來對待伊茲沃爾斯基的話，他本來是能夠得到支持的。他的詭計和愚蠢使得他為勝利付出了昂貴的代價。

尼柯爾森所期望的某些反應沒有發生。俄國認為英國是他的強大朋友。兩國的關係更密切了。俄國軍隊的改組和擴大正在進行，靠法國貸款興建的戰略鐵路穩步成長。沙皇對義大利進行國事訪問，雖然時間緊迫，其旅行路線還是謹慎地避免踏上奧地利的領土。他與義大利國王在拉科尼吉進行了會晤，宣布兩國間存在著共同利益。德國堅持投入越來越大的力量來建造一支艦隊，他要使「世界上最強大的海軍」對他產生敬畏；英國，經過幾次內部辯論後，決定要在 1909 年一年內基本上建造成噸位與火力無可比擬的，且不少於八艘的無畏級戰艦。在那一年，德、英之間的海軍對抗及由此形成的緊張局面成了歐洲最重要的事件。歐洲結構的分裂甚至已無法再掩飾了，義大利令人注目地脫離了中歐帝國；德、奧關係更加緊密；法、俄、英三國因均受到傷害和面臨共同的危險而開始團結起來。

併吞波士尼亞

邁向危機深淵

　　從併吞波士尼亞到爆發導致第一次世界大戰的危機，前後共有近5年的時間。在這幾年之間，歐洲局勢日趨緊張，衝突和恐怖事件時有發生。有兩次，正如我們現在可以看出的，歐洲無疑已瀕臨戰爭邊緣了。奧匈帝國處於衰敗與瓦解之中，鄂圖曼帝國力圖東山再起，巴爾幹各國國力和自信心增強，這一切都在持續發展中。這個時期的奧地利，特殊之處是不得不與其一向疏遠的俄國打交道。在正確的外交和更加表面的友好氣氛下，歐洲各國都堅決並迅速地加強與完善各自的海、陸武裝力量。

　　1911年春，一支法國遠征軍占領了費茲。英、法達成了《摩洛哥協議》。這一事態的發展觸犯了德國的感情。據說摩洛哥大西洋沿岸一處叫做阿加迪爾的沙質海灣存在著德國的些微商業利益。德國新外交大臣馮・基德倫・韋希特伯爵提請法國政府注意這些權利。法國政府據實宣告，指出不論在阿加迪爾還是在其腹地，都不存在德國的商業利益，因為那裡沒有一處港口，沒有一個通商機構，沒有一所住宅，沒有一包貨物，沒有一個德國人！然而，鑑於德國對法國在摩洛哥的擴張頗多不滿，法國人還是準備在剛果河盆地給德國一些領土作為補償。至於阿加迪爾，他們建議組織一次法、德特命代表對該荒無人煙地點的聯合視察，考察一下德國在那裡的利益有無事實可為佐證。突然，在1911年7月1日，有消息稱，德國皇帝已經派出一艘炮艦「美洲獅」號前往阿加迪爾維持和保護德國在那裡的利益。「美洲獅」號業已起航。

　　這個突然的、又極為無聊的行動在全歐洲引起了恐慌，這表明了當時局勢的緊張。如果德國的舉動沒有什麼意義，那麼德國又為什麼要這麼幹？顯然，這是蓄意想要引起大的事端。1911年7月與8月是最危險的兩

邁向危機深淵

個月。到8月中旬，歐洲的田間收割已大部分完成，麥茬也清除乾淨了，遼闊的田野可任由戰馬馳騁了。若德國蓄意挑起一場不計後果的戰事，1911年7月1日正是為開創爭端而選擇的，方便於動武的日子。俾斯麥以前曾深思熟慮地打了幾場勝仗，後來還經歷了本書敘述過的幾個插曲，1909年4月又對俄國發動速戰速決的攻擊，德國皇帝就此還做了「閃光的盔甲」演說。經過這個漫長的歷史之後，歐洲各國大臣們或參謀部任誰都會認為，可能就要發生最嚴重的事端了。法國現在處於高度警惕之中，他沉默而又密切地注視著德國的一舉一動。緊盯著德國在馬德拉和加那利群島行動的英國海軍部，把外交部的注意力，引向設在非洲大西洋海岸的一個德國海軍基地對我們南非與南美之間食物運輸與貿易線路可能產生的影響。當梅特涅伯爵對愛德華・格雷爵士提及此問題時，他立即被告知，局勢是如此嚴重，因而英內閣必須予以研究；到1911年7月5日，他進一步獲悉英內閣對摩洛哥不能置若罔聞，而在弄清德國意圖之前，英國必須持保留態度。這個含糊但有力的宣告由於是因一件小事所引起，也因此有更大的意義。德國政府以絕對沉默的態度接受。隨後幾個星期中，兩國再也沒有提及這個問題。

與此同時，各國首都間來往傳遞的電報變得越來越含糊、複雜。時任財政大臣的勞合・喬治先生感到震驚。此前，他一直主管內閣該部的工作，該部基本上反對考慮任何形式的戰爭。然而，1911年7月21日，在獲得首相和愛德華・格雷爵士首肯後，他以大臣身分在倫敦市長官邸向銀行家協會發表了演說，演說中就德國進一步推進其政策可能發生的危險，插入了一個極其強硬的警告。與這一點（對該市的聽眾完全不發揮作用）有關的原話全文如下：

如果要把這樣一種局面強加到我們頭上，即要維護和平就得放棄英國累積幾個世紀的英雄行為和成就才贏得的偉大而仁慈的地位，任人擺布，甚至在其利益受到嚴重影響時也只得忍氣吞聲，彷彿他是國際大家庭中無

足輕重的一個成員，那時，我要特別指出，對於像我們這樣的一個偉大國家來說，以如此沉重的代價取得的和平會是一種不可容忍的屈辱。

此番挑釁的言詞不僅使德國大吃一驚，並且還使他猶豫了起來。沒有哪一個與德軍間沒有被大海隔開的政府敢說這種話。以後英國大大擴充其海軍，對德國的野心和行為表明了明確無誤的、針鋒相對的立場。德皇習慣於一聲令下便使法國部長們丟官，因而此時立即透過其大使發出激烈而威脅性的抗議。「財政大臣發表演說後，德國已無需作什麼解釋了。如果法國也拒絕德皇政府向他伸出的手，德國的尊嚴將不得不千方百計使法國完全尊重德國享有的條約權利。」，「至少可以說，勞合‧喬治先生的演說是對德國的一種警告，而且事實上就已被英、法新聞界解釋為近乎威脅的一種警告。」愛德華‧格雷爵士立即回答道，鑑於德國交流所用的語調，他也無意作任何解釋。於是立即下令確保英國艦隊不致遭到偷襲。

無疑的，在隨後的幾週裡，德皇及其政府權衡了戰爭與和平的問題。他們不習慣與其武力可達到的範圍以外的國家進行接觸。他們感到已經在與跟自己一樣堅定的意志公開對抗了。他們最終認定時機尚不成熟。但整個 1911 年 8 月，有關德國軍事動態的報導，尤其是關於德、比邊界沿線駐軍的報導非常之多，憂慮和壓抑著的激動在外交部和陸軍部已油然而生了。帝國國防委員會於 1911 年 8 月 23 日召開了漫長的會議，研討了英國可能參與的全面歐洲戰爭所導致引起的陸、海軍問題。這是自由黨政府第一次正視這樣一種可能性。陸軍上校兼作戰室主任、後來的陸軍元帥亨利‧威爾遜爵士，極其詳細地，而且經後來的事實證明也是非常準確地解釋了德國經由比利時入侵法國的計畫。威爾遜還解釋了，如果議會決定與法國結盟，那麼英國遠征軍將要扮演什麼樣的角色。他還評價了俄國的軍事實力、計畫和動員時間表，這些在曾經認為俄國是一個武裝巨人的人看來，是令人失望的，但後來事實也證明亨利‧威爾遜是正確的。

自 1908 年阿爾赫西拉斯會議以來一直保持接觸的英、法參謀人員，

在這幾個星期裡繼續保持著最密切的連繫。英國陸軍的大部分高級軍官很久以來一直堅信對德戰爭遲早會發生，而且都認為，如果法國受到攻擊，我們就應該毫不躊躇地站在法國這一邊。顯然，外交部和參謀部都認為當時的形勢十分危險，而且未來的困難還會愈來愈多。內閣不贊同這些觀點，議會由於不知道事實真相，立即否決了這些觀點。

到 1911 年 9 月底，形勢變得輕鬆了些，法、德在剛果的領土補償基礎上達成了一個協議。從德國殖民地部長的辭職可以看出，德國統治層內部曾有一場激烈的鬥爭。英國參謀部與海軍部之間也有意見分歧。首相及其政府支持危機開始時艦隊的部署有不少缺點，這樣的一種意見。由於這些壓力的結果，我於 1911 年 10 月出任海軍大臣，隨後我即全力以赴、專心致志地做好艦隊的戰爭準備，並保證隨時處於待命狀態。德國政府宣布要進一步大幅度擴充陸、海軍。

由於這一次阿加迪爾的對抗極其突然並且殘酷，導致它以一種奇特的方式改善了德、英關係。危機一過，我們即著手填補兩國間的鴻溝。我們不願意看到德國海軍不可避免的擴充成為爭執的進一步原因。因此，我們作出了安排，讓霍爾丹先生出訪柏林，向德國皇帝解釋我們海軍的觀點和打算。我們還尋求在對德國有利的一些殖民地談判中引起他的興趣。在做這一切時，我們都抱持友好的期望，試圖建立相互尊重的關係。在友好的會談後，接著商討最棘手也最嚴重的海軍問題。我獲得了內閣的支持性政策，簡言之，是宣布建造「無畏」級戰艦的 5 年計畫，要確保英國的計畫比德國現有的海軍計畫占優勢，保證雙方戰艦保持 16 艘對 10 艘的比例，而且要做到，德國按其《海軍法》每增造 1 艘戰艦，我們就增造 2 艘。自治領和殖民地的「無畏」級戰艦不包括在內，而且我們還宣布，我們要保持我們的巡洋艦和小艦隊數量兩倍於德國的實力。另一個方案是，我們提議兩國海軍設一個造艦的休假期，在一年休假期內英、德兩國一艘主力艦也不造；或者假如可能，兩國海軍計畫隔年安排，以便在年定額之間留出

一個空白年。

　　海軍的造艦假期方案被德國拒絕了，德國著手制定《海軍法》。但由於已經進行了坦誠友好的會談，德國的艦艇擴充和我們的對應建造——兩者都準時執行——沒有引起爭吵。實際上，在英、德爭論中，海軍問題的重要性逐年下降了。我深信德國人理解這種周密安排、嚴格執行且清楚明確的政策；他們不會憎惡這一事實，而會接受這一事實。這一點證明是對的。德國皇帝和提爾皮茨理解他們永遠沒有趕上我們的機會，我們如果不確立海上的絕對優勢是絕不罷休的。他們審時度勢，隨機應變，把興趣轉到殖民地問題的討論上，而且在 1912 年和 1913 年危機四伏的情況下，與愛德華・格雷爵士攜手工作，維護和平。事實上，英、德關係從未像大災難前兩個星期那麼和諧，甚至是充滿希望。但是正由於這一緩和，歐洲永遠克服不了後來 3 年間近東帶給它無休止的緊張和壓力。

　　另一方面，法國和俄國當然注意到英國所持有強硬的、獨立的態度，開始把英國看作他們遭到德國侵略時可依賴的一支重要力量。

　　還是在 1911 年 7 月，義大利暴露了擬從土耳其人那裡取得稱為「的黎波里」的古羅馬利比亞省的意圖。阿加迪爾危機期間，他不斷以此對土耳其施壓。1911 年 9 月他發出最後通牒，1911 年 10 月 5 日一支義大利遠征軍占領了的黎波里城及其附近的一段海岸。從那時起，土、義處於交戰狀態。面對這種無理行動，歐洲保持沉默。中歐帝國損失不起義大利這個盟國，法國和俄國也損失不起。青年土耳其黨勇敢地抵抗這個暴行。恩維爾親赴利比亞，鼓勵防衛行動。大批義大利軍隊長時間被困於海灘上。這是康拉德久等的天賜良機或者說義軍遭殃的機會。這是他多次預防性戰爭中的第一次也是最重要的一次。自從 1899 年他奉命前往指揮里雅斯特駐軍以來，他一直不信任義大利，並渴望為帝國奪回威尼西亞和倫巴底。「雖然維也納和柏林內閣把與義大利結盟視為一個安全因素，我卻以為那是大錯而特錯的；我認為無論在什麼情況下義大利都是敵人，而且把三國同盟比

作三腳桌子，只要有一隻腳損壞，桌子就必然倒塌。」對立情緒顯然根深蒂固，其原因一方面是義大利認為應歸屬於他並由他收復的地區，另一方面是奧匈帝國的阿爾薩斯─洛林。康拉德多年來一直力主對義開戰，從1910年底起態度更加激烈了。他宣稱，到1912年義大利就可做好戰爭準備，再等下去就愚蠢了。埃倫塔爾反駁說，三國同盟到1914年一定會延期。康拉德則斷言三國同盟是個騙局。現在看到義大利慘遭失敗，陷入利比亞海岸而不能自拔，他就向皇帝呈上長篇請願書，指出「奧地利的機會來到了，錯失良機無異於自殺」。埃倫塔爾雖然對他性情暴躁的助手一忍再忍，但最終還是忍不住了。他向皇帝寫信，指出「現在是該由精明能幹的外交大臣負責對外政策的時候。而參謀長的職責是為各種戰爭的可能性做好必要的準備，他沒有任何權利去影響出現何種可能性這一類的問題。」

此時已對埃倫塔爾懷有敵意的皇太子，支持了康拉德的立場，雖然並不贊同他的戰爭政策。爭論的是非曲直最終要由皇帝裁決。皇帝非常堅決。他清楚地看到奧地利的主要依靠必定是德國；如果德國不想與義大利鬧翻，他也絕不可這樣做。德國疏遠義大利於己不利，他疏遠德國也於己不利。1911年9月27日，博爾弗拉斯男爵奉皇帝之命約見康拉德。皇帝陛下希望看到康拉德與埃倫塔爾之間「有良好的和正常的相互關係」。康拉德應給「埃倫塔爾寫封短信，說他懊悔把問題給弄僵了」。康拉德回答說，要他寫信向埃倫塔爾道歉，他「寧願先剁去右手」。

康拉德歷來為人正直，他說：「現在到了老年，我是不會低頭的。」他還說：「如果皇帝陛下要求埃倫塔爾與我和解的話，我建議說：過去的就讓它過去吧；記住這句話，要引以為戒。這樣問題就解決了。」他補充說，他一生中從來沒有必要向誰道歉。皇太子嚴禁他投降。斡旋者博爾弗拉斯嘆息了一番自己的徒勞無功，然後向皇帝報告了談話的內容。康拉德則對皇太子說了他要說的話。1911年10月8日康拉德再次向皇帝呈文，敦促對義大利採取軍事措施，17日他收到了簡短、概括、措辭極為嚴厲的答

覆。他被告知:「他的部門要力求做好最充分的戰爭準備,而了解這一情況的外交大臣要按照皇帝陛下的旨意,與兩位首相保持一致,處理好自己的事務。」1911 年 11 月 15 日康拉德受皇帝接見,當時的對話如下。

皇帝「很激動、很憤怒地」訓斥康拉德。

皇帝陛下:我要立即說,對埃倫塔爾的繼續攻擊 —— 這些刺耳的話 —— 我是不允許的。

康拉德:陛下,請允許我說明我現在所持的觀點。講完後請陛下定奪。

皇帝陛下:這些無休止的攻擊,尤其是對於義大利和巴爾幹各國的,如今還在老調重彈的譴責,都是衝我來的;政策是我制定的;那是我的政策。

康拉德:我只能再次說,我怎麼得出我的看法,我就怎麼寫下來。陛下當然可以給它們打上「×號」,那是陛下的權力。

皇帝陛下:我的政策是和平的政策。我的這個政策任何人都必須遵照執行。我的外交大臣就是按照此意執行我的政策的。這場戰爭的確可能發生,很可能,但要打也只有到義大利進攻我們時才打。

康拉德:但願到那時機會仍對我們有利!

皇帝陛下:只要義大利不對奧國發動進攻,我們就不打這一場戰爭。迄今為止,我們從來不曾有過一個「主戰派」。

康拉德:那些在戰爭爆發後,必須確保一切準備齊全,以免我們從一開始就陷入困境,同時,也不能說「戰爭」這個詞,因為一旦說了他們就會被指責為屬於「主戰派」。

皇帝陛下:要有準備,每個人都得做好準備。

接著,皇帝把矛頭指向自己的太子。他批評了德國皇太子已在國會當眾顯露的那種好戰態度。「我們固然不會發生那種事,但是有發生那種事

的跡象。」

這次預告風暴來臨的接見只不過是免職的前奏。兩個星期以後，再次奉召至美泉宮的康拉德被解除了現職，調任陸軍監察長。「原因嘛，」法蘭茲·約瑟夫說：「你們非常清楚，因此也就不必談了。」

康拉德說，陛下很高興地說，我們的私人關係已變得「很友好」了，這不，剛才他就派專人請我來，以便他能親自宣布解除我的職務，因為這種直接的方式在他看來是最好的。

陛下接著停下來，這顯然是希望我說一說。

康拉德：我最恭順地感謝陛下；我也總是喜歡直來直去的。

皇帝陛下：我們做法一樣，讓我們像朋友一樣告別吧。

說完，我便被解職了。

巴爾普拉茨沒有浪費任何時間的就把埃倫塔爾擊敗康拉德的消息告訴了義大利人，兩個盟國間最近發生的緊張關係隨即放鬆下來。

1912年2月埃倫塔爾去世。他的工作已經完成；他有享受過幾個月的興奮和勝利的喜悅；他為他的國家獲得了一種形式上的滿足，但也付出了嚴重的代價，而且由於他自己的短淺目光和刻薄行為，也付出了不必要的沉重代價。他對待伊茲沃爾斯基彬彬有禮，不失紳士風度，這樣就會更容易獲得他所要求的一切。他以一個微不足道的小問題刺激得強大的德國與俄國兵戎相見。他用牛刀宰雞。一直到1907年為止，他始終信奉俾斯麥的基本準則，即奧地利在巴爾幹國家問題上採取的每一個步驟，都應先與俄國達成共識。1908年他突然拋棄了這個準則；他使奧地利與俄國反目；他毒化了這兩個毗鄰的帝國之間的關係。兩國如採用互利的方式，本來可以很容易地協調和培育他們在近東的利益。他使俄國處於公開受辱的境地，構成沙皇周圍輿論的統治階層對此是永遠不會忘記的。他長時期走運，沒有活著承受其後果。

埃倫塔爾的繼任者是奧地利前駐聖彼得堡大使貝希托爾德伯爵。他是布赫勞那所別墅的主人，正是在那裡埃倫塔爾與伊茲沃爾斯基進行了不幸的對話。貝希托爾德是擁有過顯赫職位，但能力最平凡的人之一。他的水準和見地不高於一個慣於在上流社會往上爬，個性機敏能幹的外交部低階職員。他代表著 —— 花花公子，紈褲子弟，裝腔作勢的形象；同時又具備和藹可親，溫文爾雅並且不追求私利的態度；身為一個家財萬貫；豪華住宅的權貴；賽馬場和夜總會的常客。上任前缺乏任何處理重大政治問題的經驗；但受過棋盤式外交家的全面培訓，這種狀態的貝希托爾德成了很容易上當的犧牲品。他擋不住軍人的魅力和武力的誘惑，著迷於他們耀武揚威又駭人的軍事機器。我們悲哀而驚奇地注視著他那惴惴不安的眼睛和他那虛弱的短下顎；我們細心觀察他那張沒有一點勻稱美或男子漢氣概的臉。而從這樣的人的嘴唇裡發出的命令，竟然比過去最偉大的君主、軍人、法律專家、哲學家和政治家發出的命令對於人類的命運關係更加重大，這使我們驚愕。貝希托爾德的務政彷彿是這種大人國的事由小人國的人來進行管理的縮影。

　　自從遭遇 1909 年的痛苦經歷以來，俄國的地位有所下降，但他的軍備與外交都沒有鬆懈。義大利與土耳其兩國之間的戰爭似乎有利於俄國再次努力為其戰艦獲得自由通行達達尼爾海峽的特權，這一特權長期以來一直是俄國人的基本目標。現在，俄國向不幸中的土耳其提供了仿照 1833 年的《洪基爾－斯凱萊西條約》的防禦同盟。可能涉及其他大國的領土變動不在本書考慮之列。俄國人保證「博斯普魯斯和達達尼爾兩海峽現有體制不變」。鄂圖曼政府則要許諾不反對俄國戰艦通過兩海峽，只要這些戰艦不在海峽停留或僅僅依協議停留。這種安排缺乏基礎。懼俄症在土耳其人心中根深蒂固。他們把俄國視為土耳其帝國的可能破壞者。他們把俄國領土高加索地區視為土耳其透過一場勝利的戰爭即可獲得的最大獎賞。青年土耳其黨的領袖們滿腦子都是這些思想。實際上，他們已經下定決心，

邁向危機深淵

一旦早就預測到的歐洲戰爭爆發，俄國全力去對付德國時，他們就以主力部隊入侵高加索地區。由於這樣的戰爭要求土耳其對黑海有控制權，因而他們必須成為一個海軍大國。他們透過公眾捐款籌集到採購兩艘「無畏」級戰艦的大量資金，訂單已交給英國。因此，俄國的建議使他們非常窘迫，當得知英、法絕不會對土耳其施壓後，他們便斷然拒絕了這個建議。

俄國外交的第二次挫折導致此刻繼任伊茲沃爾斯基為外交大臣的薩佐諾夫在結盟方向上發生了明顯改變。在他的領導下，俄國竭力設法組成了反土耳其的巴爾幹國家聯盟。這樣一個同盟的組成要素當然是已有的。歷史充滿了錯誤，蒙特內哥羅、保加利亞和希臘都曾受土耳其蹂躪。經由幾代人的殊死鬥爭，他們現在已擺脫了土耳其的束縛。現在仍控制著很多基督教人口居住省分的老壓迫者已陷於困境。這是清算舊帳和獲得新領地的時刻了。只需要有曾與土耳其人進行過長期戰爭的一個大國利用自己的影響，把他們聯合成一個有戰鬥力的同盟就可以了。實際上，俄國外交很可能僅僅是鼓勵了巴爾幹國家做他們已經決心要做的事情。

1912年10月8日，蒙特內哥羅對土耳其宣戰。幾天後，塞爾維亞、保加利亞和希臘相繼對土宣戰。土耳其國內已經奪取了政權的，堅強不屈的人們，運用所有資源抵抗其充滿仇恨的敵人的這一危險的聯合。戰爭的走向瞬息萬變，結果難以預料。土耳其的大潰敗使軍事專家比其他階層更感到意外。康拉德向來看不起塞爾維亞人。一個軍事使團的團長、德國將軍利曼·馮·桑德斯實際上正在改編土耳其軍隊，柏林的參謀人員堅信土耳其必勝。在英國軍界高層人士中，對希臘戰士的根深蒂固的不信任與對土耳其人的傳統喜歡和偏愛同時並存。

所有這些權威人士在這件事情上都顯得很愚蠢。二十年前邊打邊逃的希臘軍隊，現在雖然傷亡慘重，卻是衝鋒陷陣，一往無前。保加利亞人以最高明的技術和最驚人的勇氣作戰。最大的功勳則應歸於一向被輕視的塞爾維亞人。他們的軍隊不只是打仗技術高超，還擁有由法國人供應和訓練

的野戰炮和重炮，炮隊在戰場上和在阿德里安堡的圍攻中都產生了決定性作用。到聖誕節時，保加利亞軍隊已站在恰塔利亞戰線之前，斐迪南國王則夢想著高舉著勝利的旗幟進入君士坦丁堡。但保加利亞人在色雷斯地區戰鬥時，希臘人已抵薩洛尼卡，塞爾維亞人則抵達了卡瓦拉。一到全面勝利有了保證，征服者便開始自相殘殺。表現得最為妄自尊大的保加利亞發現自己遭到了塞爾維亞和希臘的反對。1913年2月激戰爆發了。希臘人和塞爾維亞人進攻不久前還是自己盟國的保加利亞，由於保加利亞與之相比，兵員人數眾寡懸殊，再加上對土耳其作戰失利使得力量耗盡，因而在此波猛攻之前支持不住。此刻，原先沒有參加戰爭的羅馬尼亞從背面侵入保加利亞，並占領了多布羅加地區。被壓倒性力量擊潰和嚇倒的保加利亞只能接受對方提出的條件。他被剝奪了幾乎所有的征服地，喪失了出海口，被羅馬尼亞霸占了他最著名的、也是遭到重創的那個師的大部分士兵的故鄉的那個省。在混亂中，恩維爾帕夏從利比亞返國，他以充沛的無畏精神收復了阿德里安堡。就是根據這樣一些既成事實，最終簽訂了《布加勒斯特條約》。

　　對這兩次巴爾幹戰爭的所有反應都很壞。德國政府，尤其是德國皇帝深感不悅。他們對土耳其的長時期拉攏，他們對土耳其的支持被大肆宣揚，只不過是與鄂圖曼帝國一道遭受了最大的災難。他們訓練了土耳其軍隊，至少也是他的保護者，而法國則監督著塞爾維亞和希臘的技術準備，這個事實使德軍參謀部難以忍受。奧地利的惱怒則難以形容。塞爾維亞人不僅證明了他們在戰場上的勇猛，還令國土面積倍增，人口至少增加了三分之二。維也納和布達佩斯曾信心十足地預測，塞爾維亞在第一次巴爾幹戰爭中會被土耳其人打敗，在第二次巴爾幹戰爭中會被保加利亞人打敗，事實證明這兩個預測都是錯的。他們發現自己現在已經面臨著大塞爾維亞的野心和敵意，大塞爾維亞的存在威脅到了帝國的生存。俄國的幸災樂禍更使奧地利怒火中燒。除非出現某種情況能改善布加勒斯特和平的「不健

康效應」，否則世界大戰就要發生，這已成為維也納的街談巷議。

塞爾維亞部隊在戰爭中已經到達了亞得里亞海，塞爾維亞政府始終叫喊著要把阿爾巴尼亞海岸作為其「通海窗口」。奧地利人拒絕容忍這一點，雖然奧地利皇帝嘲笑為了「幾個阿爾巴尼亞山羊牧場」而戰這一想法，但奧地利與塞爾維亞之間的戰爭還是因為各大國會聚於倫敦所作出的巨大努力，尤其是英國與德國的合作與努力，才得以避免。

康拉德被趕出議會而去到軍隊指揮部，對政策已無正式影響了。他給當權的主要人物提交了一系列文章，自稱為「任何愛國者都不能漠然視之的劃時代事件目擊者」。他力促對塞爾維亞開戰，同時還針對俄國進行軍事動員。他對貝希托爾德有很大影響。1912 年冬季和整個 1913 年，在維也納上流社會中居於主導地位的戰爭精神對他是有利的。1912 年 12 月，皇帝下令再次任命他為參謀長。他一再重申主戰的觀點，於 1912 年 12 月 14 日說：「如果君主國要解決涉及他生存利益的問題，那麼最好的辦法看來就是，不顧一切疑慮，現在就向塞爾維亞開戰。」於 1912 年 12 月 23 日說：「唯一的解決辦法：不考慮後果，用戰爭打倒塞爾維亞……雖說協約國加上塞爾維亞力量可能會很強，足以聯合起來威脅君主國，然而我們的強大足以與選擇全面戰爭的這些國家相抗衡，他們之中最重要的國家事實上是害怕全面戰爭的。」1912 年 12 月 30 日他對皇太子說：「我們已經到了君主國與塞爾維亞進行較量的時候。這是必須進行到底的較量。其餘一切──阿爾巴尼亞、港口問題、領事問題、貿易協定等等──都是枝節問題。」他的呼籲得到了新的陸軍大臣克羅巴廷和波士尼亞總督波蒂奧雷克的支持。後者荒唐地寫道：「但是無論如何也不要差勁的和平。哪怕在戰場上負於大國也比那好。」最終他求仁得仁，一敗塗地。

不過，哈布斯堡皇族並沒有像將軍和政治家們那樣激動。皇帝還是無動於衷。他一再拒絕康拉德的要求，用了下列一些措辭：「即使在政治鬥爭中也要堅持正派的原則」，「那樣做即是意味戰爭，而我反對戰爭」，「事

先不周密考慮不得蠻幹」,「遇事要三思而後行」。這位矍鑠睿智的 80 多歲老人以此類回答制止了多次上升的狂熱浪潮。他的所有這些意見都得到了皇太子的支持。在法蘭茲・斐迪南的影響下康拉德又官復原職；但皇太子並不接受康拉德的政策。皇太子在 1913 年 2 月的態度，由他的皇室侍從官巴爾多夫敘述給了康拉德：「皇太子已經宣布全線撤退。無論在什麼情況下，他都不會對俄國開戰。他不會同意開戰。塞爾維亞不是一棵李樹也不是一頭綿羊。他要求復員後備役兵員。」在這威嚴的權力下，貝希托爾德機敏地改變了自己的態度。當康拉德前往貝希托爾德處，希望從他那裡獲得同情和支持時，他不動感情地告訴康拉德：「我永遠不會報名參加對俄戰爭。皇太子法蘭茲・斐迪南絕對反對戰爭。」

所有這些美德與智慧的動機很清楚。有一個原因使奧地利皇帝及其太子決定了他們的行為。這就是他們深信德國威廉二世不主張戰爭。威廉二世以最有說服力和最機密的方式把這個意見傳達給了他們。他們知道，沒有他，他們什麼都做不了。他們身居最高地位，而且事關他們的直接財產利益，因此他們估量事實要比其下屬和顧問估量得準確，這樣他們對帝國的控制也就更有效。1913 年歐洲的和平完全取決於德皇對戰爭的「不」字。只有一隻手控制著排洩洪水的鑰匙。從奧地利與俄國反目的那個時刻起，威廉二世就執掌著這兩個君主國的權柄。只要他的否決權有效，世界就安全。

現在就來看看導致這個否決權被撤銷的起因和事件。

邁向危機深淵

皇儲遇刺事件

　　1914年新年開始，空氣清冷而平靜。由於英國和德國在近東事務上的合作與殖民地條約談判有進展，英國內閣的焦急與疑慮減少了。實際上，在上一年秋，在為完成我們業已公開宣布的對德計畫所必不可少的海軍費用預算上，我遇到最頑強的抵制。財政大臣一反他關於阿加迪爾演說的基調，率領內閣多數，進行激烈的反對。我說明，除非計畫得以落實，否則我就辭職。聖誕節的鈴聲臨近使這場針鋒相對的內部爭論暫停下來。1914年1月3日，勞合・喬治先生在《記事日報》（*Daily Chronicle*）上發表了一則記者採訪稿，在採訪稿中他譴責了軍備支出的愚蠢性，他尖銳地談到了倫道夫・邱吉爾勳爵1886年因為經費問題而辭職的事，並宣稱世界的現狀是前所未有的太平。我原在比亞希茲附近度假，回來途經巴黎會見了普恩加萊總統和幾位重要部長。我深感那裡的政界有一種不安的氣氛。勞合・喬治先生的記者訪談似乎使他們感到更為慌張了。

　　這一年，隨著時光消逝，我們內閣中持危險正在過去這種看法的人逐漸增加。我之所以能讓全部的海軍預算在內閣中獲得通過，只是因為內閣的多數反對派也觀察到關於愛爾蘭的不穩定情勢。那裡隨時可能發生動亂，他們不想看到我辭去海軍大臣職務。當時，就連外交部警惕的監視者也顯得逍遙自在。議會兩院似乎好像就不存在外交事務似的。英國政府中有樂觀情緒，在法國議會中也有。左翼各黨掌握全權。他們竭盡全力要修改1913年通過的3年兵役法。實際上，只是由於後來採取了一個折中辦法，兵役法才得以維持下去。折中辦法規定第3年的老兵退役時，應同步徵召兩倍新兵作為補充。在這一年，法國總統自1870年以來第一次出席德國大使館舉辦的宴會。也是在這一年，從過去的19年以來我們第一次

皇儲遇刺事件

接受德國邀請，在 1914 年 6 月的賽艇大會週派出一支英國分艦隊訪問基爾。我們派出英國 4 艘最精良的戰艦參加德皇的招待會。同時，我們還派出 4 艘戰鬥巡洋艦赴喀琅斯塔特向俄國人表示同樣的情意。

但在這種表象之下，大國之間的關係仍不斷地讓人感到緊張。俄國陸軍不斷擴大和改進，軍用鐵路建設迅速推進。法國用各種方式同意對 3 年兵役法的巨大讓步。德國不僅在擴充陸軍和海軍，而且還用了 5,000 萬英鎊的資本稅緊鑼密鼓地採購軍用物資和製造軍火與設備。德國淬化鋼和製造武器與軍用設備所需的各種稀有金屬，單就我們知道的──鎢、鋁、釩、鎳、銻、錳──的進口，僅 1914 年一年就已經超過了前 3 年的總量。德、俄報紙和大學教授之間的文字戰不斷，各種不愉快的和難聽的指責不絕於耳。俄國陸軍大臣授意發表宣告，大談俄軍戰鬥力的加強。夏天，愛德華·格雷爵士要求我安排第一海務大臣──巴滕貝格家族的路易斯親王與俄國海軍當局舉行類似於 1906 年以來法、英參謀部之間曾多次進行的那種會談。談什麼無關宏旨，會談本身才是重要的，而且被有意說成是重要的。在德國軍界盛行大量含糊有關戰爭的談話。但和平力量似乎仍然占有優勢，英、法兩國的政治舞臺上則充滿黨派政治和激烈的派系鬥爭。

皇太子法蘭茲·斐迪南一生的最後幾個星期充滿了令人感興趣的事情和重大活動。1914 年 6 月中旬，他在科諾皮什泰接待德國皇帝。三日內兩人一直密切交談。據威廉二世事後向德國外交部所說，話題主要是皇太子對匈牙利人的反感，他討厭他們的中世紀式的習慣及其對國界內其他民族的壓迫。他強調了不斷對蒂薩伯爵施壓的重要性，要使他停止虐待匈牙利的羅馬尼亞人，以免挑起三國同盟與羅馬尼亞之間的不和。他說，曾經討論過的另外幾個話題是希臘與土耳其的關係、義大利在阿爾巴尼亞的行為和由奧地利駐柏林大使取代匈牙俐落傑尼伯爵。據諧傳，涉及的話題不止於此，有人斷言他們陰險地審視了整個歐洲形勢。德國皇帝對皇太子說：

「假如我們不立即給以打擊，形勢會愈來愈糟。」從以後發生的情況看，似乎可以肯定，他沒有明確許諾在任何特別情況下德國都會向奧地利提供援助。

訪問結束，德國皇帝前往他在科孚島的郊區住宅，法蘭茲・斐迪南則趕赴波士尼亞，視察要在那裡進行的陸軍演習。他們的行程安排曾被廣泛宣布。奧地利軍隊要在塞爾維亞垂涎三尺的這個省區進行聲勢浩大的軍事演習，而且此後這位皇位繼承人還要在夫人陪同下正式訪問波士尼亞首府塞拉耶佛。他定於1914年6月28日入城。這個日子是1349年塞爾維亞的「畫眉之鄉」科索沃波列慘敗的週年紀念日。在塞爾維亞的人們熟知這一切並為此而憂傷。此次訪問也是為了伯爵夫人，或者說現已成為霍恩貝格公爵夫人的霍特克。他極為正式地堅持越來越強烈的願望，要求舉行公開儀式以得到承認。他要去塞拉耶佛與他的丈夫會合，而為他的行程所量身訂做的安排充滿了原本僅為皇帝本人的旅行所規劃的繁文縟節。帕爾伯爵在細讀行程方案時大叫丟臉：「我們是為了什麼而來的？」皇帝本身很可能會因此改變行程，離開維也納而轉去伊施爾河，以免接受或者面對這種要求！

1903年在貝爾格勒殺死國王亞歷山大和王后德拉加的塞爾維亞軍官，為相互保護緊密抱團，組成了一個稱為「黑手」的祕密社團。這個破壞性的社團以早期耶穌會的紀律和俄國民粹主義者的方法培育出了狂熱的愛國主義。他們與塞爾維亞統治階層有千絲萬縷的連繫。甚至有人說皇太子亞歷山大、首相帕希奇和總司令普特尼克不時地與他們在一起；他們的領袖陸軍上校迪米特里耶維奇此時實際上是塞爾維亞情報處的首腦。儘管撲朔迷離，但幾乎可以肯定，謀殺訪問波士尼亞的皇太子這個陰謀是由迪米特里耶維奇策劃的。很多狂熱的青年——其中大多數還不滿20歲——被煽動前往塞拉耶佛。在他的授權下，他們人人都裝備了炸彈和布朗寧手槍並學會了如何使用。他發給他們旅費和生活費。還發給他們氰化鉀，作

為自殺時使用的最後手段。從戰後被揭露出來的情況看，帕希奇及其幾個同僚無疑是了解正在進行的陰謀的。此時，塞爾維亞政府與「黑手」組織在如何管理新獲得的馬其頓領土上意見不一致。據說政府為了他們自己的利益，下令其邊防當局阻止密謀者進入波士尼亞；但這些本身就是「黑手」組織成員的邊防當局，反而加快了他們的行動。還有情況表明，政府設法警告維也納，說皇太子在訪問波士尼亞和塞拉耶佛期間有危險。實際上，塞爾維亞駐維也納公使約萬諾維奇肯定把這種意思向貝希托爾德的一位下屬做了含糊其辭的說明。即使有人聽取了這些情況，也會認為它們是荒謬不合理的。皇太子注意到他的訪問有危險，他試圖勸阻夫人與他一起出訪，但未能成功。作為親王和軍人，他自己認為理應踐約。

在這些情況下，原本應該採取最嚴謹的軍、警預防措施的。然而實際上沒有，疏忽和漫不經心竟嚴重到了如此程度，以至於有人侮辱性地猜疑皇太子的生命在奧匈帝國政府最高層並不受重視。此時，波蒂奧雷克將軍到來，試圖要作更為嚴密的檢查。他是僅次於康拉德的奧匈帝國軍界首腦。康拉德在1908年應邀出任參謀長時親自舉薦他接任其原位。波蒂奧雷克是一個幾乎像修道士那樣自律、精明強幹、目光銳利的軍人，他性格中有一種強烈的神祕主義因素。與皇帝的朝廷中年邁官員的親密無間和小心翼翼發展的連繫，使他的根基很穩固。在此刻，他作為波士尼亞的軍事長官，對皇太子訪問波士尼亞首府期間的安全負有比任何人更大的責任。不知是心懷惡意還是純粹無能，他竟然完全忽略了他的職責。從他後來的軍中履歷來看，對他應持較寬厚的看法。但無疑的他十分清楚，宮廷是多麼強烈地反對授予索菲婭公爵夫人以皇家榮譽。人們認為他的地位是不會得到不適當的提高的。幾乎沒有派什麼警察來，沿街沒有布防軍隊，近處也沒有備用憲兵隊。這種安排導致了災難，而且，如此草率的措施，在執行時更是一片混亂。

1914年6月28日下午，皇太子同夫人進入塞拉耶佛。謀殺行動已經精心策劃好了。至少有7名刺客已在皇族可能經過的路線各點上安排確實

了。路徑中3座橋的每一座都有2、3名人員把守等候。第一次襲擊是在往市政廳的路上發動的；只不過炸彈落在汽車背後引爆，因而其爆炸僅僅傷了兩名隨從軍官。抓住了兇手後，皇太子繼續前往市政廳，並在憤怒的心情中聽取了歡迎辭。警察的預防措施似乎相當鬆懈，汽車的主人、坐在司機旁邊的哈拉赫伯爵跟軍事長官波蒂奧雷克搭訕：「閣下安排警衛兵保護殿下了嗎？」軍事長官不耐煩地回答：「哈拉赫伯爵，你以為塞拉耶佛到處都是刺客嗎？」皇太子提出改變回程路線，到兩名受傷的軍官接受治療的那所醫院看一看。當被告知已抓獲了扔炸彈的人時，據說他講道：「盡快處以絞刑，否則維也納將授予他勳章。」一句多不可思議的苦澀話！這幾乎是他所說的最後一句話！哈拉赫伯爵想要站到左踏腳板上去保護皇太子。法蘭茲·斐迪南說：「別幹傻事。」4輛汽車依照原來的次序從醫院開出，進入擁擠的人群，但速度加快了。在法蘭茲·約瑟夫的座車進入大街入口處，警察已經控制不了的人群擁塞了街道，此時出現了一個致命的錯誤。汽車折回了原來的道路。面對皇家來賓坐著的軍事長官波蒂奧雷克告訴汽車司機他拐錯彎了。汽車減速並駛近左邊的人行道。此時一個年輕人在距汽車3碼處連開兩槍。皇太子依然筆直地坐著；夫人倒在了他懷裡。二人間喃喃地交換了幾句話。一時之間沒有人知道他們已被射中。但子彈已經擊穿了皇太子頸部的動脈，也擊穿了夫人的腹部。兩人都失去知覺，並相繼在15分鐘內嚥了氣。兇手是一個名叫普林齊普的塞爾維亞學生，當場被群眾抓住了。他死於獄中，近幾年他的同胞立起一塊紀念碑，上面記載著他們的醜行。這就是塞拉耶佛慘劇。

　　在那幾天，我十分掛念海軍的準備工作和海軍航空兵的建立。我把清晨時間花在阿佩文的中央飛行學校，而後驅車返回樸茨茅斯，在港口對面的渡口買當日報紙。記得我是在等候汽車到來之時讀到這個消息的。當時我有一種突然又強烈的感覺，感到有某種不祥而且難以預測的事情發生了。整個下午我留在正在建造很多新船的造船廠，直到深夜才回到海軍

部。我們的艦隊司令從基爾電告，奧地利皇帝得知謀殺消息後，立即停止了戲劇演出，結束了賽艇會和慶祝活動。我經過思考後認為，應當立即從波羅的海撤回我們的大艦隊。艦隊於1914年6月30日穿過了波羅的海通向北海的大小海峽。

塞拉耶佛的罪行激起了整個奧匈帝國的憤怒。帝國內各民族勃然大怒，對塞爾維亞心懷憎恨，與政府同仇敵愾，團結一致。我們必須設身處地想一想，才能判斷他們的感情。試著設想，愛爾蘭是一個軍事力量在增強、敵意在加深的共和國；他不是一個島國，他的邊界毗鄰威爾士和蘇格蘭；有一個激烈而積極的泛凱爾特陰謀要聯合愛爾蘭、蘇格蘭和威爾士組建成反英格蘭的外國獨立同盟；威爾士親王因公前往卡那封，被由愛爾蘭祕密會社組織和派遣並用愛爾蘭都柏林軍火庫供應的武器武裝起來的一夥刺客殺害！這與現在在哈布斯堡領地內所造成的局面正好類似。幾天來，奧地利各族人民的憤怒表現為反塞爾維亞的暴力示威和攻擊塞爾維亞代表和機構。英國駐布達佩斯總領事報告，匈牙利人甚至更加憤怒。「對塞爾維亞及其一切盲目仇視的浪潮正席捲全國。」他認為匈牙利人民「願意不遺餘力地對令人蔑視和厭惡的敵人進行報復」。

皇帝雖然基本上對暗殺感到震驚，而且憎惡塞爾維亞，但他個人對悲劇還是決定採取溫和甚至冷靜的態度。他一聞噩耗即對帕爾伯爵說出的第一句話就表明了他與眾不同的觀點。「可怕！全能之神不容許向他挑戰而不受懲罰……一種較高層的勢力恢復了我不幸無力維持的舊秩序。」這些話是指保佑哈布斯堡王朝的上帝施行了對墮入貴賤連姻的皇位當然繼承人的懲罰。

康拉德長久等待和經常懇求的機會終於到來了。他要求應該立即對塞爾維亞宣戰。立即動員和進軍！過去抑制過他的那些人都不在了。埃倫塔爾死了；皇太子死了；而且康拉德發現貝希托爾德伯爵並不反對，而是同意。貝希托爾德已下定決心。但作為外交大臣，在皇帝面前他不能單獨行

動。政體要求他必須取得奧地利和匈牙利兩位首相的同意。匈牙利的蒂薩伯爵是一位傑出人物，一位有影響力、有個性的人，精明、果斷、說話斬釘截鐵、有遠遠超出他職權的政治影響力。1914 年 7 月 1 日貝希托爾德告訴蒂薩伯爵，他有意把「塞拉耶佛的可怕行為，作為向塞爾維亞算帳的理由」。蒂薩反對；他警告說，他指出算帳是「致命的錯誤」，可能帶來難測的後果。當日他向皇帝上書說，塞爾維亞尚未被證明有罪，如果塞爾維亞政府能提供令人滿意的解釋，那麼帝國開戰（除非在最不利的情況下），會使自己成為和平的破壞者並暴露於全世介面前。他堅持進行調查。他詳述了羅馬尼亞不能令人滿意的態度。他力主在與塞爾維亞絕交前，採取一個重大的預防措施，即與保加利亞簽訂同盟條約。另一方面，康拉德和將軍們則不住地叫囂想發動戰爭。

康拉德有他自己的說法。

1914 年 7 月 1 日，我再次與貝希托爾德談話，他說皇帝陛下也希望等待調查的結果。他還說施蒂爾克伯爵和蒂薩伯爵懇求保持清醒的頭腦。蒂薩反對對塞爾維亞動武；他憂心忡忡，擔心俄國可能會趁機攻打我們，而德國可能會棄我們於危難之中。另一方面，施蒂爾克則表示調查將為採取進一步行動提供依據。我提出只有猛攻才能阻止來自塞爾維亞的危險的看法。在塞爾維亞庇護下所犯的謀殺就是宣戰的理由。至於貝希托爾德擔心德國和羅馬尼亞會棄我們於危難之中這一點，我回答說，如果我們與德國結盟的結果會是那樣的話，那麼我們在任何情況下都不能做任何事情了。

那位大臣對我說，他已經準備了一份備忘錄，在備忘錄裡他要求德國保證羅馬尼亞會抗議三國同盟。我則嚴重抗議我們在做任何事情之前，必須問德國是否會保護我們的後方不受俄國侵犯的那種態度。

1914 年 6 月 30 日，德國駐維也納大使切爾施基向柏林報告說，他正在利用一切機會「私底下但非常認真而嚴肅地勸告不要採取過激行動」。德國皇帝對這個報告作出的初步評論非常著名。「誰授權他這樣做的？那

是極端愚蠢的；這完全不關他的事，因為在這個問題上，奧地利打算做什麼完全是奧地利的事。以後如果事情搞糟了，有人會說是由於德國不願意所致。切爾施基還是別幹這種蠢事了！必須處置塞爾維亞人，而且要盡快進行。」1914 年 7 月 1 日，奧匈帝國首相府首席常務行政官員霍約斯伯爵會見了一位叫維克托·瑙曼博士的德國政論家，後者與德國外交大臣馮·雅戈和德國外交部的施圖姆兩人過從甚密。瑙曼宣稱，不僅在陸軍界和海軍界，而且在首相府所在地威廉大街，對俄國進行預防性戰爭的思想已不像一年前那樣完全不予考慮。與英國就非洲和葡萄牙殖民地問題達成協定和英國艦隊出訪基爾，都是作為一個關係改善的證明來安排的，因此，他們深信英國不會干預歐洲戰爭。他說，施圖姆曾非常認真地對他說過俄國軍備的危險。法國由於困難重重或許不得不對俄國施加影響，希望和解；然而，假如歐洲戰爭最終爆發，三國同盟就是現在也是足夠強大的。如果此刻用適當方法向威廉皇帝進言，「當他對塞拉耶佛謀殺盛怒之時，他將對我們作出一切保證，他將堅持這些保證，甚至戰爭爆發也在所不惜，因為他意識到君主制原則正面臨著危險。德國外交部不會反對這一態度，因為他們認為，這個時刻對做出重大決策有利……奧匈帝國如果不利用目前這個時機，他作為君主國和大國的地位就將喪失。」

這種非常強烈的暗示使貝希托爾德在次日接見切爾施基時抱怨，過去德國給予奧地利的支持不夠，現在也不知道德國持何種態度。切爾施基回答說，這是由於奧地利習慣於闡述思想而沒有一個明確的行動計畫所致。只要奧地利提出明確的行動計畫，柏林就會把奧地利的事當成自己的事。同日，現已充分了解外交部政策的切爾施基對奧皇明確地說，無論什麼時候為保衛最重要利益而出現問題時，皇帝陛下都可期望德國作為君主國的堅強後盾。至於這種重大利益是否正處於危險中，這必須由奧地利自己作出決定……「我的皇帝會做奧匈帝國每一項堅定決策的後盾。」完全可以相信，法蘭茲·約瑟夫滿意地記牢了這番話。對於一個人民已憤怒得發狂

的盟國來說，不能想像還有比這還要露骨的煽動。因此，從某一方面說，在此階段我們發覺兩個皇帝和兩個外交部都站在康拉德一邊，主張對塞爾維亞採取武力行動，唯獨蒂薩伯爵反對。

貝希托爾德心中一直認為，對塞爾維亞的懲罰是嚴厲、迅速和區域性的事情。他為自己畫了一張畫；發出最後通牒後由奧地利部隊按其平時編制，不做聲勢浩大的動員，毫不遲延，立即奪取塞爾維亞的城市或地區。1913年他就強迫康拉德接受這一意見，而這位參謀長反覆解釋，採取這樣一種軍事行動在技術上是不可能的。不動員就什麼都不能做。「你胡思亂想些什麼！」1913年10月康拉德對他大聲叫喊道。但貝希托爾德堅持他的想法，「如果我們動員，波蒂奧雷克就會有80,000步兵，而現在，他只有25,000步兵，且分散於波士尼亞全境。」他擔心會有16天的延誤，那是下達動員令至跨過塞爾維亞邊界必需要花費的時間。他害怕在這16天內歐洲可能發生事端。長驅直入塞爾維亞和占領「足夠大一片領土」是一回事，這樣會使歐洲面對既成事實；而實施可怕的動員過程情況就完全不同了。此刻，貝希托爾德沒有為康拉德的反對所嚇倒，仍然念念不忘「立即也就是不進行動員就展開軍事行動」。但對此，蒂薩伯爵也不同意。

首先必須弄清楚德國是否支持和批准。於是，1914年7月4日貝希托爾德派他信任的心腹朋友霍約斯伯爵前往柏林與德國的領袖們進行協商。霍約斯帶著兩份文件，第一份是蒂薩所敦促的主張，使保加利亞加入三國同盟的備忘錄，第二份是法蘭茲·約瑟夫致威廉二世的親筆信。這兩份文件沒有一份提及貝希托爾德考慮的突然入侵塞爾維亞，因為這是有違蒂薩講定的條件的；但此外霍約斯伯爵有口頭解釋要說。這些解釋中包括貝希托爾德的「堅決計畫」，而這似乎是柏林所希望的。對奧皇的親筆信有必要作大段落的引用。

根據迄今公布的一切證據，塞拉耶佛事件不是個人所為的血腥行為，而是貝爾格勒精心策劃的陰謀所造成的結果。即使無法證明塞爾維亞政府

皇儲遇刺事件

涉及此案，這個罪行也是由塞爾維亞政府指引全體南部斯拉夫人在塞爾維亞旗幟下聯合起來的政策所激起的。而此種事態的長期存在構成了對我的皇室和我的領土的永久威脅……

我的政府努力在未來必然趨於孤立和削弱塞爾維亞。在這方面的第一步應當是加強保加利亞現在政府的地位，以便使實際利益與我國完全相同的保加利亞不至於重新奉行親俄政策。

假如布加勒斯特清楚地意識到，三國同盟決心不摒棄保加利亞加入同盟，而且還準備引導保加利亞與羅馬尼亞聯合並保證後者的領土完整，羅馬尼亞人民也許就會放棄那條因受塞爾維亞的友誼和俄國的和睦驅使而走上的危險道路。

假如這點成功了，可以進一步努力使希臘與保加利亞和土耳其和解；然後有可能在三國同盟的保護下形成一個新的巴爾幹同盟，其宗旨是限制泛斯拉夫思潮的泛濫和保障我們國家的和平。

然而，這只有在目前構成泛斯拉夫政策中樞的塞爾維亞，作為巴爾幹國家中的一個實質政權被消除後才有可能。

在最近波士尼亞發生可怕的事件之後，你也確信，現在沒有必要再去考慮使塞爾維亞與我們分開的這種對抗。只要貝爾格勒的這個煽動犯罪的中心沒有受到應有的懲罰，全歐各君主國堅持和平的政策就會受到威脅。

1914年7月5日，康拉德在美泉宮受皇帝接見。

馬上討論政治形勢。皇帝陛下從各方面對形勢做了綜述，對其嚴重性瞭如指掌。我也向皇帝陛下表達了我的觀點，即與塞爾維亞開戰不可避免。

皇帝陛下：是的，完全正確，不過，如果那時他們，尤其是俄國如果對我們發起進攻，這仗怎麼打？

康拉德：德國肯定將保護我們的後方！

皇帝陛下：(疑惑地看了看康拉德，然後說)你對德國有把握嗎？

此時康拉德說，皇帝曾吩咐皇太子法蘭茲·斐迪南在科諾皮什泰詢問德皇，未來奧地利能否無條件依靠德國，德皇避而不答。

康拉德：不過，陛下，我們必須知道在這個問題上我們該怎麼辦。

皇帝陛下：昨天晚上我們已經照會德國，要求做出明確回答。

康拉德：如果回答的大意是說德國站在我們一邊，那麼我們就對塞爾維亞開戰嗎？

皇帝陛下：在那種情況下，是的。(想了一會兒後，他接著說)但如果德國不給我們這樣的回答，那麼怎麼辦？

康拉德：那麼，當然我們就被孤立了。不過，我們應當很快獲悉答案，因為重大決策取決於它。

皇帝陛下：德國皇帝現正赴斯堪的那維亞旅行。無論如何，我們得等這個回答。

我得到的印象是，皇帝陛下對德國不放心，就是由於這個原因推延了決策。

接見到此為止進展順利，此時皇帝陛下有些激動，當時我提出有必要頒布戒嚴令，以防塞爾維亞在君主國境內還有進一步的企圖。關於這一點，我指出，在我君主國的其他地區也要做好準備，防備在波士尼亞發生的類似事件。這種事件可以是針對個人的、軍隊總部的，也可以是針對重要目標，如橋梁的。

皇帝陛下：這一切(即戒嚴令)都將在動員時發生。

康拉德：那時就太晚了。

皇帝陛下：不，那(即戒嚴令)是不可能的。

康拉德：但是沒有別的可取代它。

皇帝陛下：我絕不會那樣做。

康拉德：聽從陛下指揮！我的職務使我不得不提出這個建議。

（至此，皇帝再次平靜下來。）

康拉德：我至少要請求立即採取措施處理炸彈這類東西，並制定法律程序來對付持炸彈的那些人。

皇帝陛下：好，我命令有關部門的首長去處理。

接見在愉快和活潑的氣氛中結束。

「星期三，」皇帝說，「我要去伊施爾河。」康拉德問他，自己是否可以去提洛爾。他的主人說：「當然，你也必須休養。」

奧地利的最後警告

　　1914年7月5日星期日上午，霍約斯伯爵到達柏林，他與奧匈帝國大使瑟傑尼伯爵作了商量，瑟傑尼要求立即覲見德皇以便呈上皇帝法蘭茲‧約瑟夫的信。德皇邀請大使到波茲坦共進午餐。霍約斯伯爵則前往外交部，與齊默曼作了長談。瑟傑尼一到波茲坦就呈上了信和備忘錄。德皇讀過兩個文件後首先說，他本想對塞爾維亞採取某種認真的措施，但由於歐洲可能出現的複雜情況，他必須先與帝國首相商量，然後才能給予明確答覆。但午餐後，威廉二世沒等貝特曼—霍爾韋格來到就發表了重要宣告，並授權大使把宣告作為君主致君主的私人信件轉交給法蘭茲‧約瑟夫。

　　據大使說，德皇說奧地利可信賴德國的完全支持。他必須首先聽取首相的意見；但他一點也不懷疑貝特曼—霍爾韋格會同意他的意見，尤其是對塞爾維亞的行動這個問題。德皇的意見是此次行動絕不能拖延。俄國的態度無疑會是敵對的，但他幾年來對此早有準備；如果奧匈帝國與俄國之間的戰爭果真爆發，德國會以其慣常的忠誠站在他這一邊，奧地利儘可以放心。然而照當前的情況判斷，俄國絕不會準備打仗，肯定要再三考慮後才會訴諸武力，雖然他將煽動三國協約中的大國反對奧地利，並在巴爾幹諸國火上澆油。「德皇完全理解由於奧皇陛下以熱愛和平而聞名，進軍塞爾維亞對於帝國和他會是困難的決定；但若我們真正意識到對塞爾維亞開戰的必要性，那麼假如我們沒有利用這個完全對我們有利的時刻，他是會後悔的」。

　　瑟傑尼伯爵在路上沒有花很長時間就回到了柏林，並把宣告電告維也納。

　　德皇清楚地知道他所採取的步驟所代表的嚴重性。實際上，他已經決心挑起歐洲的全面戰爭；他慫恿奧地利入侵塞爾維亞，且答允保護他不受

奧地利的最後警告

俄國干涉。由於德國保護奧地利反對俄國，意味著德國將立即入侵法國並破壞比利時的中立，整個可怕的全景畫卷必然會展開。當然，他希望不會引起戰爭；奧地利會懲罰塞爾維亞，並再次欠下德國的「人情」；法國和英國不論害怕戰爭或熱愛和平，或者在精神與物質上準備不足，都將勸俄國站在一旁不要干涉；而俄國最後深信英、法友誼或同盟毫無價值，將放棄三國協約。於是中歐帝國團結並勝利地高高屹立於不流血的戰場上，今後，他們遇到的只有個別孤立的對手了。「鐵拳」和「閃光的盔甲」會再次完成它們的工作，而他這個德國皇帝也將證明，他的才能甚至能使他最挑剔的臣民也感到滿意。如果不這樣，對他們大家都是大不幸！

德皇打算次日上午9點15分離開，登上遊艇在挪威峽灣巡弋。此前，他有很多事要做。他已召喚首相和武裝力量首腦。普魯士陸軍大臣馮·法金漢將軍下午5點來到，貝特曼－霍爾韋格6點來到，代表海軍參謀部的岑克爾艦長7點稍晚來到。在提爾皮茨不在時代表海軍部的海軍上將馮·卡佩勒和當時在柏林的高級參謀官馮·貝爾特拉布將軍將在第二天上午8、9點之間來到。兵工廠廠長克虜伯男爵奉命於晚間在基爾與皇帝共進晚餐。對這些官員中的每一個，皇帝都單獨面談，而他們全體都記錄下了對他所說內容的印象。

1914年7月5日，法金漢寫信告訴正在養病的參謀長毛奇，皇帝陛下告訴他說：「奧匈帝國似乎已決心不再容忍在巴爾幹半島策劃，反對奧地利的陰謀，如有必要達到這個目的，就要開始進軍塞爾維亞；即使俄國不會置若罔聞，奧地利也不想讓步……與保加利亞締結條約將會是曠日廢時的，因此閣下不必提前離開卡爾斯巴德。不過，雖然我沒有接到命令通知您，但我還是認為，讓您知道形勢嚴重，以免您在最終可能發生的意外事故來到時毫無準備是正確的。」對於皇帝的直接詢問：軍隊是否已經為一切緊急情況做好準備，法金漢簡單而毫無猶豫地回答說，軍隊已經做好一切準備。

貝特曼－霍爾韋格表示，他與他以謹慎用詞記錄下來的皇帝所表達的

意見是一致的。岑克爾艦長向其海軍長官報告說：「皇帝陛下告訴我……奧匈帝國代辦（原文如此）問他，如果奧匈帝國與塞爾維亞發生衝突，而且這一衝突可能引起與俄國的緊張關係，德國是否會履行對他盟國的義務。皇帝陛下已經答應了這一點，但他不相信俄國會為塞爾維亞的利益進行干預，塞爾維亞已因暗殺行動敗壞了自己的信譽。法國也不會聽任戰爭爆發，因為他缺乏野戰軍用的重型大炮。儘管對俄國和法國的戰爭不大可能，但從軍事觀點看，這種戰爭的可能性還必須放在心上。再來就是，按計畫公海艦隊將於1914年6月中旬開始前往挪威的巡航，按照規定他也要開始他的行程」。

海軍上將馮·卡佩勒的紀錄中寫道：皇帝「不相信會爆發一場大戰。他的看法是沙皇不會讓自己與親王的謀殺者連結在一起。此外，法國和俄國都沒有為戰爭做好準備。皇帝沒有提到英國。按照帝國首相的勸告，他打算悄悄地開始他的北上旅行，為的就是不引起任何不安。然而，他希望把緊張形勢告訴我，以便我能做深入的考慮。」馮·貝爾特拉布將軍的證詞幾乎完全相同。克虜伯男爵1914年7月17日告訴董事會的一位同事說，「皇帝曾對他講了他與奧地利人的談話，但把這事說得那麼機密，以致他（克虜伯）不敢將此事告訴董事會……皇帝親口對他說，如果俄國動員了，他就立即宣戰。皇帝一再強調，在這個問題上，誰也不能再責備他缺乏決心，這句話產生了一種幾乎是決定性的效果」。

德皇的這次召見成為1914年7月5日他在波茲坦就和平與戰爭問題召開的御前會議的基礎。威廉二世一直努力駁斥這種說法。實際上，他所採取的這項行動比任何開會或商議都更為專斷獨行和隨便。他只與他的首相和官員單獨見面，以純粹個人的方式處理整個事務。

1914年7月7日上午，帝國遊艇「霍亨索倫」號駛向挪威，他說的話關係到千百萬人的生命。這位強大的君主將置身歐洲事外長達3個星期之久。

奧地利的最後警告

　　皇帝啟程後，德國各個權力機關採取的措施都是謹慎的。毛奇在參謀部的副手瓦爾德澤在戰後國會調查中宣誓作證說：「沒有什麼需要從頭開始……陸軍是隨時準備著的。」當時（1914年7月17日）他寫信給雅戈——一位古怪的官員，與外交大臣和一名下級軍官關係親密——說：「我要留在這裡準備啟動；在參謀部，我們人人都已準備好；同時又沒有什麼事情可做。」克虜伯在做了初步調查後，了解到軍需工業手裡的原材料充分，「即使〔外部來源〕被完全切斷」，也足以保證全部工廠在很長一段時間內可以開工生產。海軍要求給以更多的資源，看來他們似乎有更敏銳的理解。在海軍上將馮·卡佩勒召集最高級官員舉行祕密會議後，決定加速建造所有接近完工的小艦艇；增加燃料供應；提供艦隊輔助設備和軍需船；使海軍航空兵「初具規模」；派遣一艘戰鬥艦做通過最近加深的基爾運河的試航。還向停泊在外國基地的巡洋艦發出警報。1914年7月6日通知在太平洋擔任指揮的海軍上將馮·施佩與在波納佩島的「沙恩霍斯特」號和「格奈澤瑙」號兩艦——「保持可靠的和不斷的連繫」。9日，他被告知奧地利與塞爾維亞之間的戰爭很可能爆發，三國同盟也可能捲入，10日又被告知「若演變成一場全面戰爭」，則英國也可能捲入。所以命令「格本」號去波拉，並從德國派出技工加速修理鍋爐管，通知艦隊司令蘇洪，形勢仍令人焦慮。最後警告正在開普敦的船塢進行修理的小炮艦「埃伯」號要求調整工作以適應政治形勢。他立即縮短修理時間。有關最後一項，有一份報告被送達英國海軍部。不完全清楚「埃伯」號為什麼改變了其修理計畫。這一跡象太輕微，不足以得出任何結論。畢竟，我們也時刻都在準備著。

　　1870年7月6日，格蘭維爾勛爵出任外交大臣時，他的顧問官告訴他：「在他漫長的經歷中，他從來不知道在外交事務上有如此長久的暫時平靜，他也不知道新任大臣必須要處理什麼重要的問題。」幾天後，法、德戰爭開始了。就在1914年7月6日這一天，亞瑟·尼柯爾遜爵士親筆

寫道：「除了阿爾巴尼亞外，在歐洲其他地區已沒有重要而緊迫的問題需要讓我們全神貫注了。」歷史，就是這樣重演的。

1914年7月7日清晨，霍約斯伯爵帶著決定命運的答覆自柏林返回。這個答覆超出了康拉德、貝希托爾德以及維也納其他主戰派最美妙的夢想。關於奧地利使節帶回的「喜訊」，康拉德是用下列措辭記錄下來的：「德國將無條件支持我們，即使我軍進攻塞爾維亞引起大戰。德國勸告我們應使局勢動起來。」在世界歷史上也許從來沒有人如此倉促地擔負起如此巨大的義務。維也納內閣獲得了一張空白支票，只要它毫不拖延，立即著手行動，支票有德意志帝國全部資源的保證，可以隨意填寫金額。

到了中午，組成奧匈帝國內閣的各大臣集合舉行祕密會議。環形會議桌聚集的8個人代表4個民族和5個部門，由外交大臣貝希托爾德主持會議。出席會議的有奧地利首相施蒂爾克伯爵、聯合財政大臣比林斯基、陸軍大臣克羅巴廷、陸軍司令康拉德及其海軍同僚馮‧凱勒海軍上將、霍約斯和最後一個，但絕非最不重要的蒂薩伯爵。關於此次會議的全面報導已公諸於世。

貝希托爾德首先講話，他說召集此次大臣會議是為了「商討恢復波士尼亞與赫塞哥維納以及塞拉耶佛災難有關的內部政治狀況，並為恢復健全的社會安定基礎所應採取的措施提出意見……必須確定採取武力使塞爾維亞變成永遠無害的時刻是否已經到來。不做外交準備工作，是否能實施這種決定性打擊，因此他曾與德國政府磋商。在柏林的商討有了非常滿意的結果，因為威廉皇帝和貝特曼－霍爾韋格都作出保證：一旦我國與塞爾維亞發生軍事衝突，德國就給予無條件支持……他十分清楚，與塞爾維亞作戰，後果可能會與俄國打仗。俄國正在執行一種不利於我國的政策；從長遠觀點看，它是以聯合包括羅馬尼亞在內的巴爾幹各國……反對奧匈帝國為目的。面對這樣的政策，形勢必然會繼續惡化……」

除了一個人之外，奧匈內閣成員都顯現出寬慰與感謝的態度。實際

奧地利的最後警告

上，對於他們那種心情，我們不應感到奇怪。試想，多年來他們一直在與外部威脅和內部分裂進行對抗；試想，多年來他們一直被對一個不共戴天的死敵所產生的仇恨和憤怒所窒息；再想一想，一個戰無不勝的武裝巨人，一個有天賦的、有力量的、有軍事技能的超人，突然間第一次或許也是最後一次完全地任你支配，這是多難得的機會！摩擦銅燈，口唸符咒，你就可以得到他來為你服務！不，永遠為你服務，假如你不怕現在就求助於他。機不可失！

會上只有蒂薩伯爵一人站出來唱反調。「如果事先不採取看上去是有意安排的外交行動，就像霍約斯伯爵在柏林令人遺憾的討論那樣，我絕不同意突然攻擊塞爾維亞。在那種情況下，我們在歐洲人眼裡處境會是很壞的，還必須考慮到整個巴爾幹國家——保加利亞除外——的敵對情緒，甚至現在國力已大為削弱的保加利亞也不能有效地支持我們。我們必須對塞爾維亞政府闡述我們的要求，如果塞爾維亞拒絕這些要求，我們再下最後通牒。這些要求的確嚴厲，但不是達不到的。如果塞爾維亞接受了這些要求，那麼我們就可宣布外交上徹底的成功，我們在巴爾幹國家之中的威信也將重新提高。如果我們提出的要求沒有被接受，那麼，我也會贊成採取軍事行動；不過我必須在這裡說清楚，即使在這種情況下，我們的目標也應該縮小，不是消滅塞爾維亞。不經一場生死搏鬥俄國是不會同意這種做法的，而作為匈牙利的首席大臣，我永遠也不會同意王國併吞塞爾維亞的部分領土。」然後他念了一段極重要的話，表明他對德皇及其首相，對奧地利施加不容置疑的壓力的個人態度。「判斷我們現在應當或不應當對塞爾維亞發動戰爭不是德國的事。我個人認為，目前不是絕對必須開戰的時候。羅馬尼亞對我們行為的反應非常強烈。面對那些激昂的輿論，我們必須考慮到羅馬尼亞的進攻，無論如何必須在錫本比根駐紮相當兵力以鎮住羅馬尼亞人。現在，德國已輕鬆愉快地為保加利亞加入三國同盟這件事廓清了道路。在我們面前展現了由於保加利亞和義大利加入三國同盟，我

們在巴爾幹地區實行外交行動會大有可為的前景⋯⋯由於出生率較低，法國的力量與德國相比，差距還會擴大，因此，在今後幾年，德國會有愈來愈多的部隊可用以對付俄國⋯⋯」這些就是蒂薩的意見，但他是孤立的。其他人堅決認為：「必須向塞爾維亞提出無法接受的要求，這樣，戰爭才會不可避免。」隨後，這一結論被呈報給皇帝。

內閣會議後，蒂薩向皇帝呈遞了一份意見書。

對塞爾維亞的這種進攻，按照以往的經驗和知識來看，可能會引起世界大戰。在這種情況下，我──不顧柏林的所有樂觀態度──不得不認為羅馬尼亞的中立至少是十分可疑的。那裡的輿論會激烈地要求對我國宣戰，面對這種壓力之下，羅馬尼亞當前的政府是根本頂不住的，而卡羅爾國王也只能勉為其難。在發動這場侵略戰爭中，俄國和羅馬尼亞兩國的軍隊只能被認定是屬於敵人陣營的，這種情形會使我們的前景非常不妙⋯⋯

整理我的談話，我認為，由我們挑起的戰爭可能不得不在很不利的條件下進行，如果在這段時間裡能夠很好地利用外交活動，結果將會改善我們的相對力量。如果在政治方面以外，我再考慮財政與經濟的形勢，那會發現進行戰爭要困難得多。戰爭對社會造成的犧牲和痛苦幾乎令我們無法承受。經過痛苦的認真考慮之後，我不能對擬議中對塞爾維亞的軍事侵略承擔責任。

為了確保不存在誤解，因先前的謹慎受到訓斥而感到痛苦的德國大使切爾施基，次日拜訪了貝希托爾德。拜訪一結束，貝希托爾德即向蒂薩報告。

貝希托爾德寫道「他告訴我說，他已接到柏林的電報。電報稱，他的皇帝主人指示他在此鄭重宣布，柏林期待著奧地利對塞爾維亞開戰，而如果我們不給以打擊，坐失良機，德國不會諒解」。

貝希托爾德和康拉德現在開始填空白支票。他們算出了德國人的財產並指定了即時支付的日期。在外交部的鴿籠式文件架上放著3年前準備好

奧地利的最後警告

的，一旦時機到來就用於對付塞爾維亞的一份文件。那就是著名的最後通牒。通牒表達了奧地利對仇敵的一切感受，和他在此刻之前從來不敢大聲說出來的一切。該文件只需在措辭上做幾處微小改動就可以使其適合目前使用，並使它適合現時的環境。

1914年7月8日那天，康拉德也拜訪了貝希托爾德。他發現與他在一起的還有布里安和馬希奧兩位男爵和福爾加赫以及霍約斯兩位伯爵。他寫道：

我收到一份關於準備提交塞爾維亞的時限不是24小時就是48小時的最後通牒中所提要求的情報。期待塞爾維亞會拒絕要求，以便於期限屆滿後，隨即進行戰爭動員。

貝希托爾德：如果塞爾維亞讓形勢發展到戰爭動員，然後又完全屈服，那怎麼辦？

康拉德：那麼我們就長驅直入。

貝希托爾德：很好——可是如果塞爾維亞完全不抵抗呢？

康拉德：那就占領塞爾維亞，直至付清戰爭的費用。

貝希托爾德：在秋收和塞拉耶佛事件調查結束之前，我們不會下最後通牒。

康拉德：只要情況依舊，最後通牒寧可今天下，不要拖到明天。一旦我們的對手聽到風聲，他們會提早做好準備。

貝希托爾德：要當心，要小心地保守祕密，絕不要走漏風聲。

康拉德：何時發出最後通牒？

貝希托爾德：再過14天——1914年7月22日。為了保持什麼也沒有發生的表象，你和陸軍大臣最好休假一個時期。

接著，我們談了羅馬尼亞的態度和俄國可能會做出的干預。

康拉德：至於我們是否和俄國進行戰爭，我們必須胸有成竹。如果俄

國下令總動員,那麼我們對俄宣戰的時刻也就到了。

貝希托爾德:假如我們進入塞爾維亞而且占領了大片領土——下一步怎麼辦?

康拉德:單是占領領土我們沒有達到任何目的;我們必須繼續前進,直到打垮塞爾維亞軍隊。

貝希托爾德:如果塞軍撤退呢?

康拉德:那麼我們就要求他們復員和繳械。一旦事情到這一步,其他事項就會隨著解決。

貝希托爾德:現在不採取會讓我們露馬腳的措施;一定不能做引人注目的事情。

「死刑執行令」就這樣簽署、密封和傳送給了哈布斯堡的帝國、彼得大帝和葉卡捷琳娜大帝的俄國和俾斯麥的德國。原屬維多利亞女王世界的終結即將到來。

但現在是夏季,全歐各階層的家庭都期待著假期。德皇在挪威的各峽灣航行;他的將軍們和大臣們在濱臨海水或礦泉水的地方療養或娛樂。法蘭茲・約瑟夫在他位於伊施爾河的打獵場小屋休息。康拉德按照安排動身去提洛爾。俄國的皇室和將軍們在洪堡或馬林巴德顯耀自己。法國總統及其總理在聖彼得堡與沙皇一起設宴,一起檢閱軍隊。倫敦和蘭開夏的人們想念著馬蓋特或馬恩島。只有英國內閣因愛爾蘭的麻煩而受到議會的制約,海軍部一直在疲於奔命地作試驗動員,還忙於準備訂在 1914 年 7 月第 3 週舉行的國王對英國整個艦隊的檢閱。一切都那麼平靜,晴空蔚藍,天氣和煦。然而,貝希托爾德的資料夾裡放著一張約 13×16 英寸的大頁書寫紙,滿紙都是用打字機打成的文字。它將於 1914 年 7 月 23 日按址發出。

所有的文件都記錄下了戰爭的到來。置身於事中的各國政府都絞盡腦汁地證明自己無辜。人人都憎恨某些其他人。每一位政治家都痛苦地表明

他如何為了和平而不辭辛苦。不過有許多積極工作的人，任何可怕之事也不能使他離開盡職的崗位。每個戰士都感到有必要解釋清楚他多麼熱愛和平，但當然也不會忽視為戰爭做好準備。過去戰爭的原因由於缺乏記載而常常含糊不清，因此巨大的資料迷霧遮掩著大決戰的決定性步驟。人們能提出上百條理由說明所有政府和當權者為什麼那樣做，以及他們的動機是多麼良善，但在這大量證據中極少數幾個說明真相的亮點也被成功地弄得模糊了。在人們的心目中，無論是在大國的對立中，在各民族的利益衝突中，以及在人們內心的自我維護或自作主張的深切激勵下，存在著強大的助推原因。然後在少數、短促、突然的個人行動刺激下，戰爭最終還是迅速地爆發了。我們必須設法將這些行動和執行這些行動的人辨認出來。

有人在塞拉耶佛開槍打死皇太子和他的夫人。有人深思熟慮地冒世界大戰的風險，告訴奧地利皇帝，德國會給他放手對付塞爾維亞的自由並敦促他使用這個自由。有人草擬和發出對塞爾維亞的最後通牒。這幾個人採取了致命的決定性步驟。在他們後面，有好幾百個高級官員在上帝都不樂意叫他們進入的那種生活狀態中忠實而賣力地工作；每個人有自己的故事可講。但除了這些特殊行動者之外，沒有人對人類遭受自羅馬帝國被野蠻人摧毀以來，空前的、最可怕的災難，負有直接的、具體的責任。

戰線與戰士

　　這充滿陽光與和平的兩週是千百萬男女享受到的最後兩週。這是各國的一個小休時間。讓我們透過歐洲似乎平靜的表面看看那些正在準備和積蓄破壞力量的會議室。讓我們調查一下就要被爆炸破壞的地區。讓我們估計一下，若干代人累積起來的多少財富和科學力量被用來折磨人類；並描述一下，當這些力量按會議室內的那些人的意願釋放時它們的狀況、組合和方向。

　　我們先以軍事的觀點來檢查一下即將發生戰鬥的戰場。第一個主要特性表現在規模上。在西線，軍隊數量相對地域範圍來說太多了；在東線，地域範圍相對軍隊數量來說又太大了。彼此連續攻擊的大量兵員與遼闊的地貌相比顯得稀少而孤立。16 或 17 個集團軍，每一個集團軍接近 20 萬人，對著敵人不斷運動，有時 2、3 個集團軍聚集在一起，或是合起來集中作戰，但常常實際上彼此的距離相當遙遠，部隊中間隔著不設防，幾乎無警戒的地域。在許多地方，這些龐大編制的側翼，常常還會暴露出後方，使敵人可以作戰略行動或迂迴包抄。雙方的大部隊都不能輕鬆無畏地向前進軍，唯恐另有強敵從想不到的角度迅速出擊，所以只能從主要的交通線向前推進。這些集團軍的人數，每一個都相當於一座大城市的人口，以難以置信的速度消耗人員、糧食和各種精製的昂貴物品。如果沒有大量補給品源源而來，沒有人能存活一個星期以上。某個關鍵要塞受奇襲而失陷，一條重要鐵路被切斷，某個橋梁或隧道被炸毀，某處山口或一連串湖泊中某一豁口被突破，可能不止意味著一場大戰的失敗，還意味著比當年拿破崙統率的從歐洲侵入俄國的部隊規模大得多、組織嚴密得多的部隊的崩潰和瓦解。

戰線與戰士

　　這裡的戰爭不但重現了以往戰爭的無盡災難，而且規模空前。這裡有連綿不盡的戰壕線，一條接著一條，採用一切手段或經過精心研究為最後的防守構築了工事。戰壕後邊到處都有相互支持的巨型大炮和炮組作為後盾，有稠密的鐵路網把它們聯結在一起——但這一切絲毫沒有減少指揮官的責任，也絲毫不能左右勝敗的結局。在雪倫多亞河谷到處是劇烈的、使人震驚的戰鬥局面，到處有軍隊的戰鬥移動，到處都有偶發事件和意外事件，造成比例不等的損失。這裡有百倍凶猛，原始野蠻的戰鬥，這裡交戰雙方均投入整個龐大的集團軍參戰，而不是使用屈指可數的幾個機動旅。這裡沒有像西線那樣經過長期準備、精心策劃而發動的攻勢，沒有為了抵抗而做了數個月的準備；這裡一如在馬爾博羅、腓特烈和拿破崙的戰爭中那樣，「能抓到什麼就抓什麼」。但是高潮是由強大的、成倍增加的鐵路，一下在這裡，一下在那裡產生的，並為敵人所不可抗拒的力量所形成的。在這個廣闊戰場之上，在這些不利條件中，奧地利變得衰弱了，俄國作戰的過程十分艱難、備嘗痛苦乃至最後崩潰；而用科學和恐怖武器武裝起來的德國巨人則以殘忍的閃亮利劍左衝右突。

　　東部邊境的戰士似乎注定要將最困難的問題提報給將軍們。注視著地圖的讀者——如果不注視地圖，那麼他就不應該往下讀，因為那樣他什麼都不會理解——會很容易地辨認出東線的支配因素。波蘭領土的一塊長230英里、寬200英里的凸出部分深深插入了中歐盟國的地理結構，其西部邊緣連線著極重要的西利西亞工礦區。它頂端的俄屬領土距柏林僅僅180英里。沒有自然邊界，沒有大江、山脈或荒漠地帶分隔斯拉夫帝國和日耳曼帝國。漆上油漆的木樁，用不同語言標出的界線，鐵路軌距的改變，過去若干世代人所做的軍事和政治決策，各作戰民族的歷史，合起來區分了這三個大國。

　　維斯圖拉河寬廣、深邃，帶泥的緩慢水流呈對角線穿過凸出部分，流經下凹的河床。在河的中游，坐落著要塞城市華沙。這個地域遼闊的設防

區域是俄國軍需物資和軍事機構的最大集中地。它是一座有 80 萬人口的城市，到處有兵營、醫院和軍火庫，城市四周有一圈堡壘護衛，這圈堡壘幾乎與安特衛普的堡壘一樣寬廣，一樣著名。它是俄國僅次於莫斯科的第二大鐵路中心，共有 6 條鐵路幹線，其中有幾條是從華沙輻射出去的雙軌鐵路。俄羅斯帝國的整個軍事力量，如果有必要，都可以經過基輔、經過莫斯科、經過聖彼得堡，帶到這裡。

俄屬波蘭是「平原之國」。維斯圖拉河以西是開闊起伏但土壤貧瘠的地區，海拔僅 300 至 400 英呎，有甜菜製糖工業，並點綴著為數不多的工業城鎮。往南，在盧布林高原上是連綿不斷的小麥田和果園。維斯圖拉河以東是越來越多的沼澤和林地，直到華沙以東 7、80 英里處，突然碰到有 300 英里大小的普里佩特沼澤這個障礙。這裡是一個面積與蘇格蘭一樣大的地區，到處都是原始沼澤和森林。道路稀少，通常是淺水或溼地中的堤道，而村莊就像孤立的島嶼聳起在無底的、不可踰越的沼澤中。普里佩特沼澤是斯拉夫民族的搖籃和西歐野牛的最後禁獵區，在俄國的東方化之下，它現已成為歐洲與亞洲之間的分界鴻溝。波蘭凸出部分的北側是沿波羅的海海岸伸展的東普魯士的舌形凸出地區。西部面向西利西亞和波森。南部被加利西亞包圍。這些地區需要分開來說明。

東普魯士到達尼門河附近是一片湖泊和沼澤之地，森林和林地之鄉，景色雖略顯單調但柔和美麗，因為有普魯士工業為其開墾、排水和建築道路，發展程度要比俄國或俄屬波蘭高得多。東普魯士的主要軍事特色是一連串的湖泊和防禦工事，在這次戰爭中稱為「安格拉普線」，在邊界以內 30 英里，南北走向，向南延伸近 60 英里。這條戰略屏障，加上在它中部較小的勒岑要塞，構成了一個難以穿入的盾牌。它是不可突破的；俄軍沿波羅的海海岸朝柯尼希山港口和要塞進軍或從華沙朝維斯圖拉河河口的但澤方向向北推進，則可避開這塊盾牌。

安格拉普線和東普魯士，一般說來，只是德國東部防禦中的簡易外圍

工事。其主要防禦工事是沿維斯圖拉河從但澤至格勞登茨和托倫的堡壘群，從那裡開始離開維斯圖拉河到波森和布雷斯勞。這最後 3 個重鎮都有強大的當地駐軍，動員後，每一處可徵集 3 萬到 4 萬人的要塞部隊。它們都是經過精心籌備的軍事中心，能作為集團軍的基地。它們由一個具有重要商業和戰略意義的鐵路系統聯結在一起，且與德國中心聯結，該系統在效率上僅次於西線的鐵路系統。因此，提及德國東部邊界，讀者必須記住下列因素，因為它們在本書敘述中常常發揮作用：首先，東普魯士的舌形凸出部分連同其安格拉普線，像一道分流牆，使入侵的浪潮分成幾部分；其次是柯尼希山、托倫、波森和布雷斯勞這 4 個呈新月形排列的要塞和用壕溝防護的軍營；第三，德國的維斯圖拉河把東普魯士重要的外圍工事與祖國的主要部分隔開；以及最後——所有因素中最重要的——德國的鐵路網使各要塞與祖國連線起來，使它們自己相互串連起來，還使大量兵員能在最短的時間內從北方或南方流動，或從新月形的一端運到另一端。

波蘭的凸出部分南面緊靠加利西亞，加利西亞是一個海拔 700 至 1,200 英呎的林木繁茂、起伏不平、降水充沛的地區。奧地利邊界呈曲齒狀凸入波蘭的凸出部分，形成一個寬達 330 英里的弧形。穿過這個弧形的弦，從克拉科夫到羅馬尼亞邊境橫亙著海拔 4,000 至 8,500 英呎的喀爾巴阡山脈，有 6 條鐵路線和幾條暢通的山路經過，從山脈北坡的無數臺地和山嘴下去，通向俄羅斯大平原。由於喀爾巴阡山脈隆起於普遍高海拔的高原，在當地很難辨認出那是山脈。加利西亞的 3 個主要城市——波蘭民族主義和文化的中心克拉科夫、軍事中心普瑟密士、世界城市和商業中心倫貝格——都是防禦城市，構成了一條朝北防守有力的基地和補給線，形成了一個能以最大兵力對付入侵波蘭凸出部分敵人的戰略結構。

在這樣的環境下，保衛俄國凸出部分不受奧軍和德軍進攻是一個困難極大的問題。人們都理解，保衛凸出部的最西端實際上是不可能的。部署於華沙以西的所有俄國部隊都容易遭到來自南北側翼和後方日耳曼軍隊的

進攻,這些軍隊從準備充分的軍事區同時向對方進軍。正如我們後面會看到的,只要東普魯士和加利西亞還在德國和奧地利控制之下,俄軍入侵西利西亞根本行不通。因此,俄軍設法從所有據點後撤了一段長距離,在其邊界內,精心建立起一道防線來保護自己。他們的堡壘體系擴大到從科夫諾經過華沙到杜布諾一線。該體系包括四組各不相同的堡壘群。在北部,對著東普魯士是科夫諾、奧利塔和格羅德諾堡壘群,保衛尼門河一線。其次是奧索維茨、隆賈、奧斯特羅文卡、羅江和普烏圖斯克堡壘群,保衛納雷夫河一線。在中部是華沙、伊萬哥羅德、布列斯特－立陶夫斯克三角,其下為華沙、新格奧爾吉耶夫斯克、澤格日耶之附屬體系。面對加利西亞的南部是由盧茨克、杜布諾和羅夫諾堡壘組成的較小的華倫三角。在所有這些設防地區中,僅華沙、新格奧爾吉耶夫斯克、伊萬哥羅德和科夫諾在戰爭爆發時已經作了現代化改造,其餘均已過時,實際上大部分已被拆除。

總之,從波羅的海沿岸的梅梅爾至布科維納伸展達 900 英里的俄國邊界最易遭奧、德聯合入侵。除非在這種戰爭中俄軍成功地採取攻勢或從波蘭撤出,否則,他們就會不斷地遭到來自意想不到方向極為致命的進攻和入侵。從另一方面來說,他們只有首先在北方征服了東普魯士、在南方達到喀爾巴阡山脈的最高峰,才有可能全面進攻。除非他們的軍隊占領了但澤至克拉科夫一線,而且還控制了喀爾巴阡山脈各山口,否則進入德國或奧地利是不可能的。以壓倒性的人數占領此線,進而使其戰線形成直線,是俄軍必須首先達成的目標。守住東普魯士和加利西亞,繼而牢牢抓住且掠奪波蘭的凸出部分,是日耳曼大國明顯的戰略。

在東線的一切軍事行動事件都是受到德國在西線的戰略所支配。在 1890 年的「兩線作戰」計畫中,大毛奇打算對法國採取守勢,而把德國主力投入對俄國的戰爭。近來出版了由德國官方歷史部門,帝國文件館所認可的,由小毛奇所撰寫最重要的回憶錄(沒有註明日期,但肯定寫於 1913

年2月以後）。這位德國參謀長解釋了為什麼他叔父（大毛奇）的計畫不再能用的道理。在過去的23年中，俄國已改善了通訊並加快了動員。法軍要比俄國強大得多，所受的訓練也好得多。絕對不能斷言法國如果發起進攻，肯定會針對阿爾薩斯－洛林。德國不能放棄在西線的一切主動權和攻勢。對俄國的入侵會被向其國家縱深地區撤退的俄軍挫敗。因此，這場戰爭會是一場持久戰。另一方面，如若對法國採取攻勢，兩軍都將接近邊界，「就會很快決定勝負」。如果德國勝了，德軍很快就可騰出力量向東轉移。

這些是史里芬伯爵改變大毛奇戰略的主要理由。他制定了著名的「史里芬計畫」，計畫規定從一開始就以最快速度將德國全部兵力用車運送，經過比利時直接進攻法國。這就可以避開從瑞士到凡爾登法國邊界超長的防禦工事體系，直接進入法國心臟地帶。如果以這種方法投入在人數上占優勢的德軍，法軍會被打敗並被趕向南部，或者在6週內實際上被俘虜和被擊潰。史里芬伯爵以無情的邏輯制定了這個計畫。為了保證德軍以壓倒性優勢的數量經過比利時前進，一切犧牲都應做出，一切危險都應接受。即使阿爾薩斯－洛林遭到入侵，即使東普魯士甚至西利西亞遭受踐踏，即使因比利時中立地位被破壞，英國作為敵對力量進入戰爭，也沒有關係，因為一切還是取決於單純的、大規模的軍事行動，如果這種軍事行動成功了，那麼對法戰爭就會速戰速決。

這一切早就是盡人皆知了的；但一直到1913年小毛奇回憶錄出版，人們這才了解，史里芬伯爵準備強迫他的思想做出什麼樣的極端性結論。他明確地建議：「整個德軍都應部署在西線，不留一點兵力對付俄國。」小毛奇後來繼續說：

> 陸軍元帥（史里芬伯爵）說，1866年普魯士沒有用任何兵力對付法國，而把全部力量用於對付奧地利。同樣，在1870年德國沒有留下任何力量對付奧地利。1866年普魯士首先是對付奧地利，繼而是1870年德國

對付法國，都是使用優勢兵力取得迅速而光輝的成功。第一次是法國，第二次是奧地利，德國在集中使用兵力時，他們都不敢越過敞開的邊界。

史里芬伯爵明確地闡明了他的設想後就去世了。

德國參謀部採納了他的計畫，拋棄了大毛奇的構想。他們注意到，1866年的法國和1870年的奧地利是中立國，可以自由等待開戰結果而後才作出參戰保證。可是現在是俄國。

他事先受條約束縛要站在法國一邊，而且願意在決策確定之前立即動員。這樣就不清楚在西線取得成功的德軍怎樣阻止俄國跨過我們敞開的東部邊界。

奧地利也是……如果不讓他得到德國援助，鑑於俄國巨大的數量優勢，他會繼續採取守勢，給俄國以完全的行動自由。如果俄軍向柏林進軍，那麼，法國即使遭到巨大失敗也會因倍受鼓舞而作出最大的努力，最後德國部隊將不得不被召回來保衛首都。

這些推理似乎言之有理，但這種推理構成對史里芬計畫完整性的首次損害。

歲月流逝；大毛奇死了；史里芬死了；而小毛奇在談論1913年的事實時他寫道：

令人不快的是以侵犯一個中立鄰國的領土而開始一場戰爭。但當事關我國生存時，一切有關別國的問題都必須退居次要地位。

他看不出任何與比利時達成允許德軍過境的外交安排的希望。他明確地說：

侵犯比利時的中立還將使英國成為我國的敵人……即使德國作出最莊嚴的保證，保證在對法國的戰役取得成功後他就自願從比利時撤軍，英國也沒有一個人會相信這種保證。

然而對英國挑釁也不能說就是天大的事，小毛奇說：

不論我們是否經過比利時進軍，英國都會站我們的對手面積極參戰……他害怕德國的霸權，為恪守他維持歐洲均勢的政策，他將竭盡所能阻止德國力量增強。因此，我們必須把英國計入我們敵人的數目中。

他接著寫道：

不能期望義大利會幫助我們。他原本要派出 5 個軍和 2 個騎兵師到萊茵河上游，可是他在 1912 年晚秋宣布，為占領利比亞所累，他派不出這支部隊了。

最後，他估量經過荷蘭領土的狹窄地帶進軍的後果，那條線路在英國參謀部戰前討論中稱之為「林堡蘭尾」。

荷蘭的中立遭到侵犯後，荷蘭也會加入我們敵人的行列。這種情況所帶來的損害固然相當大，即我們將不得不認真對付大約 70,000 人的 4 個荷蘭師，但不如下列後果嚴重：在一場三國同盟對協約國的戰爭中，不止是德國海岸會遭到封鎖，奧地利和義大利的海岸也或多或少要遭到封鎖。屆時，德國進口糧食將變得極其困難。但只要荷蘭保持中立，用懸掛美國國旗的船隻通過荷蘭進口將是可能的。而一旦我們使荷蘭成為我們的敵人，我們將阻塞這個用來呼吸的通氣孔。

如果說史里芬計畫的第一原則是數量，那麼第二原則就是速度。由此產生了統治德國軍事思想的特色；當危機到來時，將使一切阻止戰爭的努力均歸於癱瘓。只有拿下列日，令其 4 條鐵道路線在德國的控制下執行時，經比利時調兵南下才能有效。列日是德國兩個軍團必經的瓶頸，經過那裡之後他們才能作扇形展開，然後掉轉方向南下。列日的鐵路是德軍投入戰鬥後賴以生存的唯一工具。因此，一切都取決於在對法宣戰後就立即奪取列日。歐洲各國軍隊的動員需要幾個星期。攻陷列日是幾天的問題，應按小時計算。不能等到對方動員好再攻陷它。因此，有 6 個步兵旅和大批炮兵連同摩托車兵和汽車，年復一年地駐紮在德國邊界附近，在和平狀態下做好出擊的永久準備。在軍隊開始大進攻前 3 週左右，這 6 個德軍步

兵旅必須猛攻列日。利用這個手段毀滅對方在召開各種會議尋求和平的同時，動員軍隊保衛他們邊境的一切機會。德國的計畫具有這樣一種特徵，那就是實際戰爭的步驟絕對不可改變，不惜侵犯中立國領土，這一點必須在動員的最初時刻進行。因此動員意味著戰爭。看起來除德國政府和法國政府外，沒有一個政府甚至也沒有一個主權國家懂得這一點；任何一個國家都還沒有一位歷史學家把這一點清楚地告訴大眾。接著我們將看到，在危機前最後幾天，開始阻擋災難的種種努力，是怎樣地無濟於事。原因就在這裡。

對局勢進行了通盤考慮之後，小毛奇決定堅持史里芬計畫，但要做一定的修改。在東普魯士，除屬於德國東部要塞二線部隊的強大駐軍外，他還留下了一個集團軍。無疑的，他這樣做是有道理的。然而，他出於所謂謹慎的動機，改變了面對法國堡壘線的德國部隊與經比利時侵入法國的德國部隊的比例。阿爾薩斯－洛林防衛部隊兵力增加了約五分之一，而準備大舉入侵的部隊兵力則減少了五分之一。這已不再是史里芬計畫了。它已成為損害和破壞原來設想的折中方案了。假如史里芬的身影出現在小毛奇的辦公桌之前且提出他的忠告，他很可能會這樣說：「除非你經比利時入侵成功，否則你將輸掉這場戰爭。除非你在進攻中準備好以壓倒性的兵力數量來冒險，否則就別叫它是我的計畫。假如你不想按照我的計畫執行，那麼你回到令叔的方案豈不是更好？讓法軍在德國戰線前損兵折將。避免比利時也許還有英國加入你的敵人的行列。讓你自己和你的盟友奧地利在東線節節勝利。讓保加利亞、羅馬尼亞和土耳其靠近你。以你原來給奧地利的力量使義大利恪守諾言。以後，我們再來作針對法國的新計畫」。

雖然各式各樣可供採用的方法，法國和俄國的參謀人員都想到過，但他們只能猜測哪些會被用上，哪個地方著重於用哪個方法。但奧地利是德國的盟友。1909 年 3 月在柏林舉行的康拉德與毛奇的會談中（此後我們不再提他的叔叔大毛奇了），雙方同意由奧地利頂住俄國的進攻，德國則按

所謂史里芬計畫向法國進軍。但康拉德期望德國會在東線留下 7 個或 8 個軍的強大德軍，足夠從北面攻入波蘭凸出部分來幫助他。無論在會談還是在通訊中，他們都常提及華沙以東 100 英里處一個市鎮塞埃萊夫的名字。這個名字在康拉德的思想中發揮了持久的作用。他夢想著一個拿破崙式的計畫，希望把幾百萬俄軍困在波蘭的凸出部，而他從加利西亞向北挺進，在塞埃萊夫附近與德軍會合，把整個凸出部切掉。這就是他的夢想和預先形成的信念。

如果沒有這個夢想，奧地利肯定從一開始就採取守勢，其實這才是明智的。從喀爾巴阡山脈向北奔流的大小河流提供了連續的天然陣地，很適合進行頑強的、拖延時間的防禦。可是康拉德一心想要進攻。他知道俄軍受到了一定的制約，因為他們的很多部隊都必須作很長距離的行軍。他無論如何也要在敵軍的整個龐大兵力集結完成之前進行或多或少的零星進攻並打敗他們。按奧地利參謀人員的精心計算，他們推斷，俄軍到 1914 年 8 月 18 日，即實施動員的第 20 天後，對奧地利部署的軍隊大約為 31 個步兵師和 11 個騎兵師，到第 30 天即 1914 年 8 月 28 日將增至 52 個師。面對這些軍隊，奧地利到第 20 天可以集中 30.5 個師加上 10 個騎兵師，到第 30 天增至 38.5 個師。因此在康拉德看來，奧地利最好的機會是盡可能快地開戰，否則幾個星期過後，力量對比對奧地利會變得嚴重不利。

1911 年阿加迪爾危機時，我們聽到過十分類似的故事。當時法國人在他們以為暫時占上風時，曾計畫在實施動員的第 11 和第 13 天之間發動一次攻勢，以破壞德國的入侵。這一切計算受到未知的和不可知因素的嚴重干擾，因此他們不應當把這些計算當做真正的指導準則。雖然參謀部會以其簡單明確的斷言提出他們辛苦研究的結果，但這些結果不是以某種方式，根據幾天或幾個師的情況來制定複雜計畫的可靠基礎。法國和奧地利的預測犯了嚴重錯誤，不但錯在對方開始時動用的兵力上，而且，更重要的，是錯在進攻大部隊的安排和方向上。參謀部以及為他們辯護的人們往

往強調在大戰役開始時先發制敵的重要性，政治家在這種問題上只能聽任他們做主。即使戰爭的法寶是「時間」，但如果為爭取時間而把大批部隊安置在錯誤的地方，給予部隊錯誤的訓練和組織，對於戰爭性質或戰爭的物質和精神因素的價值和比例產生了錯誤認知的話，那麼為這些時間付出的代價就太大了。正因為我們對此有極大保留，我們才對快速發起首次打擊的至高無上的價值表示懷疑。不過隨著戰爭的規模更新，在特定時刻和特定短暫時期的快速和先發制人的戰略似乎變得效果不大了。畢竟最重要的研究課題是總體戰役，一切都應服從於它。法國人和奧地利人如果讓1914年的入侵者親自嘗一嘗當時現代火器的無限威力的話，他們的情況本來會好一些。兩國在戰爭開始時都幾乎被自己的輕率態度給毀了，兩國是在完全誤解敵人的人數和動向，完全誤解自己的步槍、機關槍和大炮的威力情況下發起進攻的。

現在，話題得從我們的敵人軍營轉到我們同盟者的軍營上來。法、俄兩國參謀機構之間的關係，因為得到早就宣布結盟的授權，一年比一年親密。在1911年、1912年和1913年的會議上相繼由迪巴伊將軍、德·卡斯特爾諾將軍和霞飛將軍代表法國參加。1906年以來，俄、法一直約定「一旦獲悉德國實施動員的消息，不必先討論就動員全部兵力」。雙方相信，德國要用其主力對付法國，僅以最少兵力對付俄國。雙方同意他們的軍隊應儘早採取攻勢，摧毀德軍是他們的首要目標。1913年霞飛將軍發表宣告指出，法國在實施動員的第10天將集結150萬軍隊，並於第11天開始作戰。吉林斯基將軍宣布，1914年俄國能在實施動員的第13天就能以80萬軍隊（當然不包括針對奧地利部署的兵力）對付德國。俄國人希望能在東線至少拖住德軍5個或6個軍團，對此，法國人似乎是滿意的。

蘇霍姆利諾夫將軍從1909年起擔任俄國陸軍大臣。他的軍事生涯既漫長又名聲顯赫。1877年他曾參加普萊夫納戰爭，此後，他在司令部和參謀部的職務是穩步逐級上升的。他是一位有能力而且也能自我約束的軍

人。滿洲戰爭爆發時，庫羅帕特金邀他出任他的參謀長，他拒絕了，因為他不熟悉那裡的戰場；但他願意擔任下屬指揮官。滿洲戰爭結束以後，在幾年之中大公和其他要人組成的委員會試圖重建和改革俄軍，但毫無成果，然後蘇霍姆利諾夫被召回了。1908年沙皇邀他擔任俄軍參謀長，當時這個任命的地位與權威相當於陸軍大臣。他同意了，但條件是他應當是陸軍大臣的下級，因為雙重權威顯然是一種不健全的體制。次年，他就任陸軍大臣，時年61歲。

他用了5年的工夫，致力於改善俄國的陸軍。據他自述，他給自己確定了4大目標：第一，縮短3個星期的動員過程，消除德軍動員安排超過俄軍的時間差距；第二，實現軍隊的科技進步；第三，重振滿洲戰爭失敗後俄軍的士氣；第四，改進戰時陸軍的軍需和增援的組織。他使徵兵成為真正防衛本土的事業。他裁減過多的要塞駐軍，用裁下的軍隊組建了重炮連、氣球兵和無線電通訊機構，此外，還籌建了額外的6個師。他成倍地增加機關槍的數目，一年一度的徵兵員額增加了25萬人，也增加了軍官人數，還改善了俄軍士兵的食物和服裝。

眾所周知，蘇霍姆利諾夫將軍在1915年5月遭解職，1916年受到忽視備戰、戰爭期間與德國人和奧地利人有叛逆關係和接受賄賂的指控，因而被逮捕並受到審判，後被認定有罪，被判處終生監禁。在列寧領導的革命期間，因列寧對沙皇時期的囚犯實施大赦而獲釋，然後蘇霍姆利諾夫前往德國。他迄今還活在那裡，他在出色的回憶錄中為自己辯護。他當然是災難的替罪羊。毫無疑問，1914年的俄軍比起在滿洲戰爭作戰的軍隊來說已經是無比優越了。整個軍事體系進行了改造；1911年與法國達成的協議中規定的龐大重整軍備計畫得到了實施。慷慨的法國貸款——單是1913年就有1.04億英鎊——提供了大量的軍用物資。修建通達西部邊境的戰略鐵路的5年計畫已經取得實質性進步。因此俄國整個武裝力量的動員及其在戰區的集結並沒有中斷。艱鉅的任務都是準確地完成了的。

這些就是支撐歐洲文明的計畫和協議。一切都是極其細緻地制定的。這些計畫和協議包括為即將來臨的戰爭組織將近 1,200 萬人入伍的問題。這些人各有自己的職位。為每一個人設定一份寫清楚姓名的徵召令。每個人都有他可以領取軍服和武器的儲備庫，有他可以憑以旅行的鐵路時刻表，可以進軍的道路，有激勵或鼓舞他熱情的布告，有他需要的食物和軍需品，有收留他受傷或面目全非的身體的醫院——一切都準備好了。只是缺少他的墳墓；但墳墓挖起來用不了很多時間。我們知道人類歷史上沒有比這 1,200 萬人更能激起人們的憐憫與同情的天性了。他們日常生活中原來充滿掛念、希望和歡樂，他們在自己的田間或工廠工作。在夏季的夜晚，坐在自己的農舍的門口，自己的妻子和孩子就在身旁，盤算著怎麼把日子過得節儉一些或怎麼度過節日，完全沒有意識到現已逼近他們並要從他們身上奪走一切的災難。只需要一個訊號，就能把這許多愛好和平的農民和工人轉變成強大的軍隊，他們將用全部的科學機械、全部的民族激情和全部人類的忠誠，年復一年地相互廝殺，把彼此撕成碎片。

　　然而未來的世世代代的人，不要以為實現這一切的需求當中，使用了很多直接的強迫手段。在 1914 年 8 月向戰場走去的千百萬人中，只有一小部分是不情願離家的。激動的顫慄傳遍了世界，甚至最單純的民眾的心也會聽從軍號的呼喚。驚人的事情發生了。日復一日辛勤單調的生活被突然打破。發生的一切都是陌生的和新奇的。戰爭喚起了各民族因衝突產生的原始本能。冒險的事業吸引了各民族的孩子們。一種更偉大、更壯麗的生活似乎將要在世界上開始了，但事實上只是死亡。

戰線與戰士

宣戰

貝希托爾德伯爵下令在1914年7月23日星期四晚間6時向塞爾維亞發出最後通牒。原本是訂於5時發出的；但為了確保法國普恩加萊總統和總理維維亞尼已在離開聖彼得堡返國的途中，貝希托爾德把發出時間推遲了一個小時。德國的首相和外交大臣在當日下午之前並沒有看到最後通牒的文字。他們為它的內容而感到震驚；不過並沒有撤銷或改變業已發出的指導德國駐倫敦、巴黎和聖彼得堡等大使的傳閱文件。該文件宣稱，奧地利的要求是「適度和恰當的」。最後通牒要求塞爾維亞在48小時內回覆奧地利。

緊接其後8天內所發生的情況已經有大量著作描述。它們的紀錄遠非本書有限的內容所能及，本書只能提及幾個特殊之點。政治家和大使們為控制局勢做出很多的真誠努力，沙皇對戰爭拚命抵制，德皇在1914年7月28日11時感到懊悔或是說覺醒，議會制國家內閣陷入了一陣又一陣突發的激情之中，各國的社會黨人士表現出絕望的激動。這些激情和激動與大量動員的機械式過程、民族激情的爆發相比，算不了什麼。奧地利的最後通牒已點燃了滿載半個世紀以來，善惡對決且駛向絕境的火車。火焰沿著導火線無情地吞噬了一切。

歐洲頓時陷於驚恐。在十幾個首都，主要政治、外交、軍事和報界的重要人士立即感到自己處於危機之中。刺耳的用詞、侮辱性的條件、同仇敵愾的示威遊行等等，無不意味著戰爭即將爆發。任何一個國家，無論大小，或是處於多大的危險之中，似乎都不可能卑賤地接受對方的條件。1914年7月24日星期五下午，英國內閣開會討論在當時已經十分激烈有關愛爾蘭問題的爭論。當聽到愛德華・格雷爵士宣讀貝希托爾德的那份文

宣戰

件時，幾乎人人都感到已進入一個新的世界。我記得我們必須立刻去下議院，以慣常的分組進行投票。在議長席後邊，我碰到了我最好的朋友和政治上的對手史密斯先生，即後來的伯肯黑德勳爵。我們一直試圖就愛爾蘭問題達成某種黨派和解，他焦急地問我是否有什麼消息要講。我說：「現在，這件事不再重要了。一個星期後，全歐洲也許就將進入戰爭。」

投票後，我回到海軍部，與第一海務大臣巴滕貝格的路易斯親王審查海軍情況。幾乎沒有什麼事情要做。海軍的部署一百年來從沒有像現在那麼合宜。實際上，海軍已提前動員了，而且全體已經集合等待檢閱。在我們指揮的 525 艘軍艦中，只有 5 艘大艦進入了全球某地的海軍船塢中。其餘的軍艦全部可以立即馬上地開赴各自的戰鬥職位。不過，隔天星期六最陳舊的和戰鬥力最弱的軍艦所需要的後備役士兵要回家休假，而星期一集結在波特蘭的整個戰鬥艦隊將分散進行演習、岸上訓練或休假。分散要花費一些時間，再集合也要耗費一些時間。實際上，由全部現代軍艦組成的第一艦隊永遠保持著戰備狀態。既然在當下的時間框架之內一切都完全處於我們的控制之中，由我們決定，我們也就不必採取任何令人吃驚的行動。我們有充分的 48 小時讓艦隊分散，就彷彿什麼都沒有發生。畢竟誰也無權假定，就因為奧地利想懲罰塞爾維亞，所有的大國和帝國就得發狂。他們或許會發狂，他們或許不會。

1914 年 7 月 26 日星期日早晨，有情報表明塞爾維亞已經屈服。他的領導人再清楚不過地知道，爭辯或抗議只會招致大炮的回應。但當日晚些時候人們獲悉，塞爾維亞的服從沒有被奧匈帝國政府所接受。看來似乎塞爾維亞是有保留地服從。奧國公使吉斯爾男爵已離開貝爾格勒；奧地利入侵塞爾維亞迫在眉睫。不存有幻想的塞爾維亞在屈服的同時就實施動員。到星期日晚，激動的人群擠滿了聖彼得堡、維也納和柏林的街道。所有的星期日報紙都出版了用特大鉛字排印的晚報。有關德國海軍正在動員的報導，從官方和非官方的許多管道傳來。我們繼續讓後備役軍人回家休假

去；但我們把第一艦隊集結在波特蘭，又讓第二艦隊的所有軍艦沿碼頭停泊，這些軍艦的大部分水手就在那裡生活並接受訓練。近午夜，我與愛德華‧格雷爵士商議後，便把上面的實際情況在報紙上發表。這個不尋常的步驟是外交部的主意，目的是向所有關心的人們暗示，英國沒有超然自外於歐洲局勢。

期望奧地利皇帝在對塞爾維亞的宣戰書上簽字很困難。當馬爾古蒂把這份必要文件交給帕爾伯爵時，伯爵評論說：「這可能很好，但我所能說的不外是，那位84歲的人不簽宣戰書。」因此，與此同時，貝希托爾德伯爵把一份報告放在他的主人面前來說明簽字的必要性。報告說塞爾維亞人已向多瑙河上奧軍的汽船開炮，戰爭行動事實上已經開始。呈遞給法蘭茲‧約瑟夫的文字最後寫著：「更有甚者，塞爾維亞部隊已進攻了皇家部隊在特梅斯—魯賓的一個分遣隊。」這不是真實的；貝希托爾德等到皇帝在宣言上簽字後就否認了自己剛說過的話。他在次日解釋說，該報告未經證實。但他沒有給皇帝再審查這個決定的任何機會。他的戰略再清楚不過了。他有意不惜任何代價布設圈套，使用欺騙手段對塞爾維亞宣戰。在整個世界上，那是他唯一關注的事情。那也是德國極力主張的。他必須達到目的；他達到了。而且他還得到了更多的東西。

塞爾維亞的答覆於1914年7月25日星期六下午6點鐘交給在貝爾格勒的吉斯爾。答覆的順從意思隔天上午全世界都知道了。它的實際全文不是由官方電報發布的。它是在1914年7月27日星期一早晨郵寄到倫敦、巴黎和柏林的。塞爾維亞駐柏林公使上午把它交給德國外交部，中午時分已到達馮‧雅戈手中。這一切都是確實的。星期日夜晚，德皇從挪威峽灣巡航返回德國，心情處於準備戰爭的狀態之中。他在海上一接到電報就潦草地寫下了過激的備忘錄，證明他有這種戰爭情緒。1914年7月27日下午3點鐘，他召集他的國務和軍務行政官員開會，首相與參謀長都與會參加了。雅戈也出席了；但他沒有隨身帶著塞爾維亞的答覆。皇帝被口頭告

宣戰

知「會議同意包括懲罰軍官在內的所有各點」。以這種方式告知他是不想讓整體的緊張局勢給他留下決定性的印象。會議商議了軍事措施和預防措施，後來在「不惜任何代價，為此目標戰鬥到底」（Die Sache, Koste es was es wolle, durchzufechten）的氣氛下散會。這至少是傳遞給沒有親自參加會議的法金漢的資料。雅戈返回柏林，晚間接見了法國大使朱爾·康邦，大使問他塞爾維亞怎樣答覆。他說他「尚無時間」閱讀答覆。自答覆在貝爾格勒交出後，已經過去了近48小時。

1914年7月27日晚，德國外交部完成了為德皇製作一份這個文件的副本的艱鉅任務。此文件於晚間9點30分由專使送到18英里外的波茲坦皇宮。看來似乎不可思議，但我們從各方面得到證實，皇帝竟然直到隔天上午10點以後才閱讀到這個文件。當他閱讀文件時，他就猶豫了。事實上，他完全失去了主見。自從他回來，他就開始對英國的態度感到不安。塞爾維亞的屈服使他感到寬慰和高興。他在急件的頁邊空白處寫道：「僅給48小時的時限真是傑作。這比人們預期的更好！是維也納的一大精神勝利；但有了屈服以後，戰爭的一切理由均隨之消失，吉斯爾應當安靜地留在貝爾格勒。因此我絕不下令動員。」

現在，威廉二世認為他已經得到了他最想要的東西——一槍不發就取得一個重大的外交勝利。沙皇再度受挫；與奧地利的聯盟因為有可靠的德國支持再次得到鞏固。至少這一次，德皇在德國軍界堅定的聲望是無可非議的。刺殺奧國大公的塞爾維亞在各大國的默許下受到懲戒。戰爭沒有必要。他表示準備在奧地利暫時占領貝爾格勒的基礎上進行談判。他立即向雅戈寫信：「我深信多瑙河君主國的希望整體說來已經達到。我認為，塞爾維亞對個別地方所持的少數保留完全可以經過談判解決。他的屈服中包含最具侮辱性的投降宣告，有了這一點，戰爭的一切理由均隨之消除。」

如果這番話寫於十二個小時之前，它們無疑會阻止此次戰爭的爆發。

但現在已經太晚了。同一天上午 11 點鐘（1914 年 7 月 28 日星期二），幾乎就在德皇正在寫此備忘錄和慶幸危險已經過去的同時，貝希托爾德伯爵正在向貝爾格勒發電報：「塞爾維亞王國政府對奧匈帝國駐貝爾格勒公使的 1914 年 7 月 23 日的照會沒有作出令人滿意的答覆……因此，奧匈帝國認為從今以後與塞爾維亞處於戰爭狀態。」

可以認為，德國首相和外交大臣決心要使奧地利和塞爾維亞處於交戰狀態，一定程度上受德皇的引導，目的在使「三國協約」各大國必須面對，或者為協約打仗亦或者協約瓦解的問題。他們相信，而且無疑是真誠地希望，他們的對手會選擇後者。不過，他們已經為可能出現的最壞情況做好了準備。他們知道皇帝容易衝動的性格。他們知道皇帝懼怕戰爭。他們不打算給他在緊要關頭退縮回去的機會。因此才出現了在柏林的繁文縟節和莫名其妙的延誤；因此才出現了維也納的迅速和毫不猶豫的決定。但是不讓皇帝看到塞爾維亞答覆的文字，直到水落石出不能遮掩為止，這必定是耍了某種特殊的花招。正是在這個問題上，威廉二世本應該說話的。他絕不會對政治活動中的交易漠不關心；正相反，他注意細節並以最大精力履行他的職責。現在正是他在位時期需要這一特質的時刻。在他統治時期，他處理過不計其數的文件，而這一份文件正是應以這一特質予以處理的。1914 年 7 月 27 日晚上信使送達波茲坦的文件內容，怎麼會又經過致命的十二個小時才被他看見呢？機要祕書、貼身副官、宮廷官員——總之是肯定有人——被迫為外交部效勞了。難道德皇是同一手段——曾以不同方式用於俄國和奧地利兩位皇帝身上——的犧牲品嗎？戰後調查的聚光燈已把這一週的事件照得比歷史上任何一個時期都更加清楚，調查應當對準這個陰暗的，且被精心遮蔽的地方。事實依舊是，一直到貝爾格勒遞交答覆近 60 個小時後，其決策關係到世界命運的這個人方才讀到塞爾維亞的答覆；而在他能對它採取行動前，不可改變的宣戰業已經從維也納發出了。

宣戰

　　奧地利對塞爾維亞的宣戰結束了國際間大決戰爆發的第一階段。這兩國相互間的不滿與仇恨現在可以用武力得到解決了。第二階段是德國與俄國之間有關他們軍隊動員的爭執。第一次爭吵聲勢不大但真實；第二次難以估量，但屬於技術性質。一直到奧地利大炮轟擊貝爾格勒，德國的政策始終由皇帝及其大臣們控制。戰鬥一旦開始，即使在歐洲的偏僻角落，也是由德、俄參謀部占據支配地位。軍事的理由全然無視並破壞每一種外交形勢。毛奇和法金漢的位置遠高於貝特曼－霍爾韋格和雅戈，正如聖彼得堡好戰的大公和將軍們也不再受沙皇控制。此後，德國和俄國實施了既定的戰爭計畫並且相繼進入各自的動員階段，這成了兩國壓倒一切的主題。德皇和俄沙皇都感到在精神上被堅決的下屬牢牢抓住，這些人冷酷地把皇帝領向決鬥場，警告他們在榮譽攸關的決鬥場上不要暴露出怯懦或急躁，交給他們手槍並發令射擊直到互相毀滅。第二個階段歷時4天。它在1914年8月1日下午6點德國對俄國宣戰時結束。

　　在此期間，在愛德華‧格雷爵士領導下，我們曾做了巨大努力試圖挽救危局。駐各大國首都的大使們幾乎全都認真地盡力爭取和平。隨著這種行動發展成為一股自發的力量時，它對貝特曼－霍爾韋格和雅戈兩人都產生了影響。德國駐倫敦大使的報告使他們越來越清楚地知道一場全面戰爭將使英國與法國和俄國站到一起，此時，兩人同意採取行動，這些行動若早幾天採取，本來會使危機煙消雲散。現在德皇因戰爭就要爆發而絕望地震驚，沙皇誠摯地期望和平，他們交換了一系列個人電報，這在各國關係史上是絕無僅有的。但是，不論是他們還是他們的大臣，甚至格雷所能做的一切，都不能控制軍隊首腦們要求採取純粹的技術措施和反措施。奧地利與塞爾維亞之間的第一場戰爭，幾乎是一場謀殺。第二場戰爭是德國與俄國之間一次預防性的戰爭。第三場也是這一系列戰爭中最大的一場戰爭，與它相比之下其餘所有戰爭皆顯得微不足道，它就是德、法間的戰爭，這完全是一決勝負的戰爭。德國為這場戰爭制定的計畫要求入侵比利

時，而入侵比利時導致了英國的參戰。這種毀滅性的鏈環一旦開始被啟動，即非人力所能中斷。現在已經造成了一種局面，數以百計的官員只得為了各自的國家、為完成他們份內的任務來摧毀世界。他們盡了他們的職責。

　　戰爭已在多瑙河流域爆發，整個歐洲按下了各種預防或準備的按鍵。我們隨即命令包括英國最好的38艘主力艦在內的第一艦隊開赴在斯卡帕灣的北方戰時基地。艦隊於1914年7月29日上午7點鐘離開波特蘭，在黑暗中採取一切預防措施通過多佛爾海峽，並在隔天中午安全通過大不列顛與愛爾蘭間的淺海進入深海。除首相外，此次行動在完成前對所有人一概保密，行動絕不是挑釁性的。艦隊實際上是駛向離德國更遠的地方。對此沒有人能反對；但這個行動使我們無論發生什麼狀況都很安全。我們處在一個幸運的地位，採取了一個對我們自己的安全所必需的和必不可少的步驟，它既增加了英國的外交影響力，同時又不危及其他國家當前的安全。

　　這個階段，德國和奧地利是否會像5年前的埃倫塔爾那樣又一次不流血地勝利呢？不能肯定。但此次，德國面對「協約」各大國幾乎立即生出了令人感到憂鬱的宿命感。巴黎和倫敦有一種感覺，就是德國有意打仗，而且是現在就想打。假如他不想打，可以很容易地找到許多解決辦法。格雷不屈不撓地建議召開大國會議，而且懇請各方保持理智。法國是力戒各方採取任何形式的挑釁行為。但至此，英、法兩國政府確實是智竭計窮了。若德國要打仗，誰也阻止不了他。如果德國決心要將事件引向戰爭，那麼必然會持續進行威脅，再加上長期的作為令人畏懼，他自然會一意孤行。例如，為了拯救和平，法國懇求俄國作出讓步，或者英國告訴法國及俄國，如果他們選擇打仗，他們肯定會孤軍作戰，這樣做應該不成問題。法、俄兩個大國認為，如果德國想使協約三國履行一切責任，如果德國積極主動非要不斷地迫使俄國、法國和英國進入反德統一戰線，俄國、法國

宣戰

和英國也毫無辦法。他們必須面對迎面而來的任何事情。當他們相信，自己就要成為蓄意侵略的目標，看到他們最強大的對手不可阻攔地往錯誤的道路上走時，他們唯一不能做的事情就是協約三國相互拋棄。相互拋棄可以暫時避免戰爭，但下一次危機就要各自單獨對付了。他們不敢分開。他們斂聲屏息，以堅定的決心等待德國選擇的下一個步驟。

現在的場景必須轉向聖彼得堡。我們已經看到貝希托爾德安排他發出最後通牒的時機是如何巧妙：做到確保這個消息傳到俄國以前，普恩加萊總統已經啟航。不過俄國外交大臣薩佐諾夫先生已有不祥的預感。與法總統告別後他沒有就寢，而是驅車去了外交部，在那裡獲悉有一份從維也納發來的最重要的急件正在翻譯解密。那就是最後通牒。

第二天早晨，俄國和奧地利怒目相望。斯拉夫民族最深沉的感情高漲起來。5年前發生的波士尼亞危機的創傷至今猶在隱隱作痛。昨天才返國的法國總統的訪問給予了信心。俄國社會的軍政要人齊集首都，大批貴族擠滿了宮廷。然而，1914年7月24日舉行的內閣會議決議是謹慎節制的。沒有採取軍事步驟；但陸軍大臣已被授權必要時下令進行針對奧地利的區域性動員。俄國發表了一項宣言，宣布他對塞爾維亞的命運不會漠視；還真誠要求維也納延長48小時的時限，使必要的討論得以進行。德國大使還是波士尼亞危機時的普塔萊斯，他告訴薩佐諾夫，奧匈帝國「不能接受對他與塞爾維亞的爭論進行干涉的建議，支持他的德國也不能接受有損於自己盟國作為一個大國的尊嚴的建議。」薩佐諾夫反駁說：「我們不會讓塞爾維亞單獨與奧地利作鬥爭」。次日，奧地利拒絕延長時限的消息傳來。沙皇就此事主持國務會議，下令立即宣布處於全國戰備狀態，以應付德國的「迫在眉睫的戰爭危險」，並進入自己的「預防時期」，還宣布了要塞和邊界的戒嚴令。他還授權外交大臣，在他認為必要時，發布已在準備的，針對奧地利的區域性動員令。

但現在出現了一個技術性困難，即最好事先把情況通知政治家們。俄

國參謀部對政府批准的那種區域性動員的形式感到擔憂。他們叫嚷說，假如如他們所相信的那樣，對德對奧戰爭即將發生，那種區域性動員會打亂他們總動員的計畫。即使只是對奧地利一國開戰，南部地區也只能提供13個軍，而不是戰爭計畫需要的16個軍。尤其是迄今尚未下令的華沙地區動員，是必須包括在針對奧地利統一的預防措施之內的。他們熱切地申訴，認為已獲批准的區域性動員是與軍事要求毫無關係的一種政治措施；它會搞亂鐵路調運，而且，如果發生極嚴重的意外危險，還會導致慘重的損失。亞努什克維奇將軍的有力論據使薩佐諾夫動搖了。前者得到了所有主要參謀軍官和副參謀長丹尼洛夫的支持。薩佐諾夫同意擬好兩道諭旨供沙皇簽署——一道為區域性動員，另一道為總動員——最後究竟用哪一道還懸而未決。就此，亞努什克維奇警告華沙司令官傑林斯基，當局將宣布1914年7月30日為實施俄國總動員的第一天。

1914年7月25日晚奧地利最後通牒期滿，吉斯爾男爵從貝爾格勒啟程，奧地利下令動員8個軍——為帝國陸軍的一半——對付塞爾維亞，以1914年7月28日為動員日的第一天。雖然這項措施完全針對塞爾維亞，但它影響了帝國北部如布拉格那樣的軍區，因為軍隊要從這裡開赴塞爾維亞邊界。這樣，俄國人有理由相信進行中的準備工作是對準他們的。繼這些擾亂平靜的文件或報告之後，奧地利向塞爾維亞宣戰，因而薩佐諾夫決心要按照3天前授予他的權力斟酌處事。因此，他批准了區域性動員，並通知德國政府，俄國對他們無任何敵視意圖，然後指出，敖德薩、基輔、莫斯科和喀山軍區於1914年7月29日開始動員。雅戈於1914年7月27日向英國和俄國駐柏林大使指出：「如果俄國僅在南方進行動員，德國不會動員，但若俄國在北方動員或者如果俄國軍隊進入奧地利領土，那麼德國也必須採取同樣的行動。」可見，薩佐諾夫不僅有理由對奧地利採取預防措施，而且有權相信，這些行為不會招致德國採取反措施。

其間，戰爭的溫度迅速上升。1914年7月29日下午，奧地利淺水重

宣戰

炮艦開始炮轟貝爾格勒，這個消息使俄國人民和官方輿論的情緒達到狂熱的程度。大約就在同時，德國大使普塔萊斯告訴薩佐諾夫：「俄國動員措施若進一步繼續下去，德國將被迫動員，到那時一場歐洲戰爭就很難制止了。」俄國外交大臣的處境痛苦之極。奧地利拒絕了他提出的一切建議。德國不允許對他的盟國施加任何壓力。英國謹慎地避免說一句鼓勵其夥伴行動的話。俄國存亡所繫的軍事長官們幾天之內均無法回答其技術領域內的問題。德國已經撤回——如果俄國只對奧地利進行動員——他保持平靜的許諾。槍炮已在多瑙河畔打響，對塞爾維亞的進攻實際上已經開始。薩佐諾夫不再抵制軍人。保持冷靜的只剩下沙皇一人了。

1914年7月28日深夜，沙皇向德皇發出私人電報：

很高興知道你旅行歸來。在此最嚴重的時刻我請求你的幫助。一場不光彩的戰爭已向一個弱國宣布。俄國的憤慨（我完全有同感）是巨大的。我預見我很快就會被對我施加的壓力所壓倒並被迫採取將導致戰爭的極端措施。為設法避免歐洲戰爭這樣的大災難，我請求你看在我們是老朋友的情分上盡力阻止你的盟友走得太遠。

尼基

1914年7月29日上午沙皇收到德皇的電報，這封電報是獨立發出的，時間上稍早於沙皇發的那封電報。電文說德皇完全理解沙皇及其政府面對輿論的趨勢有多麼困難。因此——

考慮到長期以來由牢固的紐帶把我們兩人連繫在一起而建立起誠摯和親切的友誼，我正在施展我的最大影響，勸導奧地利人直接與你打交道，達成令人滿意的諒解。我充滿信心地希望，你能在我盡力去克服的、但可能仍在增加的困難中幫助我。

你非常真誠和忠實的朋友和表弟，維利

這兩封電報用的都是英文。它們似乎提供了一線新的和平希望。但是

即使這種君主之間的親密連繫，由於各自的皇帝寶座和朝廷都處在危險中，也阻止不了時刻加劇的動用了軍事手段的緊張局勢。1914 年 7 月 29 日上午某個時候，兩份下令動員的諭旨（一份區域性動員，另一份全面動員），由亞努什克維奇將軍一起面呈沙皇。看來他可能會簽署，但當時仍不能肯定。在經過長時間的緊張爭論後，沙皇把兩份諭旨一起簽署了。無論如何，1914 年 7 月 29 日下午，動員指揮官多布羅羅爾斯基得到了有俄國憲法規定的、高級當局簽署的、經沙皇批准的總動員令。這個任務直至下午 8 點鐘才準備完成，將軍已經清理了電報線路，就要發出決定性的訊號，此時他接到了沙皇明確的命令，取消總動員，只授權區域性動員。

尼古拉二世還在為和平而努力。他已再次打電報給德皇，感謝他發來安撫且內容友好的電報，電文最後說：「把奧地利－塞爾維亞問題提交海牙會議是正確的。相信你的智慧和友誼。」1914 年 7 月 29 日下午 9 點 40 分，德皇對沙皇第一份電報的覆電來到。他建議俄國「對奧地利－塞爾維亞衝突應繼續保持旁觀者的身分，不要使歐洲陷入俄國曾目擊過最可怕的戰爭中。」他主張俄國和奧地利之間達成直接的諒解，並允諾促成此事。雖然這根本不是德國在主要問題上的讓步，但它對尼古拉二世產生了影響，足以勸誘他撤銷全面動員。他甚至試圖阻止區域性動員；但薩佐諾夫和亞努什克維奇說服他這是不可能的。凌晨 1 點 20 分，他給德皇覆電：

> 由衷感謝你迅即回電……現在已付諸實施的軍事措施是 5 天前鑑於奧地利備戰和出於防禦的目的決定的。衷心希望這些措施無論如何不會干擾我極其重視的你作為調解人的角色。我們需要你對奧地利施加強大壓力迫使他與我們達成諒解。

俄國內部的這種混亂柏林一點也不知道。德國參謀部對俄國各軍區正在做的大部分事情掌握得全面而準確。俄國即使是區域性動員的正式命令也直到 1914 年 7 月 29 日午夜才發送。得到參謀部非正式警告的德國有關司令官，出於對職業的熱情和對戰爭敏銳的期待，在接到「隨時等待著」

宣 戰

的命令之前，已經在做各種準備了。這一切準備工作都向柏林做了報告。例如包括收集華沙地區的情況，以及由俄國政府官方通知俄國南方各司令部的情況。從1914年7月29日起，毛奇極力主張對俄國發出最後通牒，法金漢也要求宣布「迫在眉睫的戰爭危險」。1914年7月30日收到俄國實施區域性動員的正式通告時，德皇同意這樣做，宣布了「迫在眉睫的戰爭危險」。這項措施實際上相當於總動員，也就是說，它啟動了大規模備戰過程，而這些過程無論如何本來應是根據總動員令採取的。但是，切不可以為在最後3、4天裡德國全國的軍事指揮官都無所事事。跟他們的俄國對手一樣，每個人都希望在一切準備中搶在前面，所有的軍事中心都充滿活躍的氣氛。有關這一切的報告傳回俄國後，薩佐諾夫和軍事當局隨即認定全面動員再也不能拖延了。他們於1914年7月30日下午4點鐘齊心協力，以巨大的努力說服了沙皇簽署新的總動員諭旨。一個小時後，所有軍事中心都得到了通知。

1914年7月31日接近中午時分，俄國總動員的消息傳到柏林。下午3點30分，德國對俄國發出最後通牒，宣布若俄國不「在12個小時內中止一切針對德國和奧匈帝國的軍事措施，且按這種意思對德國發表明確宣告」，德國就下令實施動員。這個命令於1914年7月31日午夜發出。而1914年8月1日下午6點德國就對俄國宣戰。回想起來奇怪的是，就在這一天，愛德華·格雷爵士就奧地利與俄國之間直接談判的形式最終與德國外交部達成完全的協議。全歐戰爭開始之日，也就是爭吵的起因理論上消失之時。

英國的備戰跟上了這些重大事件的發展。應帝國國防委員會祕書海軍上校漢基的動議，在1914年7月30日上午舉行內閣會議，會上我請求實施的「預防時期」獲得批准；下午2點10分由陸軍部下令實施。與此同時，我還授權海軍部向各艦隊發出「警告電報」。這最終只成為一種形式。因為除了召回第3艦隊各艦上的後備役軍人外，就我們能預見的海軍各項安排其實全都已經完成了。

奧地利因皇太子被謀殺和其他不滿而對塞爾維亞發動的戰爭業已開始。性質嚴重得多的第二場戰爭因為俄國軍隊針對奧地利所實施的動員而在德國與俄國之間爆發了。東線燃起戰爭大火。而現在，第3場，也是戰火蔓延最廣大的一場戰爭必定隨之而來。德國參謀部在剛開始時不怕俄國。他們可以輕鬆地等上2、3天，然後才對他採取措施。他們的注意力全部轉向法國。因為戰爭已經開始，他們必須毫不延遲地對法國發起進攻。在邊界的德國一側受約制的6個旅必須破壞比利時的中立，從動員的第二天起就奪取列日。不能損失一點時間。就這樣，德國於1914年7月31日把他對俄國的最後通牒也通報了法國，並且要求法國政府在18個小時內宣布在俄、德戰爭中是否打算保持中立。德國還要求比利時向即將入侵法國的德國軍隊提供無阻礙的通路。當然德、法之間並沒有爭吵，在德、比之間則有保證條約。這些困難必須即刻克服。因此德國駐法國大使得到指示，如果與預料相反，法國竟宣布保持中立，那就要求法國交出圖勒和凡爾登兩個要塞作為中立的保證。此項要求——就像要求英國交出樸茨茅斯和多佛爾——意在確保法國沒有退路可走。法國方面的任何一種不正確的行為都會使德國十分難堪，因為德國的軍隊已經出發了。但法國總理維維亞尼立刻回答，根據其內閣同意的方案，「法國將按照他的利益行事」。德駐法大使問：「你們與俄國簽訂了同盟條約，是嗎？」維維亞尼答道：「正是這樣。」沒有再比這個更正確和令人愉快的事情了。這樣德國大使就不必陳述上級指示之中關於圖勒和凡爾登的第二部分，即視條件而定的部分了。維維亞尼先生送他的來賓上了汽車。兩國之間沒有再出現有重要意義的事情。1914年8月3日下午6點45分，德國對法國宣戰；第二天上午，德國先頭部隊在其跨越比利時入侵法國的進軍途中，違反了各種保護盧森堡公國的條約，侵入該公國。遭受突然襲擊威脅的比利時國王和人民向英國和法國救援，英、法與德國都是比利時中立的保證人。

1914年8月2日和3日，當英國內閣和議會獲悉這些事件時，英國向

宣戰

德國發出最後通牒，禁止他侵犯比利時邊界，要求他立即撤回可能已經這樣做的任何部隊。要求於 1914 年 8 月 4 日午夜前予以答覆。答覆是全然拒絕，德軍繼續推進。因此，在德國時間 1914 年 8 月 4 日午夜，英國在所有自治領和附屬國一致同意下向德國宣戰。

以我們所知的一切，再次設法分清責任，重述這些事情是不可能的。我們已經描寫了在這次大災難以前的四分之一世紀內，歐洲的敵對情緒是怎樣緩慢地和有意無意地在加劇的。我們已經注意到地雷中的火藥是怎樣慢慢裝填的。我們現在關心的是引爆它的罪責。畢竟，它是永遠沒有必要加以引爆的。推遲戰爭也許就是阻止戰爭。隨著歲月流逝，國家的組合發生變化。一個十年期的協約國或同盟國的特點，到下一個十年或許就失去了。時間與和平解決了很多問題，人們的思想不停地移向新的領域。1,000 年歷史中可怖的事情全是世界上欠缺考慮的人應負的責任，他們讓這種不幸與災難發生了。

我們絕不允許自己被現在可以看到的關於戰爭迫近時的大量資料給弄迷惑了。一切情況都已暴露無遺。古奇－坦珀利的官方文獻揭示了英國的全部做法。就連德國作家路德維希也斷言，戰後所有揭露出來的情況與戰爭開始頭幾個月內出版的大容量的藍皮書之間沒有實質性差異。德國、奧地利和俄國等帝國文件館的文件資料都已被他們的革命政府無情地暴露了，革命政府急於譴責舊政權或至少是絕不關心是否要保護舊政權的。不只是急件和電報，而且還有官方備忘錄、外交官或軍人之間非正式談話的紀錄、德皇潦草寫就的眉批旁注等，現在都已公開出版，在全世界發行了。現在不是缺乏資料。實際上是資料過多反而妨礙判斷。

讀一讀很多現代作家的作品，人們就會猜想這次戰爭是自行發生的，當權者之中沒有一個人想到過會發生這樣一種邪惡的事情。貝希托爾德做這個事情，康拉德幹那個事情，雅戈在度蜜月，切爾施基遭德皇責罵，貝特曼－霍爾韋格對形勢不了解，俄國人激動而毛奇驚恐，接著，突然之間

世界上所有大國開始使用所有的武器相互廝殺了。這是一種自燃的例項。認為戰爭全是自行發生的理論指出以下事實：德國輕率地開給奧地利一張懲罰塞爾維亞的空白支票，俄國對此景象憤憤不平，德國因為俄國動員而感到驚恐，法國和英國沒有告訴俄國必須屈服，英國沒有及時告訴德國他是要參戰的，貝希托爾德想要的是和塞爾維亞之間小型且短暫的戰爭，德國所要的是不要被迫拋棄他的盟友，德皇所要的是一次外交勝利——所有這一切事實都有充分的文獻支持。但還有某些不是精心策劃所能遮蓋的赤裸裸事實，它們是永遠都具有說服力的。

貝希托爾德及其小圈子打算對塞爾維亞動武。德皇鼓勵並催促他們這樣做。雙方都知道，這樣的事件必然不僅激怒沙皇及其政府，而且還激怒俄羅斯民族。雙方決定接受這個風險和任何其他後果。給貝希托爾德和維也納以行動自由的德皇故意離開本國，直至已向塞爾維亞發出最後通牒才回國。德國首相和外交大臣連條件也沒有看就指示其駐外大使宣布，德國認為奧地利的最後通牒是正確而恰當的。當塞爾維亞人作出溫和的回答時，雅戈等人推遲把此文件呈遞給德皇，直至對德皇來說時間太晚已無法阻止奧地利對塞爾維亞宣戰。貝希托爾德草率匆忙地發表戰爭宣言，奧皇法蘭茲・約瑟夫的簽名部分還是以虛假的託詞才得到的。每次推遲期限的請求都遭到維也納的拒絕。每一項建議，不論是召開大國會議還是由奧地利與俄國舉行直接談判，一概被拒絕或抵制，直到為時太晚。在聖彼得堡，俄國政府、宮廷和軍人，從不情願的沙皇那裡先是索取區域性動員令，後來索取總動員令。德國為俄國動員一事緊緊抓住對方大吵大鬧，他向俄國發出最後通牒，要求他在十二小時內撤銷動員。而就在此刻，德國的動員令雖未正式宣布，卻已經在進行了。德國對俄國宣戰。德國要求法國廢除法、俄同盟關係，並要他交出關鍵要塞由德國控制作為嚴守中立的抵押品。德國對法國宣戰。德國踐踏保護盧森堡公國的條約。德國破壞比利時的中立。當比利時抵抗時，德國對比利時宣戰，並進軍穿越比利時領

宣 戰

土入侵法國。直到此時候英國才對德國宣戰，而我們仍然不願意說英國錯了。

動員與備戰的間隙

　　各國的軍隊迅速進行動員。歐洲人民的注意力自然而迅速地被吸引到長期準備的、極其強大和複雜的機器齒輪之上，這種機器的存在，人們至今知道得還不很清楚。各國參謀部為了面對可能不得不進行的各種戰爭，耐心而精細地制定計畫，這些計畫透過一些簡單的決定之後就可以付諸實施了，加上透過每一條公路和鐵路，把 1,200 多萬士兵源源不斷地輸送到各個戰場。檢查和保密制度給各地罩上了模糊的陰影，一種奇怪的沉默降臨全歐洲。只有德國先頭部隊入侵比利時和奧地利入侵塞爾維亞的槍炮聲打破了這個沉默。這兩個處於戰線前端的小國最早感受到日耳曼利劍的鋒刃。強烈的動機驅使入侵者在兩處採取行動。攻陷列日以及開啟通過該城的 4 條鐵路線是德軍右翼展開必不可少的。迅速入侵並征服塞爾維亞對奧地利來說也同樣重要。如果這一點，像普遍大眾認為的那樣，可以在為期 3 週的戰役中實現的話，那麼用於進攻塞爾維亞部隊的主力就可以及時投入以後的階段，與俄國作戰了。但迅速取得對塞爾維亞的決定性勝利後，還有希望取得別的更重要的結果。

　　危機開始時，德國原本有很大的機會贏得其他追隨者。三國同盟包括義大利，而且一個軍事條約就是以此事實為基礎的。德國也是奧地利與羅馬尼亞祕密同盟條約中的一方。他與保加利亞有密切的相互諒解，這種諒解是因為兩國共同敵視塞爾維亞而強化的。德國對希臘寄予厚望，這是由於兩個皇室間有聯姻關係。最後，1914 年 8 月 2 日他與土耳其締結了攻守同盟。由此可設想，整個東南歐承諾忠於或傾向於日耳曼民族的事業。英國作為法國和俄國盟國的出現，向所有這些信心和期望潑了一盆令人氣餒的冷水。義大利成為第一個變節的國家。依據原三國同盟條約中的一項

動員與備戰的間隙

祕密條件，義大利講明了在任何情況下都不得強迫他參與對英國的戰爭。奧地利對塞爾維亞的野心損害了義大利的利益，義大利提出了在特倫提諾獲得補償的要求。義大利與奧地利之間的歷史仇恨和利害衝突已經顯然可見。義大利軍隊在利比亞的處境，實際上還有義大利本身的生存，將在一場喪失或有損地中海制海權的戰爭中受到危害。1914年7月31日，義大利不理會柏林和維也納的一切呼籲，並解釋說，鑑於奧地利是對塞爾維亞的最初侵略者，並未發生條約中所包含的事項，所以他宣布保持中立。義大利的決定深刻地影響了羅馬尼亞的態度。有親德同情心的卡羅爾國王為祕密條約的條文進行了辯護，但毫無效果。布加勒斯特的輿論因為奧地利對塞爾維亞最後通牒的條件而疏遠奧地利，羅馬尼亞也不能不懷著恐懼心理考慮以犧牲塞爾維亞來增加保加利亞領土的嚴重後果。雖然遲至1914年8月9日羅馬尼亞參謀長還在問康拉德，羅馬尼亞軍隊何時集中為宜，但他保持中立的決心已經下定了。卡羅爾國王受到各黨派政治家的控制，終於悲傷地屈服於不可避免的命運；政治家中，發揮突出作用的塔凱·若內斯庫一直是英國的真誠朋友。希臘既離不開英國，也離不開英國的海軍力量。已經制定好與俄國開戰和征服高加索計畫的青年土耳其黨人發現，他們獲得黑海制海權的希望，因即將駛離泰恩河的、英國為其建造的土耳其戰艦被英國扣押而破滅。土耳其也受到了將要與英國作戰這個意想不到的問題的影響。只有保加利亞願意在機會來到時，除了幾點重要的保留外，與中歐帝國一道進軍；但是由於存在激怒羅馬尼亞的危險，中歐帝國不敢貿然接受這個援助。就這樣，一代德國外交一直在營造的組合整體，因一些國家猶豫不決的疑心病和透過有禮貌的託詞避免介入而解體。英國的行動還決定了他小小的、但年代久遠的盟國—葡萄牙的態度；至於地處地球另一邊的日本帝國，不需求助於英、日同盟，自己也準備根除德國在遠東的勢力。當然，在英國的影響下建立的那種長期累積的連繫和緩慢織成的細微結構，至今仍有令人感動的效力。

對奧地利來說重要的是，迅速征服和消滅塞爾維亞，以求明朗巴爾幹的形勢。塞爾維亞的失敗和崩潰也許是，或至少是幾個中立國在回答大國長期拉攏和多次緊急召喚時需要考慮的訊號。

康拉德已經作出他的第一個軍事決策。這是一個大錯誤，其後果極為嚴重。奧地利的方案與其他各國的方案一樣，也是為了對付各種意外事件而制定的。規模小一些但可能性大一些的 B 方案──「巴爾幹」方案──是在俄國保持中立時對塞爾維亞和蒙特內哥羅作戰用的。按照 B 方案，奧匈帝國 6 個集團軍當中的 3 個入侵塞爾維亞，第 5、第 6 集團軍從波士尼亞與赫塞哥維納出發，第 2 集團軍跨過薩瓦河和多瑙河，而其餘 3 個集團軍則採取預防性防禦姿態，對付俄國可能在加利西亞的敵對行動。另一方面，R 方案，即「俄國」方案，打算同時對塞爾維亞和俄國作戰。在這個情況下，僅以力量弱得多的第 5 和第 6 集團軍，共 12 個師從西邊入侵塞爾維亞，而第 2 集團軍加入奧地利主力部隊在加利西亞集中。選哪個方案？1914 年 7 月 25 日，當奧地利下令動員時，康拉德選了 B 方案，即「巴爾幹」方案。

這個驚人決策的起因見於上文已描述過的決定懲罰塞爾維亞的談話和會議。德國的空白支票已經送到；必須立即填寫金額並兌現，否則它將被止付。德國人要求的條件，即刻行動並投入龐大兵力攻擊塞爾維亞。此條件將提供一個突然、迅速成功的機會，在歐洲從震驚中恢復過來以前，戰役便結束了，此時外交活動依舊可能努力設法限制衝突的範圍。在世界的其餘成員還在空談和袖手旁觀時，貝希托爾德及其同事的頭腦裡卻滿是那樣的思想──以一場私鬥式的戰爭給塞爾維亞一次決定性的直接打擊和懲罰，而康拉德也以與他們一樣的眼光觀察問題。他自己的陳述說明了這一點。

外交活動只以對塞爾維亞開戰為目的，為此必然接著發生軍隊的動員和集結。由於存在俄國進行干預的可能性，中止這一切或減少動用的兵力

是不可行的。很有可能 —— 外交活動也期望武力 —— 對塞爾維亞的戰事會在沒有其他國家的阻攔下完成。假如在其他國家干預之前迅速而徹底打敗塞爾維亞，出現這種情況的可能性就更大了。由此可見，對付塞爾維亞從一開始就應投入強大的兵力；也就是應下令執行動員B方案，集中該方案規劃的兵力攻擊塞爾維亞。

這種必要性是外交行動強加於我們的。

康拉德接著說：

同時，存在俄國抓住奧地利舉起的手臂，以戰爭相威脅，甚至有果真訴諸武力的危險。因此，從軍事觀點來看，最好還是採取主動制止這個危險，而把對塞爾維亞的戰爭視為次要事情。奧地利只有在俄國干預的可能性不值得考慮的情況下才能對塞這樣做，假如奧地利可以這樣做，其盟國方面給予合作的義務則不復存在。否則，奧地利這樣做將招致挑起世界大戰的嚴重指責；而對塞爾維亞的戰爭只不過是出於自衛而強加的粗暴行動。

對於外交家來說，形勢是清楚的。對參謀長來說情況就不一樣了，他一方面必須做好準備以對付正面臨的迅速而且決定性的對塞戰爭，另一方面又必須時刻準備把一切突然轉向對俄戰爭。這是兩難處境，從作戰觀點看其本身包含最沉重的責任和最不利的形勢……

這些理由也許正確或部分正確；但它們不能令人信服。康拉德對於俄國想幹什麼作了錯誤判斷，忽視了軍事問題的真正均衡。1914年7月25日，奧地利給塞爾維亞的最後通牒的影響在各國首都已經很明顯。到26日，德國政府已經意識到三國協約中各國的堅強精神了。俄國的激動是強烈的；法國顯示了冰冷的鎮定；英國以最公開的方式宣布，他的第1和第2艦隊會保持集中待命。一觸即發的形勢已經形成。那種認為其他所有國家會任憑奧地利入侵並摧毀塞爾維亞而保持旁觀者態度的想法是異想天開的。然而兩個星期以前先入為主的想法認為，德國希望大舉入侵塞爾維

亞，不顧外在形勢出現任何新的嚴重危機，都要將 B 方案付諸實施，而且盲目地且完整地加以實施。

康拉德藉助「外交手段」掩蓋自己是徒勞的。什麼東西也取代不了他應該對出現的軍事形勢所負的責任。奧匈帝國生死攸關的命運取決於俄國的行動。假如俄國入侵奧地利，那就需要每一個人進行抵抗。在俄、奧之間開戰之前，不容奧匈帝國軍隊捲入塞爾維亞。但如果相反，面對強大的德軍而俄國放下了他的劍，那麼懲罰塞爾維亞就顯得輕易和有把握了。可以採取這種或那種方法，而且用不了幾天就能解決問題。康拉德只能回答逼他打垮塞爾維亞的人說：「我們很快就可以知道該用 B 方案還是 R 方案了，我堅持延遲到那時候，即使那時我們會失去我們對塞爾維亞的優勢。」但由於急於打擊他切齒痛恨的敵人，他低估了俄國採取行動的可能性，雖然短暫的停頓本來會給他更多把握，他還是在錯誤的前提下啟動了帝國軍隊。

1914 年 7 月 31 日，俄國的總動員全面展開。當天下午德皇致電奧地利皇帝，電文如下：

我今天下令進行我國全部陸軍和全部海軍的預備性動員，並將在盡可能短的時間內繼以肯定性動員。我把 1914 年 8 月 2 日當做動員的第一天，且準備履行作為一個盟國的義務立即開始對俄國作戰。在此重大戰鬥之中，最重要的是奧地利應把他的主力投入對俄戰爭，而不應該進攻塞爾維亞而分散兵力。因為我軍大部分兵力將被法軍牽制，這一點更為重要。在這我們並肩參加的大國之戰中，塞爾維亞只有相當次要的作用，因此對他只需要採取屬於絕對必要的防禦措施。只有我們雙方全力以赴，力抗我們新的強大敵手，這場戰爭的勝利以及我們兩個君主國的生存才有希望。我進一步請求你竭盡所能滿足義大利的願望，誘使他參戰。一切都必須服從一個團結的三國同盟以投入戰爭這一大局。

—— 威廉

動員與備戰的間隙

就這樣，全部的幻想徹底破滅，康拉德和奧地利的領袖們不得不面對俄國立即入侵的危險現實，他們的盟國正催促他們竭盡全力對付俄國。理論上，B方案應自動由R方案取代。現在必須迅速派遣第2集團軍北上。但該軍進入了方向相反的火車。原動力釋放了，高度複雜的過程正在緊張進行中。阻止已在半途的第2集團軍會使整個組織陷入混亂。無奈之下只得讓它的8個師完成去塞爾維亞邊界的旅程，在指定的岔道下車，繼續前往他們的集結點，然後再按單位次序重新上車，運往加利西亞。這次回程旅行到1914年8月18日才能真正開始。聊以自慰的是，單是該集團軍到達塞爾維亞邊界，便迫使一部分塞爾維亞軍隊撤走，進而幫助了奧地利第5、第6兩個集團軍。康拉德被迫佯裝因南邊沒有需求而撤回，如果有需求，那還是非進軍不可的。他說：

第1、第3和第4集團軍正占領通向加利西亞的全部集結運輸線路，而第2集團軍就要到達最初計畫的目的地薩瓦河和多瑙河了，但在通向加利西亞的線路可以自由通行前，不會跟隨上述各集團軍繼續推進。

假如說根據形勢的必要而下達的這些命令有好處的話，那就是在第2集團軍從薩瓦河和多瑙河撤回以前，敵人將會發覺自己在那裡遭受威脅，不得不派部隊對付他們，迄今那裡也存在危險。第2集團軍各部隊可能會參加對付塞爾維亞的戰鬥。當然，大河屏障把這個危險減小了。

他感到有必要就第2集團軍進行的奇怪旅程對他的軍事同行作點解釋。1914年8月1日他給毛奇去信：

閣下：

值此成敗關頭，我不得不與你直接連繫，以確保我一直視作我努力目標的兩國間之的全面團結。我們希望打一場區域性戰爭，而不致出現進一步的複雜情況。各大國為使戰爭區域性化的努力增強了我們的這一信念。我們為這場區域性戰爭集結了足夠的力量，以優勢兵力取得成功的前景是很自然的。當俄國對其南方各軍區進行動員，以行動表明敵視我君主國

時，我們便請求德國宣布，俄國針對奧國採取的這一步驟，德國也是不能接受的。同時，俄國下令動員其餘軍隊，這些軍隊將集結在加利西亞，這也是想像中的事情。此時，我們不得不──德國實際上也迫切希望──公開宣布我們的敵意只是針對塞爾維亞的，進一步的動員也只是為防止俄國威脅而採取的防禦措施。

我們希望這些措施，結合各大國，尤其是德國施加的強大外交壓力，制止俄國對我君主國採取敵對行動，且為我君主國提供貫徹對塞爾維亞戰鬥的可能性。

在這種情況下，我們能夠而且必須迅速抓住進攻塞爾維亞的想法。由於我們牢記，俄國可能只是試圖以戰爭威脅，並不是對我國進行戰爭來制止我們對塞爾維亞的行動，那麼我們就更應抓緊進攻。不過，當各大國──首先是德國──只是進行外交干預時，俄國不僅沒有中止其動員，還把區域性動員改為總動員了。此時，我們意欲去南方的軍事行動開始了。我們認為，此時的外交活動可以明顯看出，如果我們遭到俄國進攻，德國的確會盡一個盟國的職責，但他更願意避免一場世界大戰。這樣，我們不得不堅持我們的意圖，繼續對塞爾維亞的戰事，而把我們防止俄國進攻之事──我們不能獨自發動一次進攻戰來防止俄國人──託付給集合在加利西亞的我國軍隊和德國對俄國的威脅以及其餘各國的影響力。

到 1914 年 7 月 31 日，突然傳來德國業已決定的宣言，現在他願意同時完成對法國和俄國的大戰。由此而產生了一種全新的形勢。我們當即認為，我們必須在北部集結我軍極大部分兵力。茲請閣下接受保證，儘管由於我們部隊業已完成的向南調運造成了極大的複雜問題，但集中最大力量於北方必將完成。

1914 年 7 月 25 日，「B 方案」的全部軍力已準備就緒，用以對付塞爾維亞，奧地利動員也同時開始。1914 年 7 月 28 日奧匈帝國對塞爾維亞宣

動員與備戰的間隙

戰，奧地利 3 個集團軍開赴塞爾維亞邊界。塞爾維亞人的處境看來似乎孤立無援。塞爾維亞北部 3 面被多瑙河及其支流薩瓦河以及流入薩瓦河的德里納河重疊環繞，形成界線。首都貝爾格勒實際上就在多瑙河上，地處邊界，無法防守。奧地利第 2 集團軍由 8 個師組成的 3 個軍團開始沿北部邊界展開，而各由兩個軍團組成總計大約 11 個師的第 5、第 6 集團軍則從西邊挺進入侵塞爾維亞。塞爾維亞總司令拉多米爾·普特尼克不知道敵軍主力究竟是從北面還是從西面發起進攻。據我們所知，他也不知道下火車的奧地利第 2 集團軍，從 1914 年 8 月 2 日起奉命重新匆匆爬上火車開往在加利西亞的俄國前線。他看到的是強大的部隊在北、西兩個邊界上的集合和展開。實際上他相信主要入侵將從北面而來。塞爾維亞軍隊由 11.5 個步兵師和 1 個騎兵師組成，共有 180,000 步兵，8,500 騎兵和 500 門大炮。蒙特內哥羅人有一支 40,000 多人的軍隊向南進入德里納河上游後面那片多山且起伏不平的原野。塞爾維亞軍隊分成 3 個所謂的集團軍，但每個集團軍比奧地利的 1 個軍團強不了多少。除留下幾個分遣隊監視邊界和拖延敵人的入侵外，普特尼克將軍在北塞爾維亞的中部集結了他的 3 個集團軍，面北部署，其左翼駐防瓦列沃城，掩護部隊沿各條河流守衛。這些慎重的部署，雖說面對北方是錯誤的，但能使戰線輕易而快速地改變過來，轉向面對西方的實際進攻。

　　圍繞塞爾維亞邊界部署的奧地利軍隊，集合了約 19 個師，對塞爾維亞的 11.5 個師，這些軍隊靠其地理位置，似乎能一會兒從這邊，一會兒從那邊前進，包抄他們弱勢對手所在任何陣地的側翼或後方。此外，在所有軍隊後面，在東部邊界底部，保加利亞人已決心要報復最近所受到難以言述的傷害。他們安靜地等待著，準備兵戎相見。但塞爾維亞飽經風霜、飽受戰爭鍛鍊的堅強軍人，受到最熱烈的愛國主義與世世代代的苦難和戰爭的激勵，無所畏懼地面對命運之神將給予的任何安排。

　　入侵塞爾維亞的兩個集團軍的指揮權交付給波蒂奧雷克將軍，這位塞

拉耶佛慘案發生時的波士尼亞司令官，前文我們已經提到過。波蒂奧雷克在宮廷中有穩固的地位。他曾在博爾弗拉斯男爵手下任職幾年。他與奧匈帝國皇帝關係親密。由於皇帝的寵愛，他經歷了因 1914 年 6 月 28 日的錯誤和警力安排的疏忽所引起的很多憤怒批評仍安然無恙。然而，他的神經還是深受那場慘案的影響。在他指揮對塞爾維亞戰役的整個期間，他始終把自己關在他那防守嚴密的司令部裡。他指揮作戰時可以利用他與皇帝的關係，不管全域性如何，總能得到最多的部隊，並在盡可能長的時間裡歸他指揮。而他還沒完沒了地叫囂，要求使用第 2 集團軍；康拉德因此很快與他發生了嚴重爭執。

波蒂奧雷克知道奧地利第 2 集團軍被嚴格禁止跨過薩瓦河－多瑙河一線，且必須於 1914 年 8 月 18 日啟程開赴加利西亞。可是他命令他的第 5 和第 6 集團軍在兩條分隔甚遠而且叉開的戰線入侵塞爾維亞。

第 5 集團軍在 1914 年 8 月 12 日出發，預定在 17 日抵達瓦列沃；第 6 集團軍朝南推進，在 1914 年 8 月 14 日與 18 日之間出發，向烏日採進軍。同時，第 2 集團軍則特意顯示出要進攻米特羅維察和沙巴茨，而且威脅要在其北部跨過薩瓦河。由此計畫可以看出，此後奧地利第 5 集團軍實際上必須單獨與塞爾維亞全軍作戰；因為第 2 集團軍很快就要離開，而第 6 集團軍又要脫離南面的接觸，他們一心想保持對波士尼亞的忠誠，無心與蒙特內哥羅人和來自烏日採的 1 個半塞爾維亞師交戰。戰鬥的相對實力就這樣改變了。奧地利第 8 和第 13 軍的 6 個師，很可能在德里納河與科盧巴拉河之間或者就在科盧巴拉河後面的某地與塞軍主力（實際上 10 個師）相遇。當然，波蒂奧雷克希望北邊有第 2 集團軍的威脅，東邊有保加利亞人的威脅，這樣會使塞爾維亞人分散他們的軍隊。感到似乎處於絕望形勢之中的普特尼克將軍，只能從冒險中找尋安全。他把他的 3 個集團軍集中部署於他的中央陣地，決心用他們的全部力量痛擊包圍他的國家的 —— 首次與他們交戰的 —— 不論哪個仇敵。

動員與備戰的間隙

　　1914年8月12日，奧地利第5集團軍開始前進，跨過茲沃爾尼克與柳博維亞之間的德里納河段。塞爾維亞防守部隊進行了堅決抵抗，他們一邊抵抗一邊緩慢後撤。奧地利第2集團軍的第4軍在幾乎沒有抵抗的情況下進入沙巴茨。由於入侵的方向到現在才明確，普特尼克調轉他第2和第3集團軍的方向，命他們在多布拉瓦河和亞達爾河後面向西前進，而他的第1集團軍則跟在他們後面。到了1914年8月15日，奧地利右翼先遣部隊已經抵達亞達爾河上的克魯帕尼和扎夫拉卡鄰近地區，其左翼則接近在沙巴茨下方注入薩瓦河的多布拉瓦河。他們的中央部隊在傍晚時仍距特凱里什鎮約一個小時的路程。晚上的一場暴風雨使一切軍事行動都停了下來。其間，從科盧巴拉河迅速向前推進的普特尼克，命他的第2和第3集團軍在薩瓦河沙巴茨以下至克魯帕尼這一河段做好戰鬥準備。他把他的第1集團軍作後備，以防範他深為擔心的――跨過沙巴茨與奧布雷諾瓦茨之間的薩瓦河的――奧地利第2集團軍的進攻。

　　1914年8月16日，被稱為亞達爾河戰役的戰鬥開始。激烈的戰鬥隨即在長約30英里的戰線上發生。兩翼受波蒂奧雷克第8軍挺進威脅的塞爾維亞軍左翼後撤至克魯帕尼以外。但在北邊，在玉米地和小路交錯且看不清楚的鄉間，從沙巴茨過來的奧軍的進攻被擊退，並遭到沉重損失。中央奧軍第8軍前面戰線的命運最為糟糕。主要由捷克人組成的第21師（舒岑師）遭到重創，潰敗中被逐出整個戰役的關鍵陣地。變節和怯懦應歸咎於那些厭戰的士兵，他們經過長期雜亂無序的潰退後，在德里納河對岸重新集合時僅剩3,000多人。夜幕降臨時奧軍中央陣地被毀，並被趕回德里納河，奧軍左翼被擊退並遭重創，他們是受中央陣地慘敗的連累。

　　就在那天晚上，康拉德與有名無實的總司令弗雷德里克大公一起，離開維也納前往普瑟密士，他的對俄作戰總司令部設在那裡。就在那裡，1914年8月17日，他得到了波蒂奧雷克傳來令人不愉快的消息。此時出現了一個更令人痛苦的問題。已經耽擱了這麼久的第2集團軍訂於1914

年8月18日離開塞爾維亞前線。一個小時也不能浪費。可是該集團軍此時離開很可能招致第5集團軍的徹底失敗和對塞爾維亞計畫的完全垮臺。從另一方面說，第2集團軍的介入如能贏得勝利，這場勝利可能會引來保加利亞和土耳其的加入。1914年8月16日晚間，康拉德已經同意讓第2集團軍沿薩瓦河顯示實力，以掩蓋它即將開拔離去的事實並牽制敵人。此時波蒂奧雷克要求第2集團軍給予全力支持；幾分鐘後，第2集團軍向總部報告，第5集團軍北翼後退，它自己的第4軍正朝沙巴茨前進支持他們。與此同時，在加利西亞邊界的那一邊，俄國軍隊正在大規模集結，聲勢浩大，國家間的大規模戰爭逼近了。陷入自己導致的兩難境地而無所適從的康拉德，允許第2集團軍為了取得成功，在認為此舉有必要的情況下，讓第4軍開赴沙巴茨。然而當晚又收到了波蒂奧雷克的電報。他的要求與他的困難並增。他斷言：「第2集團軍以微小力量介入，效果會適得其反；他們不只應該在沙巴茨，還要在下游大批渡過薩瓦河。他們在必須出發去加利西亞以前，肯定不能做消極旁觀者。」第2集團軍本身也發來電報詢問：「我們是把第4軍留下呢，還是按照布置出發？」康拉德於是下令，原則上第2集團軍立即出發，但同意第4軍可以留下來待沙巴茨的局勢得到控制時再起程。

　　1914年8月18日、19日戰爭不止。奧地利第4軍擊退塞爾維亞軍的右翼進攻，塞軍退到多布拉瓦河後面。可是塞爾維亞第2集團軍在第1集團軍一個師的增援下，在列什尼察擊退奧地利第8軍的餘部，而他們的第3集團軍在南部堅守陣地，歸然不動。此時奧地利第5集團軍的處境極其險惡。它在炎熱的天氣和困難的環境裡，在得不到強而有力的炮兵掩護的情況下與一支勁敵進行了一個星期的苦戰，耗盡了它的力量。武器彈藥和食品的補給日趨匱乏。其中央和左翼在塞軍緊逼下撤退。一旦第2集團軍撤退，其左翼就要暴露給敵人。在這種情況下，它的司令（弗蘭克）下令該集團軍全面撤至德里納河對岸。1914年8月19日晚波蒂奧雷克的報告

最後說:「第 5 集團軍在撤退……第 8 軍的一個師已被衝散,另一個師損失慘重。第 13 軍完整無損。在沙巴茨的第 4 軍與人數相同的敵軍交戰。結果未知。要求援助。」然後他冷漠地做了補充:「兩天以後就太晚了。」康拉德和奧地利總司令部此時做了一個艱難的決策。他們決定趕緊從塞爾維亞脫身以免多受損失,而且要不惜一切代價防止第 2 集團軍被纏在那裡。波蒂奧雷克對這個決定提出了異議。「如果第 2 和第 6 集團軍不能立刻採取攻勢,以抵消第 5 集團軍的失敗的話,那麼將塞爾維亞人驅逐出君主國國土的任務將很困難。」此外,他僅有「3 個師處於隨時待命狀態」。

現在,他運用了他在維也納的所有影響。皇帝的軍事顧問團出面干涉了。站在波蒂奧雷克一邊的貝希托爾德求助於外交手段和帝國在巴爾幹各國中的威望。儘管弗雷德里克大公發出了呼籲,康拉德和奧地利總司令部的意見還是被皇帝否決了,皇帝賦予波蒂奧雷克獨立指揮「對塞爾維亞和蒙特內哥羅作戰全部軍團」的權力。他要把他們引向更深重的災難。直到 1914 年 8 月 30 日,康拉德才能解決下落不明的第 4 軍問題。

奧地利參戰再次說明了所有重大的軍事錯誤中最普通的錯誤。這是理論上最容易看出而行動上又最難避免的錯誤。有兩類敵人和兩類戰場;指揮員的任務是挑選他能獲勝的那一類。無論選擇兩類中哪一類戰場,都要在被忽略的戰場上蒙受可悲的損失。而兩類都選上,則要在兩個戰場上都遭受損失。指揮員要切記,將最受尊重的戰爭原理和最樸素的生活格言用來指導決策。「最重要的事最先做!」,「活著才有好生活。」,「做什麼都要做好!」,「進攻時刻總是最強者!」困難與苦惱在於如何恰當地把這些簡單的規則運用於各種事實。大量的充足理由不但可用於兩種做法中的任何一種,而且可用於毀滅它們的折中做法。但通向安全之路幾乎總在於拒絕折中做法。現在我們已經看到,康拉德是如何被在他看來似乎是不可抗拒的力量和理由引入歧途的。我們很快還可以看到,毛奇及其繼承者法金漢也屈服於同樣的壓力之下。我們還會看到這種壓力對基奇納勳爵和英國

戰時委員會也有影響。

在康拉德按下 B 方案的按鈕以前，他有兩種完備的軍事行動可供選擇。第一種是不顧塞爾維亞，集中所有士兵和大炮（除阻止或僅僅推延塞爾維亞對奧地利的入侵所需的部隊外）用於他長期認真考慮的來面對俄國的進攻。第二種是以壓倒性優勢的兵力同時從四面八方入侵和摧毀塞爾維亞，因而很可能立即把保加利亞和土耳其——如果說羅馬尼亞還不能肯定的話——作為盟國引入戰場。但是採取這種戰略，就得在加利西亞取防守姿態。康拉德必須撤退，必須打阻滯戰，需要打多久就打多久，一英里一英里地放棄帝國的領土，直到塞爾維亞被徹底打敗。這兩個方案中，前者場面更為宏大；但後者會戰果輝煌。再者，奧地利在戰爭一開始打阻滯戰略與史里芬計畫也自然而然地相協調。德國人希望從動員起 6 週內可以勝利並結束西線戰事，然後以充裕力量回到東線。如果康拉德在那個時期能使奧軍保持力量不被俄國打敗，那他就有充分的權力期望德國給予強大支援；憑藉這個援助，即使俄軍跨過了喀爾巴阡山脈，一切也都能很快恢復。那時，他或許已解決了塞爾維亞問題，也許還能把土耳其和保加利亞爭取過來。

他下了不可變更的命令，把第 2 集團軍派往多瑙河，不使它參加加利西亞開始的幾場戰爭，從那時起，只有後面一種選擇是他可以實施的，而且是正確的。讓第 2 集團軍在決定性時刻在某地戰鬥是他最重要的職責。該集團軍不再可能及時到達加利西亞參加那裡的戰鬥。因此，它必須在到達的地點作戰，在那裡打一場決定性的勝仗。這樣康拉德必須放棄對俄國採取攻勢的計畫，有關這一點，他有過非常多的憂慮；他必須採用拖延戰略，直至法、德宣戰。但實際上，兩者他都沒有做。他在兩個戰場上浪費第 2 集團軍的戰鬥力。這個集團軍在能為波蒂奧雷克打個勝仗之前離開了他。它及時回到康拉德那裡增加了他的敗績。

動員與備戰的間隙

東線戰力的部署

奧地利的對俄作戰計畫仔細考慮了把部隊集結在桑河和聶斯特河後面以及喀爾巴阡山脈前面的加利西亞平原的可能。在這裡集結軍隊對於直接攻入俄國領土十分合適，但萬一失敗的話，則要受很多的威脅。奧地利軍隊的撤退路線，或者向南和西南通過東喀爾巴阡山脈山口，或者向西經過普瑟密士和克拉科夫進入波希米亞，或者可能經由俄屬波蘭與西喀爾巴阡山脈之間稱為「摩拉維亞之門」的狹窄走廊進入德國西利西亞。

在制定對俄作戰方案中，康拉德由於決定發起先發制人的進攻，在開始階段錯誤地做了軍事調動，因使狀況越來越糟。在作戰方案中他期望有4個奧地利集團軍支持他的進攻，在這種情況下，如果戰事控制在20或30天之內他對俄國人的優勢會是相當大的。但B方案妨礙R方案的實施，因為只有3個集團軍（最多能勉強湊足4個）來支持最有雄心的戰爭計畫。

也許由於良心上有點過不去，毛奇在1914年8月2日把他的總體戰略部署告訴了康拉德。他當然盡力用最討人歡喜的詞句說明德國對東線的貢獻。東普魯士德國第8集團軍總司令馮‧普里特維茨將軍奉命箝制盡可能多的俄國軍隊，使他們不與奧軍接觸，進而減輕奧軍在最初戰事中的負擔。「假如俄國人以大大超過東線德軍的兵力過早對東普魯士發起進攻，奧匈帝國將獲得勝利，勝利越大，奧軍先頭部隊進入俄國就越早。假如俄軍不在維斯圖拉河以北發動這種不成熟但占極大優勢的進攻，東線德軍推進的方向將使奧匈軍隊卸去重負。」此外，由要塞守備隊組成的德國戰時後備軍在馮‧沃伊爾施的指揮下正在琴斯托霍夫的對面集結。這支軍隊將於動員後第十二天（1914年8月13日）朝拉多姆的方向進軍，入侵俄國。毛奇最後說：「戰術上應注意與奧軍的左翼進行合作。因此奧地利軍隊在

東線戰力的部署

進攻俄國的戰鬥中，絕對可以期望在東線集結的整個德軍的戰術支持。向俄國進軍越早，延續的時間越長，德、奧聯合取得的勝利就越大。」

另一方面，康拉德繼續期望並敦促實現他所相信的毛奇在戰前會談中許下的諾言，即在他北進的同時，德國將以大軍從東普魯士向南和東南方的華沙和布列斯特－立陶夫斯克之間的地區猛攻，與他兩面夾擊。在致毛奇和普里特維茨的電報和書信中，他一再提到塞德萊茨這一地名。1914年8月3日他向毛奇宣布，他打算於1914年8月20日以其左翼軍向東和向北採取攻勢；不過他補充說：「無論如何希望馮·普里特維茨將軍指揮的4個半軍團向塞德萊茨採取行動。」康拉德還把克拉科夫附近的庫默爾將軍的衛成部隊臨時拼湊成軍，稱為「集團軍群」，由1個騎兵師、摩托車兵和44個配有大炮的步兵營組成。他命令這些部隊不停頓地向俄國推進，「與德軍並肩作戰」。沃伊爾施和庫默爾指揮的這個軍事行動當然只能進攻據信是幾乎完全不設防的俄國領土。它只能在正規軍集結時發揮轉移注意力的作用，不可能對事態產生嚴重影響。對康拉德請求德國4個半軍團從東普魯士出發向南朝塞德萊茨推進這一點，毛奇完全保持緘默。他向指揮德國東部邊界唯一防禦部隊的德國第8集團軍的普里特維茨下的命令是，除非俄軍採取防守姿態，否則他不應進入俄國。但這一點他沒有告訴他的盟友。在其他問題上，這位德國參謀長還是無話不說的，他的書信，我們可以將其看作是一種大事記，它與這裡所說的只有間接的關係。

毛奇致康拉德

1914年8月5日

閣下保證奧匈帝國將對他的盟國絕對忠誠，把已經開始的這場戰爭進行到底，因此我更加確信這一點。當然，對此我也從未有過任何懷疑。我親愛的同志，我不需要保證，我是寧可懷疑上帝也不願懷疑我們之間已經建立起來的忠誠的。這場戰爭對我們來說將是一場嚴峻的戰爭，因為英國已經站到凶手和俄國皮鞭那邊去了。即使如此，我們還是希望在上帝的幫

助下把這場戰爭進行到底。我們進軍比利時無疑是粗暴的，但那對我們來說是生死存亡的問題，不論誰阻礙我們前進都必須承擔其後果。

我們必須在公開的戰場上與法國展開戰鬥；我們不能在他設有防禦工事的東部邊界前陷入持久的陣地戰，因為我們必須盡可能快速地取得勝利。為達到那個目的，我們需要列日和通過比利時的直接路線。很遺憾血還是要流，但比利時粗魯地拒絕了我們做出最有深遠意義的全部保證。來自俄國的消息聽起來是有利的。在我們的東線，他們已經慌亂地撤退到納雷夫河的後面，看起來，他們正在撤離俄屬波蘭全境。

在這一次把差不多整個歐洲都燒起來的戰爭中，我們可能要損失艦隊，但決勝將在陸地上實現。我國人民的精神極好。每個人都知道德國的生存處於危險之中，全國人民都準備為祖國獻出一切。軍隊幾乎無法為大批志願人員找到住處。整個國家 —— 男人、女人和兒童 —— 都已經做好了行動的準備。對無信義的俄國，人人義憤填膺；我們的動員進行得像鐘錶的機械那樣精確。一旦軍事集結大功告成，就能開始決定下一百年世界歷史發展的戰爭了。我能與你一起參加這次戰爭，對我來說是極大的內心喜悅。

願上帝與你同在，我的同志！

德國參謀長補充了3條附言：首先，義大利的深重罪孽會在歷史上遭到報復；其次，羅馬尼亞對中歐帝國可能保持友好關係；第三，土耳其很可能在今後幾天裡向俄國宣戰。

他以憤怒的情緒寫下最後一段：

把你的全部兵力都集合起來對付俄國。義大利不可能成為進攻你後方的癩皮狗。讓保加利亞人撲向塞爾維亞，讓他們一起相互撕成碎片。現在必須只注重一個目標 —— 俄國。把持皮鞭者推進普里佩特沼澤並讓他們淹死。

說起來容易做起來難。事實上，毛奇寫於1914年8月9日的下一封信沒有什麼內容，只在語言上鼓勵奧匈帝國跳出滅頂之災。

東線戰力的部署

毛奇致康拉德

1914 年 8 月 9 日

在此困難時刻背叛了自己盟國的義大利,如背信棄義地做出反奧地利的行動,在我看來是令人髮指的,迄今為止我仍然無法相信。假如這種罪孽深重的行為——它是卑劣到頂點的行為——真的發生了,那麼在我看來,對它沒有任何辦法,除非奧地利立即設法閉攏這隻飢餓的捕食猛獸的嘴(也就是割讓領土作為求和的賄賂)……

當務之急是發動成功的對俄戰爭,把其餘一切推遲到以後解決……

接著是一個嚴峻的通知。

親愛的朋友,我們自己處於非常困難的處境,有 4 個敵人在對抗我們,我們不能寬恕其中的任何一個,不管我們是否願意這樣做。我們已經竭盡所能,我們已經求助於我們的戰時後備軍。我們在西線必須取得決定性的勝利;那對我們來說是個生死存亡的問題。你知道我本人是多麼樂意幫助你們,但現在做不到……

該信的結尾——儼然是對史里芬計畫指導思想的一番激動而冗長的議論——是一篇議論文。

今天,我們已從一個俄國騎兵旅那裡拿下首座炮臺。俄軍的進攻非常愚蠢,到處都是被擊斃的人。到處都發生騎兵旅和步兵小分隊發起的分散式小攻擊。我們已經抓獲了 500 多個俘虜,給點吃的,他們就很高興。可以完全不理會比利時人,他們不會發動進攻。他們在列日有 5 個旅,有堅固的戰壕防護;但我們的 6 個治安旅只用野戰軍的常規武器就把該城迅速攻占了。俘虜了 4、5 千人!唯獨北部戰線的要塞尚未投降,但從明天起他們將受到背後的攻擊。馬斯河的各渡口都已完整無損地掌握在我們手中。我們的騎兵正在向布魯塞爾和安特衛普推進。戰鬥讓我們流了血——不是很多——我們得到了報償。現在我們正等著英國人。

願上帝與你同在,親愛的朋友!萬分感謝你助以重炮——但願我能

報答!

此時,康拉德直接向普里特維茨說話了。

康拉德致普里特維茨(電報)

8月14日

我軍左翼對盧布林和霍爾姆的進攻將於1914年8月22日開始。

整體形勢表明,德國東線軍隊朝塞德萊茨方向發動進攻十分重要,儘速抵達塞德萊茨十分重要。懇請回電告知東線德軍司令部的意圖。

弗萊施曼上尉(奧地利與普里特維茨的聯絡官)致康拉德(電報)

8月15日上午10時

此刻敵人正從科夫諾、奧利塔及以南一帶進攻東普魯士。對這個今後幾天還將持續的進攻行動將發起一次反擊。只有在獲勝後才能開始朝塞德萊茨的軍事行動。德國東線軍已吸引了大量敵軍到它那裡去,我們相信,此舉可以為奧地利的攻勢掃清道路。

這個消息令康拉德感到討厭。他把德軍向科夫諾的進軍看成是對他的目的無用的「離心的」(即偏離目的的)軍事行動,而且本身是錯誤的。

康拉德致普里特維茨

1914年8月15日

……唯有合作,反對俄國的戰爭才能取得成功。

1914年8月14日我透過弗萊施曼上尉打電報給閣下……我重申懇求……朝塞德萊茨方向發動攻勢。

希望透過交換意見向閣下解釋清楚,為什麼我認為東線德軍向塞德萊茨進軍,對總體勝利具有決定意義……

在做了冗長的講解後,康拉德繼續說,因此在我看來,應避免俄國向柏林進軍,進而保護與法國作戰的德軍主力的後方,同時與奧匈帝國軍隊合作打敗共同敵人。要完成這個任務,只有把保衛東普魯士免受俄國入侵

東線戰力的部署

這一責任，交給各要塞預備師和戰時後備軍，同時閣下指揮的主力軍要開始朝塞德萊茨方向進攻，這樣才能有確實保證。

我從弗萊施曼上尉1914年8月14日的電報得出的印象是，閣下（與上述觀點相反）現在（打擊朝拉夫諾－奧利塔的入侵者）不打算開始針對塞德萊茨的軍事行動……到（那個打擊）以後才會開始行動。

他以想入非非的心情建議，德軍至少應該動用2個或3個師推進100英里，進入擠滿實力不詳的俄國部隊駐紮的敵人領土。據判斷會遭到來自兩個方面，人數約為自己兩倍半的敵人進攻東普魯士，因而德軍既不願也沒有力量去冒這個風險。

按照康拉德的斯巴達式的準則，他在普瑟密士的司令部設在一間棚屋內，以麥稭為床，用油燈照明。他需要磨練肌膚。他的第2集團軍在10天以後才能到達決定性的戰場，此時他寄予厚望的主要戰鬥已經打響。德國從北面的援助顯然不會很快到來。因而他心目中的兩個要求德軍配合的重要因素已經消失。在這種情況下，他應該堅持採取攻勢嗎？雖然他還是堅決主張採取攻勢，他仍然在沒有最後決定進攻方向的情況下離開了維也納。他的左翼集團軍還沒有準備在1914年8月21日前行動；到那時，也許德軍會在北部把俄軍打敗，那就能給他援助或者至少進行佯攻來幫助他。無論如何，康拉德決心暫時不做選擇。1914年8月18日，他通知指揮第4集團軍的奧芬貝格將軍準備好向北、向東北或向東發動進攻。

離開維也納之前，他已向北、向東北和向東派遣了大部分奧匈帝國騎兵去偵察莫希列夫－盧茨克－盧布林總戰線上從聶斯特河至維斯圖拉河的整個邊界。這個雄心勃勃的計畫遠非他的10個騎兵師所能完成。要搜索的邊界寬250英里（等同於從倫敦至蘇格蘭邊界的距離），縱深逾90英里。可利用的時間僅有4天。原以為，按照俄軍的習慣，他們會以大批哥薩克騎兵為先鋒。但伊萬諾夫沒有用騎兵屏護部隊。他更喜歡用他的騎兵在他的4個集團軍當中，從他們的300英里戰線向西靠攏時填補間隔。因

此，奧地利的騎兵幾乎什麼也沒有發現，直至他們在各處都遇到了俄國步兵的掩護隊，俄軍的火力被奧軍鮮紅與鮮藍相間的制服所吸引，因此奧軍遭受了沉重損失，迅速撤退了。奧地利騎兵的偵察效果毫無價值。事實證明，奧地利馬鞍由於墊料過多，在 8 月的氣候下進行這種長途行軍是不適宜的。有那麼多匹馬的背部紅腫疼痛，以至於很多騎兵團只能牽著馬步行返回。整個騎兵師有個把星期行動不了。奧地利的飛機名義上有 42 架，但大多數沒多久便不能使用了，與同樣貧脊的俄國飛機半斤八兩，無法透過飛機得到任何有價值的消息。

　　1914 年 7 月 30 日中午沙皇簽署的總動員令內容，包括歐洲俄國和高加索的 30 個軍，總計有 96 個步兵師和 37 個騎兵師（大約 270 萬人），加上 90 萬特種後備軍和要塞部隊。從動員第 13 天起，亞洲軍團前來配合，因而總數增加到了 1,830 個營、1,250 個騎兵中隊和 6,720 門大炮，總計大約 500 萬人，在這個數字當中約有三分之二為戰鬥人員。

　　如果奧地利和德國必須在兩條戰線上作戰的話，俄國則是必須在一條寬闊的戰線上與兩個敵人作戰。俄國人制定了兩個對中歐帝國的作戰動員方案。G 方案，即「德國方案」，它設想德軍將大量集中對俄作戰。A 方案，即「奧地利方案」，預期德國在東線取守勢。在這兩種情況下，野戰軍將分為由第 1 和第 2 集團軍組成的西北集團軍群和由第 3、第 5 和第 8 集團軍組成的西南集團軍群。第 4 集團軍在實施 G 方案時加入西北集團軍群，實施 A 方案時加入西南集團軍群。第 6 和第 7 集團軍負責保護側翼及從波羅的海和芬蘭延伸到羅馬尼亞和黑海的這條戰線。在這兩種選擇中，俄屬波蘭維斯圖拉河以西地區準備在戰爭爆發時疏散人口以確保軍隊能從容不迫地集結。西北集團軍群沿東普魯士邊界集結，西南集團軍群沿奧地利加利西亞邊界集結。

　　這些基本安排在兩個方案中都是一樣的。如果德國開始時就在東線以主力採取攻勢，則俄軍兩個集團軍群便都朝在普里佩特沼澤後面的南北延

東線戰力的部署

伸穿過布列斯特－立陶夫斯克的一條線撤退，放棄整個波蘭、華沙和維斯圖拉河和納雷夫河的全部堡壘群。如果有必要將再次使用 1812 年莫斯科戰役的戰略：俄國戰線將進一步後撤，不惜一切代價贏得時間，等待 3、4 週或更長時間，等亞洲軍隊（5.5 個西伯利亞軍團和 2 個突厥斯坦軍團）的到來和整個帝國兵力與資源的完全集結，然後再努力進行決定性的反擊。這就是「德國」方案的內涵。另一方面，如果德國在東線採取守勢，那麼俄國兩個集團軍群都立即進攻，西北集團軍群攻入東普魯士，西南集團軍群攻入加利西亞，征服這兩個堡壘，並為這兩個集團軍群在華沙以東重新集合和向德國中心聯合進軍做好準備。

沙皇的叔父尼古拉大公一宣戰就擔任了全俄對抗德國和奧地利軍隊的總司令。到 1914 年 8 月 6 日，俄軍總司令部──或稱斯塔夫卡──確切了解到，德軍主力，包括從波美拉尼亞、波森、東西利西亞起的東部邊界那些部隊在內，都上了火車開赴法國前線了。「德國方案」設想的情況沒有發生，預期的 A 方案就要付諸實施。因此，第 4 集團軍與面對加利西亞的西南集團軍群的 3 個集團軍會合一起。所有這些初步的軍事行動全都經過縝密的協調，一個最簡單的命令就能使全部軍隊行動起來。

但現在承受著德國幾乎全部力量的法國開始大聲求援。按照法、俄之間 1911 年以來協商一致的安排，如果德國把他的主力投入西線，俄國從一開始就要勇猛地殺入德國，以減輕德國對法國的壓力。現在這個情況顯然發生了，法國政府提出比戰前協議更進一步的要求，敦促俄國直接向德國進軍。這個行動需要將事先仔細制定的計畫做重大的變更。此外，尼古拉大公雖然絕沒有高估奧地利軍隊的實力，但也並沒有準備越過奧軍進軍德國，他讓奧軍留在他左翼的後面而不予消滅──至少暫時不予消滅。為表示俄國對於處在危險之中盟友的好意與真誠，他下令在 1914 年 8 月 7 日與 10 日之間在伊萬哥羅德和華沙後面再組織成立第 9、第 10 兩個集團軍，以德國托倫、波森和布雷斯勞的邊境為其最終目標。此外，為了加快

這些集團軍的組建和進軍，俄軍總司令部決定跳過幾個準備階段，設計一種「提前動員」的形式，以犧牲效率為代價來贏得寶貴的8、9天時間。各國陸軍部都預期，從1914年8月19日起，西線的主要戰爭將全面展開，歷史將承認，沙皇及其將軍們在同一時間裡為了以最大力量實施進攻而做了極其忠誠的努力。

東線戰力的部署

奧地利與俄國的戰爭

　　最概略地說，聲勢浩大而且具有綜合特點的倫貝格戰役，是 1914 年 8 月 23 日至 9 月 12 日 3 週期間，奧地利 3 個集團軍對俄國 4 個集團軍，在維斯圖拉河與聶斯特河之間沿著面朝東北的一條長 200 英里的戰線上展開的一場戰役。一開始，北部的兩個奧地利集團軍打敗了與其對抗的兩個俄國集團軍。南部兩個向東朝倫貝格推進的俄國集團軍又奪走了奧軍的勝利，俄軍在奧軍召回此前被錯誤派往塞爾維亞的另一個集團軍之前，打敗了奧地利的第 3 集團軍。就這樣，整個奧地利戰線被迫後退 150 英里，只能在維斯沃卡河後面整頓重組。這場驚人的軍事戰役包括各個集團軍之間所展開的 7 次個別的殊死戰役，每一場戰役都持續好幾天，戰役與戰役之間也產生連帶影響。奧方參加戰鬥的共有 648 個營，俄方則為 720 個營，雙方死傷的人數總計為 50 萬至 60 萬人。對這個驚心動魄的插曲有必須做一番描寫。

　　到 1914 年 8 月 20 日為止，奧地利 3 個集團軍，即丹克爾（第 1）集團軍、奧芬貝格（第 4）集團軍和布魯德曼（第 3）集團軍已經部署完畢，由得到德國沃伊爾施軍團支持的庫默爾「集團軍群」掩護其左翼，由克費斯「集團軍群」掩護其右翼。康拉德預期俄國主力會出現於波蘭盧布林與霍爾姆之間，因而低估了來自東方對倫貝格發起猛烈攻擊的可能性。他那固執老舊且先入為主的想法是，只要向北攻入波蘭，他就可以打散和切斷集結在波蘭凸出部的大量俄軍。他依舊滿懷期望，認為德軍會從東普魯士向南移動與他會合。他覺得不管冒什麼風險都必須設法預先阻止俄國力量的全面擴充。他認為形勢是嚴峻的。

　　在塞爾維亞的進攻失敗，預定對付俄國的第 2 集團軍有相當大一部分

奧地利與俄國的戰爭

也捲入其中；在東普魯士，德軍在撤退；向塞德萊茨進軍已無指望；羅馬尼亞疏遠了，他對東翼的干預不會發生，因此處於該翼的俄軍沒有任何壓力；保加利亞和土耳其消極等待；義大利可能成為敵對方；在維也納，另一股幕後勢力在發動煽動作用，反對奧匈帝國總司令部；在我們面前，俄國在累積優勢兵力，想要打一個殲滅戰。

不過我還是堅持要在北部採取主動，因為那裡的敵人必須被牽制住，這樣他就不會干擾對法國的進軍了，這樣德國東線部隊就不會孤立地承受迎面打擊了，最後，這樣不會給俄國時間來集結其數量占充分優勢的兵力。

因此，1914年8月22日他命令此時駐屯在塔內夫河谷森林和沼澤以南的丹克爾向北朝盧布林方向推進，跨過塔內夫河並占領河對岸的高地。他下令在丹克爾右邊的奧芬貝格於一天後朝霍爾姆方向前進。他下令布魯德曼陳兵於倫貝格前面，以掩護這些調動不受來自東方的任何干擾。康拉德預料——而且事情不出所料——全部3個集團軍都會在1914年8月26日與敵軍遭遇。他沒有感受到來自東邊的直接危險；他希望在北部找到他的犧牲品。現在萬事俱備；他再也不能等了。懷著由宿命論心態遮蓋的種種僵化的憂慮和反省，他發出了訊號。那麼前進吧！帝國和皇家軍隊奔過廣闊起伏的大地，他們鮮豔的制服在8月的陽光下生輝，他們之中有來自不同的民族、具有不同忠誠程度的戰士被戰爭的紀律和機制綁在一起，緊緊地裹在了戰爭的巨大動力裡。

俄國西南戰線由伊萬諾夫將軍指揮。薩爾扎（第4）、普勒韋（第5）、魯斯基（第3）和布魯西洛夫（第8）4個集團軍從北到南依次沿從伊萬哥羅德至羅馬尼亞的加利西亞邊界部署，合計共有近120萬人。俄國的高層戰略有敏銳的洞察力。俄軍總司令部精確地意識到了來自波蘭凸出部兩邊攻擊的危險。伊萬諾夫將軍對奧地利作戰計畫的基礎是，不從北而是從東發起大規模進攻。在盧茨克、杜布諾和普羅斯庫羅夫地區集合的布魯西洛

夫（第 8）和魯斯基（第 3）兩個集團軍的 8 個軍，準備向西進軍，跨過東加利西亞邊界。其右翼到達倫貝格，其左翼到達聶斯特河。跨過東加利西亞邊界。這次直接的入侵從 1914 年 8 月 18、19 日開始，22 日跨過邊界，預計會引起奧軍在倫貝格附近集合其主力並在那裡面東作戰。同時，普勒韋集團軍的 4 個軍團正在西北約 60 英里的霍爾姆向南集中。該集團軍要在 1914 年 8 月 22 日前後離開其集中區，等倫貝格戰役打響時準時襲擊奧軍北翼。而駐紮地點更西，在霍爾姆與維斯圖拉河之間的薩爾扎集團軍的 3 個軍在第 5 集團軍向桑河一線進軍的同時向南移動。這樣一來，薩爾扎集團軍就隨時可以切斷敵人向西往普瑟密士和克拉科夫撤退的路線。敵人跨越聶斯特河和喀爾巴阡山脈向南撤退的路線則由布魯西洛夫在左側或南側予以截阻。總之，伊萬諾夫期望康拉德向東入侵俄國，這樣他將很快面對面地遭遇前來阻擊他的魯斯基和布魯西洛夫的兩個集團軍。同時薩爾扎和普勒韋的兩個集團軍會逐漸從北遷回，從其左側和後方攻擊前進的奧軍。

正如我們所知，敵我雙方司令官都完全不知道對方的計畫。事實上，他們假設的每一件事都與事實正好相反。俄軍右翼對準康拉德的左翼，希望能碰上奧軍主攻部隊，而康拉德的右翼很快就被俄軍左翼兩個集團軍的進攻所壓倒了。

克拉希尼克戰役

伊萬諾夫將軍沒有打算在薩爾扎的俄國第 4 集團軍完成動員和所有運輸工具到達之前，就讓它離開在盧布林附近的集結地區。大公相信在倫貝格附近的奧軍主力將向東推進，他不希望薩爾扎遭遇任何勁敵的嚴重對抗，因為只有這樣，剩餘的運輸工具和剛趕來的後續人員才能夠趕上行進

奧地利與俄國的戰爭

中的軍隊。因此他反對伊萬諾夫的判斷，命令薩爾扎部跨過桑河到達普瑟密士以西的位置，在這裡他可以截斷奧軍向西通過克拉科夫走廊的任何退路。1914 年 8 月 22 日下午，薩爾扎部到達維茲尼察河一線。雖然薩爾扎的幾個後備師還沒有一個人趕到，但他的集團軍在隔日拂曉恢復了向南進軍，其先頭警衛部隊很快就到達丹克爾所率的奧軍已經辛苦地爬上能俯視塔內夫河谷的同一高地。奧地利第 1 集團軍與俄國第 4 集團軍發生了面對面的直接衝突，這樣就開始了克拉希尼克戰役。接觸線近於東西向。這裡是一個開闊地帶，雙方部隊都急於交戰。長久的和平時期儲備的彈藥很多，步兵交鋒相距 1,200 或 1,500 碼，部隊在地面的高處展開遭遇戰，那裡沒有戰壕，俄、奧大部分將軍預料大戰開始時會發生那樣的戰爭。

當奧地利中央和左翼部隊抵達高地時，他們遭遇了俄國右翼第 14 軍的先頭部隊。戰鬥激烈，雙方損失慘重，誰也不占明顯優勢。但下午奧軍左翼（第 1 軍）參戰。由於奧軍數量占優勢，俄國第 14 軍被擊敗，退至克拉希尼克，受它撤退的連累，第 13 騎兵師退到克拉希尼克與維斯圖拉河之間。與此同時，奧軍右翼第 10 軍已經到達目的地，沒有遇到在他們前面的敵軍，因為奧軍停在距北去的俄軍 3、4 英里處的波爾河河谷過夜了。這就是第一天的情況。

1914 年 8 月 24 日兩軍重新開戰。薩爾扎將軍堅決執行他盡可能迅速地穿過桑河一線的命令，命令他的中央和左翼軍，即尚未參戰的第 16 軍和擲彈軍猛攻塔內夫河以北的高地。在這裡，他們與丹克爾的第 5 和第 10 軍發生了激烈的戰鬥。同時奧軍左翼繼續進攻俄軍第 14 軍，雙方整個部隊就這樣持續激戰。夜色降臨，由於奧軍數量上占優勢 ── 144 個營對 104 個營 ── 俄軍不得不後退。夜色下，俄軍仍頑強地堅守克拉希尼克附近的高地，但已被擊退了 3 英里左右。

善於指揮戰鬥的丹克爾將軍知道如何利用其第 1 軍勝利的聲勢，並牢記迫使敵軍東撤的重要意圖，因而命令其右翼和中央各軍在 1914 年 8 月

25日堅守陣地，其左翼則繼續前進，跨過維茲尼察河，然後折向東邊，向在克拉希尼克以東進行抵抗的俄軍側面和後方發起進攻。在這種壓力和包圍的威脅之下，俄軍第14軍終於後退，而奧軍進一步向東挺進，迫使俄軍第16軍及擲彈軍撤退至4英里之後的新防線。至此，這場艱苦戰役的勝利已歸於奧軍。他們包抄了俄軍右翼，在正面短兵相接的戰鬥中把對方趕回了至少7英里。雙方軍隊各有近20萬人，作戰已整整3天，戰士們晚間都筋疲力竭地躺在地上。傷亡慘重，死傷至少達4萬人，6,000多俄國人被俘，28門大炮被繳獲。

　　在克拉尼希克重大失利的消息引起了俄軍總司令部的疑惑。雖然俄軍的戰略部署要好得多，但大公及其參謀們對形勢的估計與康拉德一樣，完全是錯誤的。無論是大公還是伊萬諾夫將軍，都不信敵人仍不知道或無視俄軍進攻主力跨過東加利西亞邊界朝倫貝格前進這個事實。俄國的兩個司令部都認為，第4集團軍只是遭遇了一支孤立且兵力不詳的奧地利部隊，該部隊是被指定保護面向東方的一條奧軍主要戰線北翼的。他們相信，至少有2個、可能有3個奧地利集團軍部署於倫貝格附近，甚或正向前挺進以截擊魯斯基和布魯西洛夫所率的兩個集團軍。因此不可能有剩餘力量用於支援占領了克拉希尼克的奧軍。因此他們決定包圍和擊潰該軍。為攻入德國而在伊萬哥羅德新組建的俄國第9集團軍，受命派其第18軍向南增援第4集團軍的右翼並包抄丹克爾集團軍的左翼。俄國普勒韋第5集團軍就在第4集團軍左邊，受命對第4集團軍前面意想不到的敵人側翼和後方進行向右旋轉的包圍。克拉希尼克失敗的罪責落在了薩爾扎將軍頭上。他在參戰前沒有偵察塔內夫河谷的林地；他在內部通訊連繫上安排失當；他沒有利用維斯圖拉河保護其右翼。在遭受失敗後列舉這一類的錯誤總是容易的，但情況很有可能是，尼古拉大公本人在其第4集團軍尚未完成集中之時，就過分倉促地派它出戰，所以他們是與人數明顯占有優勢的敵人作戰。這一點在該集團軍遭遇的不幸中發揮的作用，至少與其倒楣的司令官

奧地利與俄國的戰爭

所犯的錯誤戰術一樣大。因此，1914年8月25日晚，該集團軍司令薩爾扎將軍的職務由葉瓦爾什將軍取代。

丹克爾在克拉希尼克獲勝的消息激勵了康拉德原本已經很大膽、很樂觀的性情。

他寫道：「這是一個可喜可賀的開始，不過我很清楚地知道這只是一個開端，還有很多重大決策尚待做出……基本思想是在布格河與維斯圖拉河之間發動攻勢並取得決定性的勝利；擊退從東邊和東北方威脅倫貝格的攻擊，但也要防止布羅迪方向的俄軍轉過來進攻我第4集團軍，它是我寄望打決定性勝仗的集團軍。」

奧芬貝格將軍指揮的奧地利第4集團軍，現在幾乎與丹克爾集團軍的右翼聯成一排，而它次日的介入可能具有決定性意義。獲勝心切的康拉德在1914年8月25日晚從約瑟夫·斐迪南大公指揮下，已經被削弱的第3集團軍之中又抽調了3個師，以支援、延長和保護奧芬貝格的右翼。他對從東邊來的俄軍對倫貝格迫在眉睫的進攻依然沒有多加費心。他把據報有小股部隊跨過東加利西亞邊境一事看成「短暫的插曲」。布魯德曼將軍與他持同樣的觀點，1914年8月25日他建議對接近茲沃佐夫的北部俄軍發起進攻和包圍。經康拉德同意，布魯德曼命令人數已減少了的第3集團軍，會同克費斯的「集團軍群」大部，於隔日向北和向東進軍。聶斯特河有兩條平行的支流，分別叫做格尼拉—利帕和茲沃塔—利帕。布魯德曼命令他全部可動用的兵力前進跨過前一支流，而後在後一支流與俄軍作戰。奧地利第2集團軍此時才剛剛抵達南部的斯坦尼斯勞附近。這樣，我們看到，奧地利第3集團軍這支丹克爾和奧芬貝格的整個右翼和交通線的唯一防禦力量，不但撥出其四分之一的兵力援助北部的戰役，而且充滿熱忱和信心地向北、向東推進，去迎擊一支他們的指揮官認為是較弱的敵軍。而此時，魯斯基和布魯西洛夫指揮的兩個集團軍共8個軍，包含336個營、264個騎兵中隊和1,214門炮，正在以一天大約8英里的速度在一條80英

里長的戰線上緩慢地、小心翼翼地滾動向前。他們的縱隊也將於1914年8月26日到達茲沃塔—利帕。在適當收縮和全面部署時，他們的力量是布魯德曼集團軍的2.5倍還多。

因此從1914年8月26日起，兩個獨立的新戰役開始，同時在相距大約30英里的兩個戰場猛烈進行，兩個戰役不斷相互影響。戰鬥的規模是上次的3倍，整個奧地利戰線都處於戰鬥中。

在北部，交戰雙方都投入了一個全新的集團軍來參加戰鬥。克拉希尼克戰役仍在繼續，在其右側，科馬魯夫戰役又打響了。戰爭的開始引人注目。普勒韋的第5集團軍執行大公的命令，像一扇門在它的鉸鏈上向右運轉一般，去打擊丹克爾部的右翼和後方，但此時他把自己的側翼暴露給了奧地利第4集團軍，而奧芬貝格正指揮該集團軍接近丹克爾的右翼。奧芬貝格相信只有3個俄國師在他的前面，敵軍主力至少還在一天的路程之外。普勒韋不知道有奧軍勁敵正在逼近他。奧芬貝格則決定立即進攻，把他的3個軍（第6、第9和第2軍）排成一行與丹克爾部相接觸，其中央部隊對準科馬魯夫，其左翼對準扎莫希奇。

奧芬貝格前進中的各師幾乎立即就與向西前進的普勒韋集團軍左翼的警衛部隊交上了火。奧地利騎兵師不久即與向胡奇瓦河西進的俄國第5軍發生了接觸。奧地利騎兵戰士下馬廝殺，迫使俄軍疏散開；但是事情總是這樣，騎兵用的馬槍遠不敵步兵用的來福槍，因此在午前騎兵就抵擋不住而撤離戰場。奧芬貝格所屬各軍一個接一個地與跨越其戰線向前推進的俄軍交戰，迫使他們回頭並在完全未預見到的條件下作戰。在托馬舒夫—扎莫希奇公路以西，採取密集隊形的奧地利軍隊4個師團截住了行軍途中的俄國第25軍，在扎莫希奇南方和西南方樹林中進行了激烈戰鬥後，迫使他們撤回到城牆內。至1914年8月26日晚，奧地利第4集團軍兩翼就這樣處在了中央部隊的前面，相距5至10英里，奧芬貝格滿懷包圍敵軍的希望，他們估計敵軍只有3或4個師。普勒韋的情報同樣有誤，於是他命

奧地利與俄國的戰爭

令他的 4 個軍繼續向西迴旋進攻丹克爾。隔日的戰況是一場混戰和一系列時斷時續的衝突。作戰雙方都感到敵人在各方面都比預料的強得多。奧地利軍隊的進攻因其騎兵的不幸或處置失當而受到損害。拂曉前，俄國一支哥薩克騎兵分隊闖進烏赫諾夫奧軍騎兵師沒有警戒部隊防衛的露營地，引起了一陣恐慌，恐慌中該騎兵師逃跑了 10 英里才重新集合。奧軍第 6 騎兵師，受這場恐慌的影響，也向納羅爾後退了 6 英里。跨過胡奇瓦河前進的奧地利第 6 軍開始向西北方向做包圍運動，也期望這些騎兵保護其右翼。他們現在遭到來自這個地區強大俄軍的進攻，已經無法再向前推進了。經過在中心地區的長時間戰鬥，奧地利第 2 軍攻占了扎莫希奇村及其附近的高地。

儘管奧軍對普勒韋將軍的左翼猛攻，1914 年 8 月 28 日普勒韋仍堅持原來的意圖，向西挺進，攻擊丹克爾右翼；因占領扎莫希奇而歡欣鼓舞的奧芬貝格，正在實施其包圍行動。但此時在奧芬貝格所部的右翼頂點，約瑟夫·斐迪南大公率領的 3 個師已到達戰場。他們因為一個命令和一個撤銷原命令的命令，在 1914 年 8 月 27 日耽擱了一整天，這一耽擱的重要性我們過一會兒就明白了。他們將於 8 月 28 日在第 6 軍右翼以壓倒性力量投入戰鬥，希望完成包圍。同時，這兩個奧地利集團軍的餘部將全都在各自的戰線上與俄軍交戰。

1914 年 8 月 28 日奧軍的災難開始了。仍然沒有得到騎兵保護的第 6 軍右翼師（第 15 師）受命在晚間撤退至胡奇瓦河南岸，等到約瑟夫大公 3 個師的先頭部隊在晚些時候到達後，便加入他們的行列。第 15 師在午夜剛過不久再次跨過多沼澤的河谷，進入並穿過已深入至此的俄國第 5 軍的警戒線。俄軍等候著，不採取任何行動，直到該師的主體擁上跨越該沼澤的一段長長的由汙泥堆積而成的堤道。此時，密集的毀滅性的炮火從四面八方朝他們襲來。該師頃刻之間陷入極端混亂之中。師長自殺，傷亡 4、5 千人，倖存者向西逃亡，俄軍俘獲 4,000 人和 20 門大炮。該師被殲引起

了恐慌，左邊的奧軍第 27 師立即面向東方部署。黑暗中恐慌傳遍了中央第 9 軍的第 26 師。這樣，奧芬貝格所部的中央和右翼的整個攻擊都被打亂了，混亂延遲至整個下午。

但與此同時，大公的 3 個師正在向索洛基亞河靠近，他們從一個如此危險的角度進軍效果不錯。上午他們突然攻擊普勒韋左翼軍（第 17 軍）第 61 師的側翼和後方，當時該師還在向西前進。該師在混亂中越過田野向北逃竄，有很多俘虜和 40 門大炮落在大公的手中。可是大公的中心部分在渡河之後不久就被俄軍的重炮炮火阻擋，在烏赫諾夫渡河的左翼，沒有等待大炮來到就匆忙向前趕路，但被俄國步兵阻止住了。此時，奧芬貝格將軍投入了他留作預備隊的一個師，該師一直戰鬥至晚上，然後在烏赫諾夫以西渡過索洛基亞河，迫使俄第 5 軍左翼警衛隊退回到瓦什丘夫附近的主力部隊之中。

奧芬貝格將軍的包圍運動現在達到了頂點。俄國第 17、第 5 和第 19 等 3 個軍落入了他努力圍繞瓦什丘夫－托馬舒夫－扎莫希奇戰區布下的羅網中。兩個奧地利集團軍於 1914 年 8 月 29 日重新開始戰鬥。大公的幾個師順左手向西朝著胡奇瓦河曲折前進，俄國第 17、第 5 兩個軍把敵人困在該河與托馬舒夫之間。第 19 軍繼續向科馬魯夫進攻，而第 2 軍從扎莫希奇向東曲折地趨向杜布以北。同時丹克爾壓向前方的葉瓦爾什部隊。

至此，奧地利在北部的計畫進展得很順利。

蘇維埃時期所寫的俄國官方史說：「人們無法斷言，他們想要做的是全面進攻，還是魯莽嘗試，竭力以速度彌補明顯的數量不足。這種急躁性和這種突然猛烈推進的思想使我們的第 4 和第 5 集團軍慌亂不堪。他們本來行動緩慢，時間拖得很長，他們的作風絕沒有打遭遇戰的準備。」

這裡的戰鬥將接近高潮，但我們現在必須轉而敘述倫貝格戰線。

奧地利與俄國的戰爭

倫貝格之役

　　格尼拉－利帕河戰役分為兩個階段。第一階段始於 1914 年 8 月 26 日。奧地利的 3 個軍（第 12、第 3 和第 11 軍）滿懷希望地向茲沃塔－利帕河挺進，期望打垮俄軍劣勢兵力的先頭部隊。但是俄軍不但處於壓倒優勢，並且正小心翼翼地緩慢前進；他們期望隨時與奧軍主力部隊接戰，因此各路縱隊的先頭部隊皆已有堅實的部署。奧軍的進攻均告失敗。在「進攻是戰爭的唯一形式」這個教條的影響下，奧軍各師全都發動進攻，但往往會彼此失去連繫，而且毫無炮火準備。他們處處被擊退；奧地利第 3 集團軍之大部不但被打敗，而且被打得驚慌失措。俄軍的戰線時刻在增強，兵力占壓倒性優勢並覆蓋了奧軍的戰線。在兩軍的碰撞中，俄軍攻勢更為強大，處於優勢。至夜幕降臨時，奧地利第 3 集團軍撤退，它的兩個師潰不成軍，在混亂和恐慌中被趕到離戰場 25 英里的倫貝格才得以重新集結。大量潰退的奧軍當夜通宵達旦如潮水般湧進倫貝格。翌日早晨，奧軍最高指揮部清楚地意識到，他們的第 3 集團軍遭受了一次無情的毀滅性打擊。與此同時，指揮部連連收到線報：該地區俄軍各路縱隊的軍力遠遠超出想像，它們齊頭並進，到達茲沃塔－利帕河全線。1914 年 8 月 27 日上午 8 時，康拉德命令第 3 集團軍全部撤退到倫貝格防線的前面。他還命令現今正深深捲入科馬魯夫戰役的奧芬貝格調回約瑟夫大公所轄的 3 個師，向其右翼靠攏。事實證明這兩項措施都是正確的。然而，來自第 3 集團軍令人稍安的報告，導致康拉德批准他們留在格尼拉－利帕河前線；在奧芬貝格堅持下，康拉德准許約瑟夫大公繼續向北方會戰的側翼進軍。

　　實際上，奧地利第 3 集團軍人數處於絕對劣勢，幾乎只有俄軍的三分之一。俄軍沿格尼拉－利帕河部署了 292 個營、162 個騎兵中隊和 750 門

倫貝格之役

大炮，奧軍僅為 115 個營、91 個騎兵中隊和 376 門大炮。但是切切不可忘記：伊萬諾夫將軍推測，他即將與奧軍的主力相遇，因而認為到目前為止還只是碰上了他們的先頭部隊。他認為自己左翼的前方已經感到了敵人的壓力。在像加利西亞那樣道路稀少的鄉間，這些長達 25 英里和 30 英里縱隊的大軍在適合通行的道路上運動。因此軍隊的後半段在任何特定時刻都與戰鬥的前線相距兩天的行程。迄今為止，俄軍僅以其強大的前衛就已經可以打勝仗。即使如此，現在他們必須為最大規模的會戰做好準備。因此他們停止前進兩日，以便各縱隊前後靠攏並進行部署。在這兩天內，奧地利的第 3 集團軍設法沿格尼拉－利帕河擺好了戰鬥的陣勢。

有人說，如果俄軍在 1914 年 8 月 28 日和 29 日即發動突擊，他們本來可以憑藉巨大的人數優勢徹底擊潰奧地利第 3 集團軍。俄國大公全神貫注於科馬魯夫戰役中普勒韋所部軍隊的陣地，他比伊萬諾夫更準確地判斷出倫貝格前沿奧軍的實力，所以他命令伊萬諾夫取消他停止前進實施部署的命令，並立即督促他的部隊向倫貝格及其守敵前進。這些命令必須服從。然而超過 48 小時之後俄軍才重新向前運動。俄國大公的命令既對又錯。西南戰線總司令及其強而有力的參謀部不想被上級催促著陷入一場災難。所以他們表面上服從，但盡力拖延時間，直到他們部署完成。這就是我們所看到的第二次格尼拉－利帕河之戰，或通常所稱的第二次倫貝格戰役；該戰役始於 1914 年 8 月 30 日。

當俄軍重新向前推進時，其勢銳不可當。布魯西洛夫的大炮自 1914 年 8 月 30 日天明起即轟擊奧軍陣地；大約上午 10 時，俄國步兵以壓倒力量猛攻並突破了奧地利第 12 軍的整個防線。驚慌失措，亂成一團的敵軍潰退 7 英里之後企圖重新布陣，但無濟於事；俄軍一支騎兵師的進攻迫使他們再次逃竄。整個前線都出現了相似的情景。所有通往後方倫貝格的道路人聲鼎沸，擠滿了惶惶驚恐的逃軍、大炮及各式各樣的車輛，夾雜著逃難的百姓。

至日暮時，奧地利第 3 集團似乎已經土崩瓦解。它在潰敗中逃離戰場，奔竄了 18 英里之後才告停止。自此以後，只要聽到有人驚叫「哥薩克來了」，就足以使其各團各旅陷入混亂。所有這些粗暴的侮蔑性的描述皆摘自奧地利官方史料。

在這些腥風血雨的戰場上，雙方共計至少有 7 個集團軍、200 萬名士兵進行了歷時一週的殊死搏鬥。現在讓我們暫時離開這些戰場，去看看康拉德在普瑟密士淒涼的指揮部當中的情況 —— 他同樣痛苦不堪。自 1914 年 8 月 26 日上午起，在北方和東方地平線外，有兩大會戰一直像雷鳴電閃般地在進行著。康拉德對北方戰場的了解逐漸使得他對東方的焦慮增大到可怕的程度。這位性情暴躁的司令官處在兩大戰場的相對壓力之間，痛苦異常，一方面是對勝利的期望，另一方面則是面臨毀滅的威脅。1914 年 8 月 26 日最早傳來第 3 集團軍失敗的衝擊，導致他於 1914 年 8 月 27 日下令中止了約瑟夫大公所屬的 3 個師向北調動。但後來的報告表明：布魯德曼已經設法將部隊沿格尼拉－利帕河重新部署。俄軍並未追擊。所以康拉德准許大公繼續前進，他本人則立即投入科馬魯夫戰役。與此同時，第 3 集團軍的糟糕狀況和大批俄軍明顯地靠攏以發動決定性攻擊的態勢已顯而易見。魯斯基和布魯西洛夫距倫貝格只有一天的行程，離在北方作戰的兩支奧軍的交通線也只有 3 日的行程。康拉德現在就像是要伸手去抓崩潰在即的堤壩後面暴露出來的戰利品。1914 年 8 月 28 日他再次要求調回大公的那幾個師；但是奧芬貝格此時眼見自己所期盼的決定性勝利已有把握，因而據理力爭，最後康拉德再次做出讓步。逃避責任的第 2 集團軍此時正向南集結。康拉德決定冒更大的險。在俄軍動員後第 20 天至第 30 天間的 10 天裡，康拉德曾期望取得重大勝利。現在 8 天已經過去了。俄軍已備戰完畢，其數量上的壓倒優勢日益對奧軍不利。康拉德修書一封，請博爾弗拉斯轉呈皇上御覽；此信頗多自我展示，充滿興味，值得我們打斷對戰爭的敘述。

倫貝格之役

1914 年 8 月 27 日

在我一生中最嚴峻的時刻，我收到了您 24 日和 25 日對我過於讚譽的信。我趕緊覆函，僅想補充指出，就在我寫信之際，會戰正在進行，此戰將決定我君主國的命運……

關於我們的勝利與德軍的勝利相比，沒有過多的話可說，這主要是因為德軍勝利的取得是以犧牲我軍為代價的；因為德國組建的 100 個師中，只有 9 個正規師和 3 個後備師撥給東線戰區，其餘全都派往西線。於是俄軍的巨大壓力就落在了我們的身上。此外，我們還要對塞爾維亞和黑山作戰。羅馬尼亞雖然一直期望對俄國作戰，但我們實際上並未得到羅馬尼亞的援助。此外，由於義大利的背叛，德國不但未將承諾的 5 個後備師派往東線，反而派到了西線。

我與導致這一結果的政策毫無關係（我無能為力）。因為預見到現已出現的事態，我於 1909 年和 1912 年兩次建議過應該採取的行動方針，都沒有效果。這是命運之神可怕的變幻，以至於我現在不得不承擔那次疏忽造成的後果。

隨信寄上一份由波蒂奧雷克所寫的報告抄件，它真實地描繪了在塞爾維亞失敗的情景。一個完整的步兵師居然作鳥獸散，放棄了他們的大炮和物資，這是出乎意料之外的。我軍在任何其他地方無不和德軍一樣英勇作戰，只不過德軍交戰的對手不是俄軍，而是法國人。

在如此引人注目地展示了自己的價值之後，康拉德繼續寫道：

第 4 軍調往北方是我們迫切需求之舉；當我們知道俄國除了他的第一線各師之外，從現在起還將把各後備師也調往戰場，此刻上述需求就顯得更為迫切。我軍部隊今天已經和這些軍隊交戰。現在正是我們採取進攻的時候，否則我們將受到數量上有壓倒優勢敵人的攻擊，因此必須趕在第 4 軍到來之前進行冒險。此外，敵人正從四面八方逼近，因此我們沒有更多時間可以拖延。

8月23日、24日和25日以在克拉希尼克的勝利戰鬥開始的進攻，今天已導致一場會戰。部隊遭受了嚴重損失，尤其是俄軍優勢炮火的轟擊所致的損失。這場巨人之戰結果如何，掌握在命運之神的手裡。我們深信，我們已經就我們的良知所及盡到了自己的職責；對此，我們感到心滿意足。

多謝您好意垂詢我的兒子……我不知道他們是否還活著……

現在，康拉德受到的兩股壓力不斷的在加重。奧芬貝格即將包圍普勒韋軍隊並取得重大勝利的希望和前景，與第3集團軍在1914年8月30日遭受的慘敗形成了對比。這場折磨向我們展示了康拉德意志力的分量。他決心確保奧芬貝格有兩天多的時間以取得勝利，他決心忍受東線與時俱增的危險。這是他做出的最重大決策，這個決策沒有失敗。俄軍在推進，但前進得緩慢而且小心翼翼。他們耗時兩日推進了18英里，該區域是奧軍在1914年8月30日匆匆放棄的。到了1914年9月1日俄軍才與奧軍在倫貝格前面的新防線接觸。新防線是由潰敗之師的散兵遊勇和筋疲力盡、神經幾乎崩潰的軍隊在混亂中建成的，所以形同虛設。然而從敵人的視角看來，它是一條嚴陣以待的戰線。奧芬貝格所要求的兩天時間已經給了他。我們來檢核一下他是如何利用這寶貴的兩天。

1914年8月31日是奧芬貝格極重要的一天。自8月26日起，他一直向普勒韋軍兩翼且戰且進，現在該軍已被3面包圍。8月30日，丹克爾率部向盧布林緊逼，攻克了克拉斯諾斯塔夫，這樣形成了可能會切斷葉瓦爾什與普勒韋連繫的威脅。普勒韋的陣地十分危急。他在科馬魯夫附近的3個軍很可能全部被包圍。8月30日夜間他令它們立即撤退。但為時是否已經太晚了呢？此時它們在這裡成了奧芬貝格艱苦而巧妙的奮戰戰利品，康拉德為此在倫貝格敢冒孤注一擲的風險。奧軍的計畫很簡單，甚至顯而易見。在右翼，約瑟夫大公率3個師和2個騎兵師向西推進至胡奇瓦河，並摧毀布格河上的數座橋梁。在左翼，彼得大公率同樣數量的步兵自杜布

倫貝格之役

附近出發，迂迴包圍俄軍右翼。與此同時，奧軍中堅部隊將在每一個地方緊逼岌岌可危的俄軍。為包圍俄軍 3 個軍而布下的網似乎行將收攏。在任何一側的再次突擊都即將完成對俄軍 100,000 之眾的包圍。附近沒有俄軍的其他軍隊足以干擾這次行動。

命運之神在此刻即將玩一次捉弄人的把戲。奧軍兩翼的行動在一次不尋常的巧合中，由於性質完全相同的意外遭遇而處於癱瘓狀態。一架飛機向右翼的約瑟夫大公報告說，俄軍一個師正自東邊緊逼他的後方；騎兵巡邏隊向彼得大公報告說，俄軍數營正在包圍他迂迴行動的北翼。他前面的那個師和騎兵已經開始後撤，解除了他本人所率一翼的危情。然而事實上所謂俄軍的幾個營並不存在，而對面一翼的俄軍師團也只不過是數支騎兵中隊和馬拽大炮，他們正向魯斯基將軍部隊的最北側偵察前進。但是兩位大公根據錯誤的報告採取了相似的行動。約瑟夫大公將騎兵師和兩個步兵師的一部分調回到索洛基亞河以保護他的後方，因此沒有足夠的力量率餘部前進。彼得大公後退 7 英里至扎莫希奇。就這樣，正當兩扇鐵門行將砰然緊閉以生擒俄國第 5 集團軍四分之三部隊的時候，鐵門忽然比以往開得更大；於是普勒韋的軍隊通過 20 英里寬的豁口，井然有序地開往安全地帶。至此，奧軍獲勝的最後機會已蕩然無存。直到 1914 年 9 月 1 日清晨，奧芬貝格才明白所發生的一切。在強烈的憤怒和懊悔中，他命令部隊恢復前進，全軍立即急起直追。他們占領了科馬魯夫和敵軍的陣地。他們俘敵數千並繳獲多門大炮。他們 7 天的浴血奮戰為自己贏得了戰場上的榮譽。除此之外幾乎一無所獲。

我們再回頭看看康拉德在普瑟密士的司令部，所有重大事件、意外事件以及擔心與疑懼，每時每刻都在這裡彙總和檢核。康拉德原本希望遭受重創而且士氣低落的第 3 集團軍，還能在倫貝格前方維持著，直到奧芬貝格取得勝利。但是 1914 年 9 月 1 日夜間，在一支匈牙利旅中爆發的恐慌迅速蔓延，結果全師在混亂中逃竄入城。在右翼，哥薩克軍隊令奧地利第

11騎兵師望風而逃，退後了12英里之後才勒住韁繩。俄軍戰線不斷集結兵力，圍住搖搖欲墜的奧地利第3集團軍兩翼，繼續向前延伸；布魯德曼在徵得康拉德的勉強同意後，放棄了倫貝格，後退20英里至沿韋列齊察河的湖泊與沼澤一線。到了1914年9月1日，全部幻想都消失了。戰場上的帷幕揭開了，奧軍司令部對雙方兵力的總體形勢已經一清二楚。俄軍從東而來的壓力和危險現在已不可阻擋了。在這樣的窘境中，康拉德並未喪失勇氣和應變能力。假使他指揮的是德國部隊或者哪怕是奧地利新建的軍隊，他都很可能從這場災難性戰敗的崩潰中取得獲勝的手段。他在司令部奮起應變，要求他手下的將士們共同完成力所難及的任務，但在此時，這些人不能和他一道奮起。

當然，他在這種事態的緊張壓力下制定的計畫很值得尊敬。他的第3集團軍退到了倫貝格後面；預料俄軍的中堅部隊將緊隨其後，向前推進並穿過該城。他注意到，俄軍前進的總體趨勢是始終朝向北方，而他那最終到位的第2集團軍，在南面與他們的左翼重疊。於是他命令該集團軍向俄軍的左翼和後衛推進。他命令奧芬貝格放棄對普勒韋的追擊，將所部第4集團軍掉轉方向朝南而不是向北推進；第4集團軍的後衛由約瑟夫大公掩護，大公此刻變成了後衛而不是追趕挺進時的前鋒了。康拉德的這個布置犧牲了在北方會戰中取得進一步勝利的全部希望。他的計畫至少在紙面上是令人敬畏的。奧芬貝格向南進軍將直指魯斯基的右翼和後衛。自南邊迅速北上的第2集團軍將從相反方向打擊俄軍，當俄軍猛力向前穿過倫貝格，向韋列齊察河上的第3集團軍推進時，他們將遭到兩面夾擊。我們必須尊敬康拉德的精神和心理適應力，我們可以欽佩他的種種構想；然而可供他支配的人力、物力卻不足以將這些計畫變成現實。實際上，如果他不再拖延，趕緊在1914年9月1日或2日命令全部奧軍總撤退到桑河的話，他會成為一位更具遠見卓識，更加名副其實的統帥。然而一道又一道的作戰命令已從普瑟密士發出，久戰疲勞的奧軍則被動奉命而行。

倫貝格之役

現在我們必須去俄軍司令部看看。俄國最高軍事委員會到這個時候已經準確地預見了整體的形勢，並知道奧軍大部的所在。俄國大公無意自東方繼續推進。相反的，奧軍在韋列齊察河停留的時間越長，推進得離倫貝格越近，那麼他擊潰奧軍的可能性就越大。俄國大公的新編第9集團軍自伊萬哥羅德沿維斯圖拉河而下，現在正在襲擊丹克爾的左翼和後衛，同時葉瓦爾什也向丹克爾發動了正面進攻。這是一場決定性的戰略突擊，也是大公一開始就打算在此進行的一次突擊。此外，1914年9月1日至2日夜間他得到了估計會動搖最堅強意志的消息。東普魯士發生了情況，而且是令人震驚的情況，其可怕的程度難以理解，又無法估量！戰場上的形勢使奧地利的軍事努力構成了包圍普勒韋的新威脅。俄國大公為普勒韋深感焦慮，又不知道他能否逃脫或者如何脫身。於是他命令魯斯基的整個集團軍從向西改為向西北，馳援普勒韋。他又命令布魯西洛夫集團軍之大部趨向北方與魯斯基接觸，僅留下兩個軍在倫貝格附近與奧軍右翼對峙。簡言之，俄軍將移向右側，在固守左側的同時，以右翼竭力設定一個巨大的戰略陷阱。

雙方的上述調動現在開始同時發揮作用了，結果出現了一個奇特的局面。向南襲擊魯斯基右翼與後衛的奧芬貝格集團軍，開始以其左肘擦及反向北上的魯斯基集團軍。雙方的司令官都不明白是怎麼回事。奧芬貝格本期望攻擊魯斯基的側翼，魯斯基原打算攻擊奧芬貝格的後衛。當他們漸漸弄清楚真實局勢時，魯斯基面朝西方攻擊奧芬貝格，奧芬貝格在此攻擊的壓力下，以左翼為軸心使全軍轉向，他克服困難，使用相當高明的技巧，在兩天的時間內組成了抗擊對方的防線。與此同時，南面的奧地利第2集團軍，歷經多日來的上下火車與東奔西走，在災難與驚恐的氣氛中到達。他們沒有向俄軍虛弱的南翼挺進，而是沿韋列齊察河，在其元氣大傷的友軍第3集團軍右側駐屯下來。到1914年9月8日整個局勢明朗化了：奧地利第4、第3和第2集團軍最後在一條戰線上，向東抵抗面前俄軍僅兩

個集團軍的進攻，沒有其他部隊防衛自己的北翼和撤退路線。丹克爾仍處於困境之中，他們與他之間隔著 40 英里的缺口。在這個缺口的對面，駐有秩序井然的普勒韋一整個集團軍和德拉戈米羅夫將軍的騎兵軍，而奧軍尚未意識到他們的存在。

依然無所畏懼的康拉德，於 1914 年 9 月 9 日夜間命令其筋疲力盡的軍隊做一次最後的拚搏。他知道，魯斯基的整個集團軍此刻處在奧芬貝格的前面，因此在他的第 2 和第 3 集團軍前面只有布魯西洛夫軍隊。所以他在戰線的南部占有優勢兵力。於是他命令那兩個集團軍前進，在推進過程中旋轉，在奧芬貝格向魯斯基重新發動攻擊的同時，攻擊布魯西洛夫的側翼。他起草完這些命令時，突然接到丹克爾發來的電報，丹克爾為總體局勢和自身處境所迫，已下令其集團軍退到桑河後面。但康拉德仍然堅持自己的計畫。於是 1914 年 9 月 9 日成為東線迄今所見的最殘酷戰鬥日。雙方都經過了長途行軍，戰鬥持久而激烈，而且是同時發起進攻。康拉德乘汽車前往格魯代克，接近戰線，力圖以他的到來鼓舞士氣。但是第 2 和第 3 集團軍的進攻，儘管有區域性優勢，卻毫無進展，持續一整天的激戰並未使戰線發生變化。然而魯斯基和布魯西洛夫都報告說，他們面前的奧軍防線非常牢固，無法攻破。就這樣，他們對康拉德的堅毅與頑強共同給予了無條件的稱讚。

最後的打擊此時自北而降。德拉戈米羅夫將軍的騎兵軍已經深深插入奧芬貝格與丹克爾之間的缺口。普勒韋的集團軍，並非像康拉德所設想的那樣是烏合之眾，而是處於良好的戰鬥狀態；他們跟隨在騎兵軍之後，一個軍接一個軍地插入，把約瑟夫大公的 3 個師留在他們的左側。整個大軍已在奧芬貝格右翼的後面；他們 1914 年 9 月 11 日的進軍本來有可能將奧芬貝格完全包圍。奧芬貝格在這節骨眼中吸收了約瑟夫大公的幾個師，向南加強了他自己的左翼。但是奧芬貝格和康拉德都不知道此刻穿過他們部隊尾巴的俄軍實力有多大，也不知道自己在 1914 年 9 月 11 日和 12 日將

倫貝格之役

落得什麼樣命中注定的結果。反覆無常的命運之神在 1914 年 8 月 31 日奪去了奧芬貝格獲勝的機會,但現在又給了他相當可觀的補償。為此,命運之神先賜給俄軍一臺大功率無線電裝置。1914 年 9 月 11 日清晨,這臺機器提高音量,用清晰的語調,不加密碼地命令普勒韋集團軍左翼的兩個軍於當日趕到名為切沙努夫和布魯斯諾的兩座小村莊。這個意外的消息令奧軍的司令官驚愕不已,在剎那間得知了自己危險的程度。

康拉德在絕望中尚抱有一線希望,他命令約瑟夫大公前去抵擋入侵者「給後衛部隊讓出更多的回旋餘地」。但是奧芬貝格深知這些部隊已連續行軍作戰 18 天,從 50,000 餘人減至現在幾乎不到 10,000 人,因此他沒有將命令向下傳達。他不失時機地開始向東南撤退,並在俄軍無線電進一步資料的指引下,指揮他的軍隊擺脫了致命的危險。康拉德給第 2 集團軍的命令是「不停地,全力以赴地,不顧傷亡地發動進攻」,它的司令官伯姆‧埃莫利同樣沒有向各部隊傳達命令。人性達到了極限,因此總司令要求繼續戰鬥的命令成了耳邊風。1914 年 9 月 11 日傍晚,康拉德決定向命運低頭。

他寫道:「第 2 和第 3 集團軍的推進沒有帶來有效的決定性後果。相反,俄國兩個軍在第 4 集團軍左翼後面存在突破的可能,它威脅著我軍,使我處於災難性的境地……在這種情況下,只有一條必須全速採取的行動方針,那就是立即停止戰鬥,將全部軍隊撤退到桑河後面。」

一系列可怕而折磨人的事件迫使他於 1914 年 9 月 11 日下午 5 時 30 分自普瑟密士發布命令。幾乎與此同時,毛奇承認他在馬恩河戰役中的失敗,並透過亨奇上校命令中堅部隊和右翼的全部德軍退後。就這樣,兩個中央帝國押下差不多全部賭注在東線和西線發動的第一次強大攻擊,同時以失敗告終。

現在我們必須繼續談談東普魯士,密切研究那裡發生的事件,1914 年 9 月 1 日夜間對這些事件僅僅作過一次報導,但它對俄軍司令部產生了深刻的影響。

入侵東普魯士

　　大戰剛剛爆發，俄軍西北戰線的指揮權就交付給了吉林斯基將軍。他在一年前出任俄軍參謀長時，與法國就現已開始的大戰中兩個協約盟國的合作做了最後的祕密安排。吉林斯基將軍從戰爭動員的第 12 天起即在比亞韋斯托克的司令部指揮至少 10 個步兵軍和 10 個騎兵師。他的意圖就是要絲毫不失時機地入侵東普魯士，制伏它的守衛者。他把所轄部隊分為兩個差不多相等的集團軍。1914 年 8 月 17 日，他命令第 1 集團軍自涅門河一線前進，兩天以後又命令第 2 集團軍自納雷夫河一線前進。據悉，德國在東普魯士的軍隊相對較弱，因此他有信心迅速征服這一北方堡壘。

　　審視一下東普魯士地圖，就可以清楚地了解該地區攻守的基本狀況。德國領土的這一狹長地帶，從維斯圖拉河差不多延伸到涅門河的中游，夾在波羅的海海岸與俄屬波蘭邊境線之間。它很容易受到以維爾納為基地的俄軍來自東面的攻擊，也容易受到來自華沙或從華沙—維爾納鐵路線推進的同樣大或更大兵力從南面或東南面發動的進攻。

　　在俄軍高級司令部擴大時，在被稱為「大舉突襲」的軍事行動中，率領兩個集團軍的兩位將軍是根據他們出眾的能力和果敢精神挑選出來的。倫嫩坎普夫指揮第 1 集團軍或稱維爾納集團軍，薩姆索諾夫指揮第 2 集團軍或稱華沙集團軍。據傳這兩位將軍均系俄國軍界中的佼佼者。他們在滿洲作為衝鋒陷陣的騎兵領導人而聲名鵲起。遺憾的是自滿洲戰事以來，兩人之間積怨甚深，原因據說是倫嫩坎普夫在一次緊要關頭沒有支援薩姆索諾夫，結果兩人之間發生了激烈爭吵，終於釀成在瀋陽火車站臺上互相鬥毆的事件。協調這兩個集團軍的行動和確保其領導人之間最良好關係的責任，就特別沉重地落在吉林斯基將軍的肩上。

入侵東普魯士

到1914年8月13日或14日，這兩大集團軍的所有部隊離開各自的集中地區，不顧疲勞地向西和西北兩面進軍，入侵德國。

讀者不會忘記，在此嚴峻時刻，東普魯士的防務被交給了馮·普里特維茨將軍。他的綽號是「胖子軍人」，並未給人深刻印象。其麾下有第1、第17和第20軍以及第1後備軍，外加1個步兵師和1個騎兵師；他還能從維斯圖拉河駐軍和柯尼希山要塞抽調半機動化部隊的4、5個分遣隊，每個分遣隊規模約相當於一個旅。這些部隊組成了德國第8集團軍，該集團軍現在必須承受來自人數為自己2、3倍的俄軍的攻擊。從地圖上可以明顯看出，無論派哪支部隊去攻擊或牽制北面的倫嫩坎普夫，都要冒著被自西南前進的薩姆索諾夫切斷的危險，普里特維茨面臨的困難因此變得更加嚴重。但是正如解決其他難題的方法一樣，史里芬也為此事預先留下了一套計畫。俄軍前進到某一階段，必然會發現自己被連續50英里長的馬祖爾湖區分隔開來。在這個地區，俄軍沒有任何側面交通，並將連續數日完全被分隔成幾個獨立體。德軍按照史里芬制定的計畫，把整個集團軍放在了這個要害地區，俄軍兩個集團軍當中不論哪個首先進入有效打擊距離，德軍都將予以痛擊，然後再利用東普魯士高度組織的鐵路系統做迂迴運動打擊另一個集團軍。在戰前年代，根據這個著名的計畫做過許多次戰爭實踐的模擬，模擬的所有參加者都持有鐵路時間表。德軍在這裡也是兩線作戰，只是規模較小。在這些激烈的戰鬥中，無論發生什麼，普里特維茨的職責均為確保防線不被切斷；如果發生最壞的事情，在邊境或靠近邊境處遭到慘敗，那麼他將無力在維斯圖拉河後面組成連續的戰線。這種既微妙又嚴峻的局勢，要求指揮者有最高超的才能，但同時也向總司令提供了創造最輝煌戰功的機會！對這種任務，馬爾博羅公爵、腓特烈大帝、拿破崙或李·斯通瓦爾·傑克森會感到興奮著迷，但是馮·普里特維茨將軍對此從一開始就感到力不從心。

因此，他採取了折中的辦法：派遣第20軍去阻截華沙集團軍，同時

用他的第 1 軍去阻滯倫嫩坎普夫的前進，而其餘部隊據守中央陣地。他的第 1 軍軍長馮‧法蘭索瓦將軍是一位獨立自主、桀驁不馴的人物。我們將看到，事實將最後證明他是坦能堡戰役中真正的英雄。他無法忍受將祖國神聖的國土拱手送給哥薩克部落。逃難的人流和吞噬一排排村莊的大火使他和手下的將士們怒不可遏。他熱切地要求普里特維茨，一旦倫嫩坎普夫越過邊界，就准許他給來犯之敵迎頭痛擊，並要求派第 8 集團軍餘部為他增援。這樣他們完成以後還有時間——剛好夠的時間——撤回並攻擊薩姆索諾夫。出於這樣的考慮，他甚至還援引了史里芬計畫的字面意義和精神。經過艱難的深思之後，普里特維茨接受了這位敢冒險的大膽下屬的建議。他再次採取折中手段，讓第 20 軍去對戰薩姆索諾夫，同意其他 5 個師協同法蘭索瓦作戰。

　　實現這個計畫並不需要等多久。1914 年 8 月 17 日和 18 日兩天內，倫嫩坎普夫大軍湧過邊境線，在斯塔盧波嫩進行了一場激烈的初步遭遇戰之後，1914 年 8 月 20 日在貢賓嫩鎮前面正式列隊作戰。那一天的戰鬥雙方的陣容包含德軍 7 個師與俄軍 8 個師；此次會戰，儘管在歐洲大動盪中幾乎不特別引人注意，但它深刻地影響了一系列因果關係，甚至對大戰的全過程產生了決定性的影響。很少人聽說過貢賓嫩，而且幾乎沒有人充分意識到它所帶來的驚人作用。那一天造成的命運是禍福參半的。法蘭索瓦率其第 1 軍於拂曉突襲了俄軍的右翼，打得它陣腳大亂，後退 7 英里。德軍一騎兵師，從行動遲緩的俄騎兵軍鼻子底下經過，他們策馬疾馳，繞過破碎的側翼，兜了整整一圈，在俄軍負責運輸的車流與人群中引起了一片恐慌。馮‧貝洛將軍的第 1 後備軍在戰線的另一端也取得了一些進展，並滿懷希望地期待著德軍一個追加師的到來，同時還在準備次日的戰鬥行動。但是馮‧馬肯森將軍所率領的第 17 軍，受法蘭索瓦勝利的鼓舞，匆匆忙忙、堂而皇之地從正面進攻中心陣地，卻遭到了突然的反擊，不得不狠狠地敗退。俄軍有深溝高壘。馬肯森卻幾乎或根本沒有準備炮火。他的人員

一排排地倒下；成群結隊的傷兵落在了後方，還有大量士兵掉隊；於是整個部隊陸續開始退後，起初還有秩序，但很快就變成一片混亂了。白髮蒼蒼的馬肯森本人離開司令部，親自努力設法制止潰退，即使如此也沒能發揮作用。他手下的主要軍官們也效法他的榜樣，但都無濟於事。此後即使第 17 軍在其他的戰鬥中打得非常勇敢，而且戰績斐然，但是在德軍有關貢賓嫩之戰的記述中，幾乎毫無例外地包含「驚恐失措」這類輕蔑的言詞。這場混亂使得德軍右翼處於停滯狀態。夜幕降臨了，兩軍在混亂的戰場上，互有勝負。

此時發生了一段最為關鍵的插曲。馮‧普里特維茨將軍從差不多 70 英里以外的瓦爾滕貝格司令部指揮這場僅投入了 7 個師的會戰。他非常焦急地，甚至應該說是坐立不安地等待著首次與神祕莫測而且數量不詳的俄軍發生重大衝突的結果。他給人留下的印象極為不佳。要了解他的處境，我們就必須把他設想為這樣一個人：他的左臂伸到最遠距離，他的手指被磨床夾住，而他的右手（第 20 軍）卻縮回來靠近肩膀，以擋開他所擔心的對手從其它方向給他的另一次打擊。他自始至終都為自己伸得很長的左臂擔驚受怕。他是被法蘭索瓦拖著向前的，他害怕自己的手臂被砍斷，或者害怕他本人連同所率領的第 20 軍被來自華沙方向龐大的新攻擊者沖垮。

貢賓嫩之戰已經打完了。法蘭索瓦太過於自行其是 —— 普里特維茨這樣想，不過得感謝上帝，第 20 軍被留在了後面。結果如何呢？結果當然不好。充其量這次會戰打了個平局。根據普里特維茨所處的戰略地位，他不能打不分勝負的戰爭。他必須在還來得及的時候將他的部隊後撤。因為把利弊綜合評估一下來看，比起他預見到的，即將從華沙過來的攻擊，貢賓嫩之戰算得了什麼呢？在有如夢魘般的心理預期之中，他彷彿看到一支新的俄國大軍自華沙向波羅的海推進，擊潰了他的第 20 軍並阻截了其餘部隊，與其在東北方 100 英里處一場勝負未決的戰鬥中打得難解難分。他知道自己將遇上實力至少兩倍於他的敵軍，在所有的危險中，突然閃光

般地出現了一處必不可少的安全避難所，趕往那裡既是他心中的強烈願望，也是他的最高職責——那就是維斯圖拉河防線。就在當日下午6時30分，傳來確切的情報說：有人已經見到俄國南方集團軍漫長、龐大的縱隊正如洪水般越過姆拉瓦河附近的邊境線。

真實的情報是：「兵力約為4至5個軍的俄軍自華沙而來，已經開始越過索爾多－奧特爾斯堡正對面的德國邊界」。他的參謀部猶豫不定，不知道是否應將這條可怕的消息報告上司。參謀部之中有一位不同尋常的人物，即訓練有素且擁有一流智慧的霍夫曼將軍，當時他任職作戰司司長。他軍事的專業知識淵博，而且具有廣闊的戰略眼光。在德軍參謀部的菁英分子中，找不到比他頭腦更清醒、目光更敏銳的人。他是德軍在東線制定大多數作戰計畫的幕後智囊。我們將經常提到他那具有遠見卓識的智慧。關於來自姆拉瓦河令人不快的消息，霍夫曼將軍記錄下了與他的同事格呂納特一次有啟發性的談話。

「這劑藥對我們尊敬的領導人太猛了！」霍夫曼說，或者大意如此。格呂納特認為，「這種情報不可能瞞過總司令」！而且情報已經傳到他那裡了。

當馮·普里特維茨將軍把參謀部人員召集到他的辦公室時，他對他們說：「先生們，想必你們也得到了來自南方前線的這個新消息吧？」然後他非常果斷地補充說：「我軍將停止戰鬥並退後到維斯圖拉河後面！」

霍夫曼和格呂納特在1914年8月21日主張恢復貢賓嫩的戰鬥。在戰場上的法蘭索瓦和其他將軍們一聽到要停止戰鬥就暴跳如雷；他們胸有成竹，「即使第20軍拒絕支援」，他們也有能力包抄俄軍兩翼，並於次日徹底打敗倫嫩坎普夫。但是普里特維茨已經打定主意。他決定停止戰鬥，連夜撤退，脫離與敵人的一切接觸。

假如普里特維茨信賴他那有能力的參謀部，並根據他們的意見行動，他本來還有可能度過重重危機。但是此時此刻他決定獨斷專行。他在激動

的心態中走向電話機,沒有通知任何下屬軍官就撥通了連繫科布倫茨德軍總司令部的專線。毛奇被叫去接電話。對毛奇來說,這也是一個要忍受超常壓力的時刻。德軍在西線從貝爾福到布魯塞爾的所有部隊,不是被死死地牽制住,就是馬上要進入在法國和比利時領土上的戰鬥。普里特維茨在電話裡給毛奇的印象是:他是一個不堪擔此重任的人。一口氣退到維斯圖拉河一線已經是糟糕透頂了,可是普里特維茨還有做出比這個狀況更糟糕決定的危險。

「無論如何,」毛奇說,「你必須不惜一切代價守住維斯圖拉河。」對此,普里特維茨的答覆是:如果得不到增援,甚至這一點也無法保證。河水很淺,有多處可以涉水而過。「我只有這麼一點人,我怎麼守住維斯圖拉河?」這句話結束了他的軍旅生涯。因為話筒剛掛上,毛奇就開始物色普里特維茨的繼任者。我們將跟蹤他找尋新指揮官的過程。

在毛奇思慮重重的腦海裡,浮現了一位現在已經大名鼎鼎的人物。此刻遠在漢諾威,閒著一位退役的將軍,他身材粗壯,是幾年前退役的馬斯拉圖爾人。現在,他以畢生訓練作為準備的最重大事件正在到來,並即將把他推向最高峰。整個普魯士軍隊、德意志帝國的命運(不只是王朝本身的命運),到了最緊急的關頭,還沒有他的用武之地。他身著便裝坐著,沉思報紙提供的消息,不確定自己是否會得到召喚。畢竟他熟悉東普魯士,他熟悉那裡的山川水景。縱然別人在法國戰區聲譽日隆,但對付俄國游牧部落,他 —— 興登堡,肯定還是可以有所作為的。

在回憶錄中,興登堡十分簡單地記錄了當時的強烈感情。「皇帝和王國會需要我嗎?整整一年過去了,我一直沒有收到任何的官方通知。看來有足夠的年輕人,我只有聽任命運之神的擺布,在焦急的期望中等待。」不久,在 1914 年 8 月 22 日下午 3 時,德國皇帝的指揮部發來了一份電報!問他做好立即赴任的準備了嗎? ——「我已準備完畢」。但就在他的答覆尚未抵達總司令部時,他又收到了進一步的急件,稱料想他有為國效

力的意願，並安排他指揮東線一個集團軍；甚至告訴了他，他的參謀長的名字。

處境緊急的毛奇有過下列想法：德軍侵犯比利時邊境後，於 1914 年 8 月 6 日夜間派遣 6 個旅突擊列日。但進攻部隊犯了錯，陷入困境，停滯不前。結果出現了奇特混亂的形勢。各路縱隊在黑暗與混亂中，穿行於尚未投降的堡壘之間，迷失了方向，處於災難的邊緣。在這個時刻，突然有一位參謀軍官從陰暗中出現 —— 此人長期全神貫注地研究總參謀部的核心機密和即將臨近的大戰，他強烈地表達了自己的種種觀點，所以一年前當局認為把他從柏林調往一個野戰旅任職是合適的。此時，他自告奮勇，擔當起一支失去將軍的縱隊和所有鄰近部隊的指揮，找到了正確的道路，率領軍隊抵達列日城；趁著晨光初露，孤軍猛攻各道城門，迫使該城及其全部守軍投降。由此可見，他肯定是精通參謀工作的全面人材，熟悉參謀工作的大大小小問題，而且在危難之時表現出了高超的作戰才能和大無畏精神。只要他的力量和知識與年事已高的興登堡的威信和品德結合起來，東普魯士就肯定不會缺少勇敢無畏的捍衛者。

於是在 1914 年 8 月 22 日，一輛汽車載著傲慢的魯登道夫離開入侵軍軍需主任的職位，來到司令部。他小心翼翼地告訴我們，他從這裡向東普魯士前線的部隊下達了直接命令。然而這些命令實際上限於以下幾點：第一，從東部要塞駐軍調來的增援部隊編入第 8 集團軍；第二，集團軍參謀部人員在馬林堡 —— 在後面很遠處 —— 與他會晤；第三，在新任總司令抵達戰場之前，各軍獨自行事。然後他登上快班車的火車並帶上正在漢諾威燈火輝煌的車站大廳等候的興登堡，隆隆地向東線駛去。

對於所有這一切 —— 對於普里特維茨的電話和他在電話中所說的話以及由此產生的後果 —— 第 8 集團軍參謀部沒有得到絲毫暗示。但是如果我們回到第 8 集團軍設在瓦爾滕貝格的司令部，我們將看到在此期間事態並非處於靜止狀態。1914 年 8 月 20 日晚在馮．普里特維茨將軍打電話

到科布倫茨的同時，霍夫曼和格呂納特一直在與參謀長瓦爾德澤進行緊張的磋商。瓦爾德澤是毛奇的副手，他在整個1914年的7月期間一直在等待機會，隨時「準備一躍而起」。此時他的機會來了，但某些機會卻消失了。

「退到維斯圖拉河」，這談何容易。但是不打另一場大仗，你不能退到那裡。俄國的華沙集團軍距維斯圖拉河比今天在貢賓嫩作戰的德軍軍隊近80英里。

這個論點發揮了決定性作用。瓦爾德澤對此表示贊成。普里特維茨重新露面時受到規勸，那就是即使撤退他也必須再打一仗。他變得較為鎮定。在霍夫曼的推動下，制定了一系列調動計畫，這些調動將使東普魯士準備已久的鐵路組織緊張到極點，這些調動實際上是德軍無一例外地開往坦能堡參戰。所有貢賓嫩之戰的參戰部隊要脫離與敵人的接觸並盡快退後。法蘭索瓦及其獲勝的第1軍和第3後備師，也要在戰場以西20英里處上火車。這些軍隊將在48小時內經鐵路運往監視華沙前線的第20軍的右翼。馬肯森率領他名聲稍微受損的第17軍，貝洛率領他的第1後備軍打算盡可能快和盡可能遠地行軍退後，目的在轉而朝南出發；如果形勢需要或允許，就與第20軍左翼會合。

所以在1914年8月20日夜晚，普里特維茨退到維斯圖拉河後面的決定已經由他自己取消，而他的參謀部制定的每一個步驟都扎扎實實地奠定了一次大規模軍事行動的基礎。不過請注意以後發生的事情。普里特維茨並沒有告訴他的參謀部自己在電話裡對毛奇講的話。他也沒有告訴毛奇自己已經改變主意。他給最高司令部這樣的印象，即退後到維斯圖拉河是他不可更改的意見，因為他的參謀部沒有表示任何反對意見或做出任何解釋，所以人們想當然地認為，他們與長官的觀點是一致的。除了普里特維茨的激動態度之外，這種情況也加強了毛奇想像中局勢的嚴重性。毛奇立即採取了行動，而且並不認為，他值得花時間將自己的決定告知這位將被

廢黜的司令官或他已不受信任的集團軍參謀部。反正他們很快就會完全明白。因此從 1914 年 8 月 20 日到 22 日,當普里特維茨得到突然被免職的消息時,毛奇和普里特維茨都不明白對方在做什麼,儘管事實上對方所做的事情另一方都有濃厚的興趣。

在 1914 年 8 月 23 日夜間,魯登道夫匆匆走進首長已被免職的第 8 集團軍司令部的時候(魯登道夫曾召集這裡的人員到馬林堡與他會晤),他從霍夫曼將軍那裡接到了實際上正在進行的部隊調動報告。他對這些調動均表示同意;他發現對計畫毋需做任何增刪與修改。魯登道夫原本預計面對一個癱瘓的參謀部和一支不穩定的軍隊。但他發現參謀部以罕見的能力和決斷為即將進行的戰鬥做好了安排。

霍夫曼說:「我發現他極其驚訝地獲悉,按計畫對俄國華沙集團軍發動進攻所必需的指示和命令正在下達。」

霍夫曼將軍的這一斷言從未被魯登道夫公開發表的任何鉅著所否認。一位從激動人心的列日戰場被召回,剛開始考慮東線問題的軍官,在抵達他的新司令部之前希望保留自己的意見是很自然的。如果魯登道夫在遠離戰場的地方規定一套聯合作戰的辦法,他就太魯莽了。不過事實很清楚,當他和興登堡抵達第 8 集團軍司令部時,坦能堡戰役所必需的一切調動都已在進行之中。讓我們扼要地重複一下這些調動的狀況。參加貢賓嫩之戰的德軍 7 個師當中的 3 個,乘火車出發,目標是從華沙入侵敵軍的第 20 軍的左右兩側。另外 4 個師向西行軍,以便能在其左翼建立陣地。興登堡和魯登道夫用 9 個師展開或稍後再展開,形成了面朝東南的新月形戰線,來自華沙的俄軍正穩步進入新月形的網套之中。

在介紹了德軍中這些不安和驚恐的行軍之後,現在我們必須回頭看一看俄軍方面。

倫嫩坎普夫和他手下的將領們為貢賓嫩之戰而震驚,他們覺得被包夾了,似乎有一支可怕的敵軍正在包圍它們。突然之間,不知為什麼,夾住

他們的東西鬆開了。德軍退後了，他們消失得無影無蹤；他們放棄了陣地，讓死傷人員留在身後。他們去哪裡了？他們為什麼要離開？俄軍百思不得其解。不過有一種解釋，一種可以滿足俄國人的感情和他們最高希望的解釋。馬肯森軍團被擊退和遭受的慘重損失在德軍之中引起了一片驚恐。德軍知道自己被打敗了。他們接受了這樣一個事實，即他們在人數上被俄國的力量徹底壓倒了。他們全速退後，是為在本國內地進行戰鬥而保存力量。俄國司令部湧起一股如釋重負的感覺和興高采烈的氣氛。從今以後，在他們面前的就是敗軍之師；這些部隊不僅輸掉了一個戰役，而且丟掉了幾乎到手的勝利；這些部隊不得不服從戰略要求的，不可抗拒的退後。

那麼讓我們盤點一下貢賓嫩戰役的後果。這次戰爭導致普里特維茨突然停止戰鬥並建議向維斯圖拉河退後。它促使毛奇撤換普里特維茨，並使其任命興登堡和魯登道夫，而這一個決定又引起了一連串不可估計的後果。這次戰爭使霍夫曼和第 8 集團軍參謀部制定了指導坦能堡戰役的一系列迅速而高超的軍事調動。它使俄軍司令部失去信心，無法證明自己部署的正確性。這次戰爭使他們產生了關於敵人之特性、狀況和意向等完全虛假的概念。它引誘吉林斯基催促薩姆索諾夫軍隊加快前進。它引誘薩姆索諾夫改變進軍路線，更多地向西而較少向北，即更加遠離倫嫩坎普夫，以期能夠更多地兜住打敗的德軍。它使倫嫩坎普夫在戰場上停留了近 3 日而無所作為，以使薩姆索諾夫更加雄心勃勃的行動取得最大的效果，並導致吉林斯基默許了他在戰略上的遲鈍。

但是範圍更廣也更致命的後果在會戰中接踵而來。如果說吉林斯基、倫嫩坎普夫和薩姆索諾夫低估了東普魯士的德軍，那麼毛奇根據普里特維茨驚恐的電話形成的印象，則說明他本人以往對俄軍的評價遠遠地過低了。7 個師的德軍可以在一天的簡單戰鬥中被打得一敗塗地，以致該部隊的司令官得到他所信任的、並受過充分訓練的（包括迄今受寵愛的瓦爾德

澤）參謀們的同意（這是很自然的假定），而一心想退到維斯圖拉河，那麼很顯然，所有關於防守東線所必需兵力的計算就必須修改了。在毛奇到法國後5、6天的大騷動中，這一現象似乎主宰著他的思想。他為戰前與康拉德達成的安排已經有點感到後悔。當他能夠看到法國的黎明天色時，他必須將大量增援部隊調往東線。而且他必須堅持奧軍立即發動進攻。德國駐奧軍司令部全權軍事代表馮·弗賴塔格·洛林霍芬將軍向康拉德提出要求說：「1914年8月21日，貢賓嫩之戰突然停止並開始向維斯圖拉河方向撤退。根據安排，由帝國與皇家部隊發動一次攻勢，以求及早解除在東普魯士相對薄弱的部隊所受壓力，實屬必要。」康拉德的心情和所處形勢上文已有所述，他心情沉重地同意命令部隊前進。他說，「不但沒有得到所希望的德軍支援，位置反而倒了過來。」他發現自己「現在不得不發動一次攻勢以減輕德軍壓力，但鑑於敵人數量上的優勢，攻勢能否成功值得懷疑」。

還必須說一說最重大的事件。截至1914年8月25日，在法國的德軍似乎一切都進展順利。法軍在阿登的進攻已被決定性地擊潰。經過比利時的德軍所向無敵。左側的法軍以及英軍正在撤退，並遭到全速追擊。德軍最高司令部作戰司司長塔彭說：「到8月25日止（包括25日），每日從四面八方傳來捷報，而且在1914年8月20日至23日期間，第6和第7集團軍在洛林取得了巨大勝利，因而最高指揮部相信，西線已經贏得了決定性的巨大勝利。他們懷著這種決定性勝利的印象——但總參謀長仍有相反的考慮——於8月25日決定將部隊派往東線……為此目的撥出了6個軍，其中包括第11軍和後備警衛軍……第2和第3集團軍的司令官完全相信他們已經取得了勝利，所以對讓出上述這兩個軍沒有提出反對意見，也不顧這兩個軍一直在進行對那慕爾的包圍。它們可以立即投入使用。其餘4個軍，2個調自中堅部隊，2個調自左翼，它們必須先脫離戰鬥，所以不能馬上派往。」就這樣，史里芬計畫的旋轉翼在最關鍵的時刻因這兩

個軍的撤離而遭到削弱，否則，它們可以在兩週之內填補馬恩河戰役中的致命缺口。

現在有必要講述一下由貢賓嫩之戰引起的最後一個後果，那就是堪稱世界大戰的坎尼戰役當中，令人震驚的坦能堡戰役，以及接踵而來的馬祖爾湖區之戰。從這兩次戰事所顯示的悲劇性規模來看，若從迄今仍在進行個人爭奪榮譽的戰鬥視角觀察，這些會戰定能引起所有讀者的濃厚興趣。

坦能堡戰役

　　幾乎無人對大戰的述評比讓·德·皮埃爾弗更加透澈與深入。在整個大戰期間他承擔著起草法軍官方公報的工作，這保證他能充分地了解法國所發生的一切。他傑出的理解力和高度的文學素養使他能夠最有效地運用他所了解的全部資料。但是當他來到俄軍前線並試圖描述坦能堡戰役的時候，他只是引人注目地重複了關於那次戰役的某些廣為流傳的無稽之談。他的作品的開頭幾段既描述了局勢，也說明了他對這個局勢的種種誤解。

　　魯登道夫在與俄軍搏鬥！俄國兩集團軍入侵東普魯士。在東面，倫嫩坎普夫集團軍有24個超額步兵師，它以無數騎兵為先行；在南面，薩姆索諾夫集團軍的實力稍遜於前者，但此集團軍面對東普魯士僅有的防禦力量——德國第8集團軍——仍占有優勢。面臨兩面來犯的敵人，德國第8集團軍必須一分為二。但是薩姆索諾夫的進軍，危及了遠在馬祖爾湖區之外，倫嫩坎普夫前面德軍的安全。德軍有被兩個集團軍壓碎的風險。因此，毛奇考慮過向西全面撤退至維斯圖拉河防線的可能性。史里芬在其計畫中已指明一項審慎的解決辦法！魯登道夫毫不猶豫地採取了這個大膽的解決辦法。魯登道夫手下熟知著名戰役過程的參謀官，在審視了俄國兩個集團軍在東普魯士所處的位置之後，立即想起了許多偉大的戰略家曾經運用過的那套著名的戰略方案。那是經典的戰略：連續突襲分隔的兩敵（在其會合之前），將他們各個擊破。按此戰略就要先攻擊薩姆索諾夫，然後在倫嫩坎普夫來不及馳援前者之時，轉身向其發動進攻。這就是即將執行的戰略計畫。戰事一點一點地展開，與魯登道夫所預見的完全相同。當倫嫩坎普夫自東向西緩慢進軍，穿過東普魯士，抵達馬祖爾湖區防線時，魯登道夫即命令與倫嫩坎普夫相對的德軍主力從這支行動遲緩的敵人面前撤

坦能堡戰役

退。魯登道夫將撤退部隊與攻擊薩姆索諾夫的第 8 集團軍之一部迅速會合，然後出擊薩姆索諾夫並將其擊敗。最重要的是，他指揮從馬祖爾湖區退後的兩個軍發出了漂亮的一擊，打在薩姆索諾夫集團軍的後衛上，這個集團軍與全面退後的德軍相遇，以毀滅告終。「這就是坦能堡戰役！」

只要熟知坦能堡戰役的過程、清楚魯登道夫上任的時間與背景、了解魯登道夫擬好卻未下達的或已經下達的各項命令的讀者，一眼就會看出上述敘述儘管生動卻荒謬不實。一位如此幹練且有權威的時事評論家，居然在停戰 5 年之後向世人發表如此歪曲史實的作品，這使任何人都感到有責任披露當時的真相。

我們將著手探究魯登道夫在這場大戰中發揮的真實作用。我們這麼做，不會剝奪他作為一位勇於承擔重大責任且智勇雙全的將領所應該得到的榮譽。我們只想退去無知謠言給予他而他本人又是如此熱切地接受和保有的傳奇外衣。

當上一章描述的事件在德軍方面展開時，俄國大軍一直在艱難地條件緩緩前進東普魯士。從歷史的觀點看，薩姆索諾夫這個悲劇人物此刻在歷史光輝的照耀下，正閃閃發光。這位滿洲戰爭中的騎兵指揮官、突厥斯坦的總督，大戰爆發時正在克里米亞休病假，薩姆索諾夫於 1914 年 8 月 8 日抵達比亞韋斯托克，擔任第 2 集團軍即俄國南方集團軍司令。該集團軍的編制超過 5 個軍和 5 個騎兵師，它從比亞韋斯托克－華沙鐵路線出發，而朝西北向波羅的海進軍。它將穿過馬祖爾湖區以南，打擊或多或少在阿倫施泰因方向的德軍；此舉將切斷在側翼和後方抵抗倫嫩坎普夫所率俄第 1 集團軍前進的每一個德軍士兵。

這在戰略上是一次致命的安排。它可能造成更致命的後果。以事後諸葛的眼光來判斷，人們不禁要問：俄軍的戰略計畫為什麼會讓兩個集團軍分開進軍，而將湖區防波堤、防禦工事以及鐵路網等所有有利的條件全都拱手讓給德國人？為什麼俄國沒有考慮將兩軍聯成一體，沿湖區以南以更

寬闊和更強大的戰線推進？難道他們不擔心科夫諾與未開墾的邊境之間的這個缺口，實際上是在引誘德軍進入這個地區嗎？從地理上看，德軍可能受到致命打擊的戰略是從華沙－比亞韋斯托克鐵路線向維斯圖拉河朝西北方向的進軍。這樣的進軍可以截斷敵人的全部交通，穿過所有鐵路線，打亂敵人事先準備的所有計畫，掃除德軍兩翼變動作戰的戰略，解除自身的許多嚴重危險與制約。這是一個鉗形攻勢，在此攻勢中，全部可投入的兵力可以使用在鉗子的一側，另一側則是大海，它是永久而天然的屏障。

此外，集結在南線的全部俄軍兵力足以摧毀柯尼希山要塞，它在戰爭中是一個重大要素。對於像倫嫩坎普夫那樣以右側靠波羅的海推進的軍隊來說，這個神祕莫測、令人望而生畏的要害之地，只要集結的俄軍自東南發起一次進軍之後就將完全不再有任何價值。它將被留在後面，它與漫長而危險的東普魯士軍事海岬中德軍可能認為適合據守的任何其他地方的連繫都將被切斷。沒有必要在斯塔盧波嫩和貢賓嫩作戰，沒有必要為它們中間的湖泊和勒岑要塞擔心！

但是這個較為簡單的處置方法是戰前的戰略決策有意避免的，或者說是疏忽所致。只有兩條均為單軌的鐵路穿過邊境線——比亞韋斯托克－呂克鐵路和華沙－奈登堡鐵路。俄國人是故意任這段黃沙漫天、杳無人跡的邊境無任何方便的交通路線的，以防止德國的進攻。在這種形勢下，如今他們自己的攻勢作戰計畫不得不在他們自己設定的重重限制下進行。他們被迫臨時去應急，並在較差的條件下進軍。

然而，憑藉巨大的優勢，俄軍的進攻仍足以令敵人畏懼；我們發現在1914年8月21日和22日期間，薩姆索諾夫率領5個軍大步前進，連線倫嫩坎普夫的推進，朝有威脅性的同一方向，以寬闊的正面不斷越過德－波邊境。

讓我們來看看這支新的俄國大軍開始入侵德國時的狀況。組成大軍的5個軍在8月的灼熱沙漠中沿小徑馬不停蹄地行軍了8、9日。急於儘

坦能堡戰役

早介入大戰舞臺的吉林斯基命薩姆索諾夫的部隊在運輸安排完成之前不要止步，他屢次三番打電報催促人困馬乏的各路縱隊前進，拒絕了希望稍事停頓的所有請求。結果，這批擁有 20 餘萬之眾的 14 個師，在此刻即將與宿敵德軍進行接觸的時候，出現因疾病和掉隊而減員，因多日急行軍而疲憊，因試圖在不毛之地生存下去而減少口糧以致體質虛弱等等不立的狀態。他們部隊裡的糧食儲備已經告罄，他們的交通運輸組織紊亂，致使後方的供應跟不上。我們試想一下：這些勇猛的部隊已經處於飢餓難忍、疲憊不堪和腿腳痠痛的狀態。他們的熱情被過分的疲勞所抑制，艱難地舉步向前。他們穿過的廣袤地域，上面有陰暗的松樹林、數不清的黃褐色的湖泊、貧瘠且滿是殘茬的田野，田野上點綴著極為稀落的骯髒小村莊。他們馬上要遭遇世界上訓練最好的軍隊，而後者是在本土作戰的當地人，他們的親友正在他們眼皮底下逃命，他們的身後就是自己的家園，他們是掌握了所有科學戰爭之中恐怖手段的軍人。

俄軍可以依靠的一個優勢，而且是唯一的一個優勢——在人員上有壓倒性多數。如果這個優勢不發揮作用，他們就肯定要遭到徹底的失敗。他們士兵多數的這個優勢當下還存在嗎？只要他們聯合在一起就有。可是他們會聯合嗎？要弄清楚這個問題，我們就必須回到貢賓嫩戰場，在那裡倫嫩坎普夫還在為自己的勝利而欣喜不已。

馮·普里特維茨將軍所做下停止戰鬥的決定以及其參謀部於 1914 年 8 月 20 日夜間下達的部署命令得到了異常迅速的執行。夜色降臨時，德軍 7 個師與倫嫩坎普夫的部隊發生了接觸。而拂曉德軍就消失得無影無蹤。第 17 軍和第 1 後備軍已撤退到西南方 15 英里處。法蘭索瓦所率領 3 個師的大部分已乘火車沿通往柯尼希山的專用火車遠去了 20 英里。次日天氣晴暖；前一天晚上還根本弄不清楚戰鬥的優勢何在的俄軍將領們，沉浸在一片樂觀與欣喜中。到第 3 天（1914 年 8 月 23 日），第 1 集團軍笨重的大部隊重新開始行動，他們有氣無力地行軍，沿波羅的海海岸向西行進。

對這種情況能做出什麼解釋？解釋比比皆是。皮埃爾弗毫不遲疑地指責倫嫩坎普夫叛變。他甚至使用了「出賣給敵人」這樣的話。他指出了後來在大戰中出現的第二次災難，當時倫嫩坎普夫遭到嚴重懷疑，以至被免除了集團軍司令一職。我們馬上就要來進一步探討這個指責。霍夫曼只能指出這是妒忌和個人怨恨。他回憶了當年在滿洲戰爭中倫嫩坎普夫與薩姆索諾夫之間的宿怨。但是吉林斯基沒有被指責為背叛。吉林斯基不曾和薩姆索諾夫發生過爭執。吉林斯基是這兩位集團軍司令的頂頭上司，他們要聽從吉林斯基的指揮。主要負責者是吉林斯基。他當時為什麼在倫嫩坎普夫屢屢拖延時反應平靜而且更像是默許，同時又催促薩姆索諾夫堅決地前進呢？顯然是因為他受了有關德軍戰鬥力的矇騙。他信心十足地認為，德軍無力承受雙管齊下的攻擊。在這樣的設想之下他的目標不只是德軍的失敗，而是要將他們毀滅，而摧毀德軍的唯一條件是：在薩姆索諾夫做好切斷德軍的準備之前，倫嫩坎普夫不要驅趕德軍後退。這種推理是正確的，而錯也就是錯在這件事情上。

但是，倫嫩坎普夫完全失去與敵人的接觸，這無論如何是難辭其咎的。不管戰略調動怎樣計畫，關鍵是要知道德軍在哪裡。需要認真思考的問題是德軍只有 4、5 個軍；凡不在倫嫩坎普夫前面的，就有可能去攻擊薩姆索諾夫了，反之亦然。倫嫩坎普夫所轄的不下 5 個騎兵師 —— 20,000 名騎兵 —— 在這場戰爭中從未認真發揮作用。在前 3 天他們只走了 48 英里，而他們的運輸能力是完好無損的。即使僅僅再前進 30 英里的偵察行動，也會在 1914 年 8 月 21 日和 22 日間，發現德軍第 17 軍和第 1 後備軍的後衛部隊。

但是倫嫩坎普夫失去了掌握德軍的行蹤。他根本不知道德軍在什麼地方，或者他們將做什麼。他高興地以為大部分德軍躲進了堡壘工事，其餘的則急匆匆向維斯圖拉河撤退。甚至在 1914 年 8 月 26 日當鋼與火的包圍圈馬上要圍攏薩姆索諾夫的時候，吉林斯基還在自鳴得意地命令倫嫩坎普

夫為包圍柯尼希山提供兩個軍，並率領其餘部隊向維斯圖拉河前進。實際上，普里特維茨驚慌失措地決定停止貢賓嫩的戰鬥，矇蔽了俄軍的頭腦；這種欺騙效果是無論怎樣仔細策劃都無法達到的。此後，薩姆索諾夫將孤軍面對德軍在東普魯士的全部力量，以其疲憊之師與無論在組織人員、交通運輸、戰鬥能力及軍隊士氣等方面都占有強大優勢的敵人交戰；敵人現在可以派遣 180 個營與他轄下的 150 個營進行決戰，敵人擁有的大炮數量雖只有薩姆索諾夫的一半，但火力卻是他的兩倍。在這種情況下，即將發生的大戰就只能有一個結果。

1914 年 8 月 23 日薩姆索諾夫的中堅部隊的 3 個軍（第 13、第 15 和第 23 軍）向西北推進，開始與德軍第 20 加強軍接觸。從柯尼希山乘火車派遣來的 3 個師尚未進入陣地，朝南的德國第 20 軍部分因為受到壓力，同時也是部分按計畫，以右翼為軸心慢慢向後旋轉，轉了四分之一圈，兩天後它面朝東方。這陣勢就像大門誘人地轉動著打開，俄軍向前進入此門。至此，看來成功在望。薩姆索諾夫信心十足，倫嫩坎普夫行動遲緩，吉林斯基心情平靜。只有薩姆索諾夫的部隊筋疲力盡，飢餓難熬。

俄軍中堅部隊與德國第 20 軍在 1914 年 8 月 23 日的戰鬥進行得異常激烈。8 月 24 日和 25 日整整兩天，俄軍儘管既疲勞又飢餓，仍打得十分頑強，他們龐大的人數沉重地壓迫著緩慢回旋以封閉大門的德軍戰線。到 25 日夜間，德國第 20 軍完成了它向後的旋轉，一個加強師進入了左翼防線。命令指示他們：不容許撤退，與此刻占領的陣地共生死；雙方的中堅部隊 —— 7 個俄軍師對 3 個半德軍師 —— 之間的戰鬥即將開始。

德軍司令部在焦慮不安地等待結果。一場俄、德二對一眾寡懸殊而敵人的本領又尚未得到證實的戰鬥，其本身就是一件嚴酷的事實。

而且此次戰鬥只有一個對手，沒有出現聯合作戰這一個極其重要的特徵。倫嫩坎普夫在哪裡，他將採取什麼行動？儘管自 1914 年 8 月 20 日起的 4 天裡，他的呈扇形散開的縱隊只向西前進 15 英里，他仍然來得及在

戰場上與同胞會合。若不遇阻擋，3天的行軍本可使他抵達阿倫施泰因；他的騎兵大隊人馬可能已經大批出沒於俄國兩個集團軍之間的狹長地帶。有什麼辦法阻止他前進呢？儘管他不知道馬肯森軍團和貝洛軍團與德國騎兵師去了哪裡，但他們正處於他的必經之路上。德國報導稱之為「東方大隊」的這支勁旅或許能擋住倫嫩坎普夫，直到與薩姆索諾夫的戰鬥結束。但當時這支勁旅本身不能參加那場戰爭。他們必須或者與倫嫩坎普夫交戰，或者等待他的進攻。當他們面向北方或東方時，保護薩姆索諾夫右翼的俄國第6軍，在前進中將穿過他們的後方，而如果倫嫩坎普夫發動進攻，他們將遭到兩面火力的夾擊，並要與人數雙倍於己的敵人作戰。所以這裡具有另一個危險的可能性。因而，一切都取決於倫嫩坎普夫。就是現在，如果他以強行軍向薩姆索諾夫靠攏的話，那麼東普魯士的全體德軍也將勢必在一對二的劣勢下作戰。那麼倫嫩坎普夫將做什麼呢？

自1914年8月23日下午2時30分從霍夫曼那裡獲悉整個局勢的時刻起，就是這一點令魯登道夫及其參謀部寢食難安。讓「東方大隊」充當抵禦倫嫩坎普夫的盾牌，可以避免最嚴峻的風險，但是等於放棄所有的勝利果實。另一方面，不理會倫嫩坎普夫，利用他向前推進的機會，令「東方大隊」向南挺進，則無疑會打擊孤立的俄國第6軍——不是兩個俄軍對一個德軍，而是兩個德軍對一個俄軍——然後以排山倒海之勢直插薩姆索諾夫的後方。

1914年8月24日夜間，興登堡依照魯登道夫的決定，命令馬肯森和貝洛以「最快速的強行軍」揮師南下，打擊俄國第6軍。霍夫曼說：「根據高級司令部的觀點，當晚的局勢是整個會戰中最為艱難的。」甚至在發布命令的時刻，興登堡對於馬肯森軍調動一事仍未能下定最後決心——誰會責怪他呢？該軍應出發南下，但它隨時可能不得不折回，以幫助為阻延倫嫩坎普夫大軍前進而孤軍作戰的德軍騎兵師。命令還是下達了，整個1914年8月25日，「東方大隊」向南進軍。

在這個危急時刻，倫貝格危機的故事以驚人的事態重演了，再加上倫嫩坎普夫的遲鈍，就引發了稱之為無恥背叛的指控。俄軍的電報和通訊系統均不合格，他們所有的通訊設施都落後而且低效。但是，如我們所知，他們擁有無線電臺。他們的無線電廣播此刻以滿不在乎的簡單方式在兩則未譯成密碼的電文中向世界宣告了倫嫩坎普夫和薩姆索諾夫在1914年8月25日和26日將要採取和不採取的軍事行動。設在柯尼希山堡壘中的德軍無線電臺聽到了這些洩漏出來又令人驚訝地軍情。清晨，第一則電報告訴他們，俄第1集團軍到1914年8月26日才會抵達蓋爾道恩—阿倫堡—韋勞一線；因此他們確定，倫嫩坎普夫不可能參加薩姆索諾夫的戰鬥。下午，第二則電報洩露了薩姆索諾夫策劃的所有調動。該電報表明：薩姆索諾夫認為德國第20軍的向後旋轉是德軍全面撤退的一部分，因此他只要追擊就行。這份電報大大地打消了德軍的疑慮。它表明薩姆索諾夫對第20軍的進攻在1914年8月26日以前可能不會發動。「還有」，霍夫曼冷冰冰地說：「命令證實了我們已經得到的有關俄軍實力的情報；除此之外，我們還非常欣喜地知道了敵人個別軍隊的準確目標。」就這樣，命運之神將他戲謔的、預知的微笑投給了魯登道夫將軍，這是他事業發端過程中最值得紀念的時刻。

當他於1914年8月23日抵達時，正如他所相信的，也正如全世界早就相信的，在混亂中恢復秩序、免除災難，在阻止潰敗的事業中，命運之神為他提供了現成的大好機會，只需他點頭同意即可。1914年8月25日，當他一直為倫嫩坎普夫的威脅和薩姆索諾夫與第20軍即將進行的戰鬥擔著兩重心的時候，命運之神打消了他在這兩方面的疑慮。對倫嫩坎普夫在2、3天之內可以不予理睬，這樣德軍在東線的所有部隊都可以攻擊薩姆索諾夫的右翼，而薩姆索諾夫本人要到1914年8月26日以後才會發動認真的進攻，到那時德軍整個第8集團軍都將部署完畢——法蘭索瓦在右翼，莫根的一個師已轉而開往受威脅的左翼。他也不必擔心陷阱。截獲的

無線電報所說的調動，可以用一般的接觸和戰場偵察方法予以核對，事實證明情報是準確的。這就是作戰的方法。

德軍高級司令部以比較寬慰的心情度過了 1914 年 8 月 25 日的夜晚。馮・法蘭索瓦將軍率領第 1 軍，在各分遣隊相當於一個師的兵力支援下，正迅速抵達德軍防線的右翼。為了支援預計在 1914 年 8 月 26 日惡戰中受威脅的第 20 軍，魯登道夫要求他於拂曉攻擊俄軍左翼。對此，法蘭索瓦表示強烈抗議。他的作戰部隊只有一部分下了火車，大炮也只運到了少少幾門，彈藥運輸隊更是一個也沒有抵達，給他下達的任務太嚴峻了。薩姆索諾夫已經派遣新的俄軍第 1 軍保護他的左翼，該軍現正在烏斯道山脊掘壕防守；其左翼由一個警衛師、一個步槍旅和兩個騎兵師組成，幾乎延伸到了波蘭邊境。法蘭索瓦如果按指令進攻俄第 1 軍，勢必首先將自己的左肩部，然後是背部暴露給其餘俄軍。他想找到敵軍的真正側翼並作更寬廣的旋轉運動。法蘭索瓦最終堅信，要服從命令他是既無實力也無時間，於是他決定持更堅定的反對態度。他不願意做正面進攻。無論如何，在沒有充分炮火準備的情況下他是不會發動進攻的。「記住馬肯森上週在貢賓嫩的遭遇。」魯登道夫從一開始便決心在一位能征善戰卻桀驁不馴的下屬面前維護新司令的權威，他簡單明白地堅持自己的意見。主持這場激烈討論的興登堡保持威嚴的緘默。氣氛是如此緊張，以至興登堡覺得有必要與法蘭索瓦見面，用他個人的全部影響力來強制執行命令。在這樣的壓力下，法蘭索瓦採取了消極抵制的戰略。他服從了——但是以一種他自己的獨特方式表示服從。

誰也不能說法蘭索瓦在 1914 年 8 月 26 日沒有進攻；但事實上他拖延行動並制約部隊，以致幾乎沒有任何進展。直截了當地說，實際上他從早到晚都在玩弄集團軍參謀部。他的做法不只是勉強的遲緩行動，而是計算好的有意挫傷參謀部意志的舉動；這一點有事實為證：詭計多端的法蘭索瓦在 1914 年 8 月 25 日夜間詢問第 20 軍，他們是否真的受到極大壓力，以致他必須在

沒有炮火支援和尚未做好準備之前就發動攻擊去救援他們。第 20 軍安慰性地答覆說，他們安然無恙，他沒有必要連累自己的準備工作。魯登道夫煩躁不安地捱過隔日的上午，還是完全摸不準法蘭索瓦到底在幹些什麼。直到晚上他才明白自己受了愚弄。不過到晚上又有另外的事情發生。

「東方大隊」的兩個軍與保護薩姆索諾夫右翼和後方的俄國第 6 軍發生了戰鬥。這是一場遭遇戰。俄軍渾然不知遇上了嚴重危險。他們以為某部分退後的德軍可能正在與他們相隔相當距離平行地向後行軍，而其他退後的部隊將緊隨其後去往拉斯滕堡。薩姆索諾夫的命令為他們勾勒出了這幅影像。然而 1914 年 8 月 26 日清晨，俄國第 6 軍得到意想不到的消息，說敵人一個旅在勞滕出現，稍後的消息又稱，該旅正在占領塞堡。他們滿懷激情地用一個師向敵人發動進攻，結果與德軍整個「東方大隊」（兩個軍和第 6 後備旅）遭遇。德軍以拚死一戰者才能達到的速度自北撲向他們，戰鬥立即爆發。進攻的俄軍師團絕望地發現自己寡不敵眾。他們英勇地對抗，直到夜晚。反方向進軍馳援的友軍也遭受慘敗。俄軍軍長喪失了鬥志。當晚和次日全軍南逃，各個師一路不停地逃命，直到他們抵達與戰場分別相距 21 英里和 25 英里的奧爾席嫩和瓦倫。德軍徹底打敗薩姆索諾夫的第一次打擊已經命中。薩姆索諾夫的右翼防衛已被攻破；有關的將軍沒有把這一個重要的消息告訴他，在拖延了好幾個小時以後才以含混不清的方式對他提及。

在 1914 年 8 月 26 日這重要的一天，法蘭索瓦的大炮已經抵達，於是他宣布準備於隔日破曉開始進攻。興登堡和魯登道夫前行到吉爾根堡湖末端的高地，在高地的冷杉林中豎起了一座高聳的木架，從上面可以清楚地瞭望。清晨 6 時，他們興高采烈地獲悉，烏斯道陣地已遭猛攻。然而事後證明這個消息虛妄不實。戰鬥部隊錯把西南 2,000 碼處的邁施利茨村當成了烏斯道陣地，真正向烏斯道發起的進攻到 10 時才開始。

有人認為烏斯道的此次交戰，又一次在俄軍左翼施加了前一天落在其

右翼的災難。法蘭索瓦的全部大炮，得到了從堡壘撤出的重炮加強，向俄軍在烏斯道山脊上面對西方的壕塹猛烈開火。這些戰壕急匆匆挖成相連的線狀，既無土護牆也沒有掩蔽射擊坑，卻擠滿了人員。戰壕很快便塞滿死屍和傷員，主要負責保護薩姆索諾夫集團軍左翼的俄軍，表明無力經受大炮的狂轟；右邊那個師在前，左邊那個師在後，甚至在德軍步兵發動必要的攻擊之前便已離開戰壕，相當混亂地向南湧去，沿來路向索爾道方向潰逃。就這樣連續兩天，兩支保護俄軍中堅部隊推進的側翼軍被徹底擊潰，1914年8月27日夜間，薩姆索諾夫剩下的唯一微弱希望就是：立即撤退。

我們將在薩姆索諾夫設在小鎮奈登堡的司令部度過1914年8月27日的夜晚。他的右翼軍（第6軍）出現了驚人的混亂，在來自倫嫩坎普夫前線的強大德軍攻擊下已經後退。他的第1軍已經逃離在他左側的烏斯道陣地。在中央，位置遠在這兩支不可靠的衛隊前面，勇猛的第15軍連同它左邊第23軍的一個師，已經與德軍中堅部隊激戰3天；他的第13軍沒有發現前面有強大的阻力，實際上已向前推進至阿倫施泰因。兩翼潰敗，中央深入險境，前途堪憂，再加上可怕的糧食缺乏！在如此環境中薩姆索諾夫是如何做出反應的呢？

一位久經沙場的司令官至此居然沒有意識到全軍所面臨的致命危險，這簡直難以想像！只有立即命令第13軍、第15軍和第23軍撤退，命令兩翼軍出擊，才能提供唯一可能的逃離線會。但是俄國人特有的宿命論所產生的黯淡思想，似乎限制了這位命中注定要遭難的司令官，他已誤入歧途，他還以為所要對付的只是一個被打敗的敵人。但是木已成舟，就讓命運來做出決定吧；死亡要比撤退好。或許明天會有好消息。可怕的精神呆滯控制了這個憂慮苦惱的人；1914年8月27日午夜，薩姆索諾夫命令他的中堅部隊繼續進攻。但是正如興登堡所言：「他們已不再尋求勝利，而是尋求毀滅。」

1914年8月28日凌晨，全體德軍開始反攻。第20軍，左翼得到第

3後備師和高爾茨師的增援，對俄軍中堅部隊的猛攻取得了不斷擴大的戰果。馬肯森（第17軍）和貝洛（第1後備軍）向西運動有雙重目的；一則，支援第20軍；再則，趕赴合適陣地來保衛後衛和側翼，防止最後姍姍來遲的倫嫩坎普夫部隊的攻擊。但是決定性的戰鬥發生在德軍的右翼，這裡再次出現了法蘭索瓦明目張膽的不服從。當天魯登道夫情緒並不是很好。他覺得戰鬥已經獲勝；他不企求決定性的勝利。只要確保打退倫嫩坎普夫的攻擊，他打算滿足於較小的戰果。他傳令給馬肯森和貝洛，並於隔日重申前令，阻止這兩支勁旅在戰鬥中過於發揮全部的戰力，還阻止他們封閉東南面俄軍可以撤退的寬闊缺口。

誰也不能指責魯登道夫對倫嫩坎普夫採取了小心提防的部署。但是根據進一步的了解，他在1914年8月28日對法蘭索瓦所下的命令有不妥的跡象。當日一整天都奮力東進追趕敵軍的法蘭索瓦，傍晚時已經進入奈登堡。魯登道夫命令他改變方向，幾乎是面朝正北，向拉納前進。這些命令的含意，實際上是放棄任何試圖包圍俄軍中堅部隊大軍的企圖。命令還責備法蘭索瓦讓部隊進入森林地帶，說後果必然是他與大軍分散，不能參與更多的戰鬥。命令使用了格外令人感動的措詞，並於結尾嚴正要求說，該軍「如果能將上述意圖及時執行，可望為全軍做出最大的貢獻。一切皆取決於第1軍」。但是馮・法蘭索瓦將軍的想法迥然不同。他的先頭部隊已經處於自奈登堡至維倫堡公路的中途。這條路向正東方向延伸，從各方面看都便於實現他的目的。它經過的鄉間開闊地帶，正好在森林邊緣步槍射擊的有效射程之內。因此，馮・法蘭索瓦將軍在1914年8月29日一整天催促他的部隊沿這條路前進，他一邊走一邊沿途建立哨所和警戒哨，以封鎖俄國大軍。至黃昏時分，法蘭索瓦的防線大功告成。他以25個營在50公里長的地面上形成了一條防線。到了當日夜裡，儘管再次接到向東北前進的命令，他仍是在奮力試圖從森林逃走的俄國大軍與任何可能從華沙方向進攻他的敵軍之間建起了這條單薄的哨所線。魯登道夫又一次默許這位

敢冒風險的下屬軍官強加給他的決定。

我們現在已經到了悲劇的最後一幕。英國駐俄國聯絡官諾克斯將軍曾置身於薩姆索諾夫的參謀部。1914年8月28日上午，他從奈登堡乘汽車與總司令會合。他發現薩姆索諾夫正在路旁研究地圖，周圍圍著參謀官。薩姆索諾夫突然站起身來，命令他的哥薩克衛士為他和參謀們提供馬匹，準備向第15軍方向馳去。諾克斯將軍打算騎馬與他做伴，但是薩姆索諾夫把他叫到了一旁。他說，局勢非常嚴酷。他不知道會出現什麼情況。他不希望一位外國軍官陪伴他。這裡即使發生最壞的情況，也不會影響戰爭的最終過程。說完這些，他便道別策馬而去。諾克斯補充說，薩姆索諾夫和他的參謀部人員都很鎮靜。他們說：「敵人有走運的一天，我們也會有走運的另一天。」諾克斯隨一長隊汽車返回，剛好及時穿過奈登堡。

我們原可以伴隨薩姆索諾夫將軍再走一程。他在第15軍司令部度過1914年8月28日的夜晚。隔日一整天，俄軍中堅部隊繼續解體，大量驚慌失措的士兵在森林裡漫無目標地湧來湧去。最後只剩下將軍和他的7位參謀官。夜色來臨，他們棄馬步行，掙扎著向東走。這位患有哮喘的將軍，此時精疲力竭，而且極度悲傷，由幾位軍官攙扶著前進。最後，他再也走不動了。他喃喃地自言自語：「皇帝信任我。」說著便轉身離開了其他的人。現在他已是孤身一人。可是3天以前他曾指揮25萬大軍！參謀官聽到一聲槍響；他們試圖尋找他的屍體，但一直沒有找到。他們只得繼續上路了，有幾個人逃脫回來報告了這一消息。

1914年8月30日和31日期間，最後幾幕繼續上演。被擊敗的軍隊大多沿著他們前進的老路退後。但是試圖從森林南沿逃走的俄軍，不管是散兵遊勇還是成群結隊，都遇到了法蘭索瓦所設封鎖線的無情炮火，被逐回原處。他們不分晝夜一次又一次拚命做逃跑的最後努力。經常有一隊又一隊的士兵，跟在牧師高舉的十字架後面，冒出叢林衝向德軍防線；但無一人到達那裡。

坦能堡戰役

德軍某團戰史寫道：「在灰暗的晨光中，敵軍一長列縱隊的士兵慢慢走出森林，沒有任何保護部隊，顯然是和平舉動，絕對不允許被當做攻擊的靶子。不幸的是，幾個激動的步槍手很快向他們開火；聽到槍響，步兵營和機槍連全部火力齊發。機槍連是首次作為完整單位使用的，它用全部6挺機槍射出連續殲滅性的子彈。很難想像有比這更可怕的後果。俄軍丟下車輛和馬匹拚命躲進樹林。受驚負傷的馬匹在田野上漫無目的地狂逃，馬車傾覆，頃刻一片大亂。依然攜有武器的俄軍試圖在叢林邊占據陣地，但很快的他們便在長竿和步槍上掛起了白色衣服，表示他們認為繼續前進是徒勞的，願意投降。」

1914年8月31日，俄軍大量投降。馮·法蘭索瓦將軍軍團的一個營抓獲戰俘17,000人。空中偵察發現大批軍隊在各空曠地集合，在德軍司令部引起了驚慌，後來才明白他們是戰俘，閃光是從德軍護送戰俘部隊的刺刀上發出的。德集團軍司令部不知道他們在森林中截獲的俘虜有多少。霍夫曼在1914年8月30日估計的數字是40,000，但是格呂納特有把握的認為不超過20,000。霍夫曼打賭說，如果戰俘人數不到20,000，每少一個人，就輸給格呂納特1馬克，如果超過20,000，格呂納特則為多1個人付給他1馬克。打賭沒有被對方接受，他有充分理由表示遺憾。勝利者收容的總數為92,000名未受傷的和30,000名受傷的俄軍戰俘。在92,000名戰俘中，有60,000名是法蘭索瓦軍受之無愧的戰利品。

到1914年8月28日晚，魯登道夫對取得完全勝利感到心滿意足，他也滿意於已經構築起對付倫嫩坎普夫的防線；倫嫩坎普夫的騎兵師此刻終於接近阿倫施泰因，幾乎可以俯瞰他們的友軍剛剛覆滅的戰場。下一步就要輪到他們了。

在大戰期間以及此後數年間，坦能堡戰役的榮耀被魯登道夫成功地據為己有。這是他上升到實際控制整個德國戰爭地位的墊腳石。興登堡沒有提出個人要求。他心甘情願讓魯登道夫的宣告沒有遭到任何反對的通過。

宣告如下:「馮‧興登堡將軍一直同意我的建議,並高興承擔同意這些建議的責任。」但是現在已經有了無需爭議的事實證明:首先,集結第 8 集團軍對付薩姆索諾夫的所有軍事調動的命令早已由普里特維茨參謀部根據霍夫曼上校的創議下達,而且這些調動在魯登道夫抵達集團軍司令部時已接近完成。其次,魯登道夫於就任途中所發布的僅有命令,除了那些與小規模增援相關的命令之外,就是將第 8 集團軍司令部後撤至馬林堡,和在他到達之前授權各軍獨立行動。他的這兩種干預都不合時宜,結果導致損失寶貴的時間。在會戰過程中,魯登道夫於 1914 年 8 月 25 日努力迫使法蘭索瓦進行不成熟的進攻;而這樣的進攻一旦受阻,勢必讓薩姆索諾夫的軍隊得以在遭受滅頂之災以前逃脫。法蘭索瓦違抗了他的命令才取得重大戰果。1914 年 8 月 28 日,魯登道夫聽任俄軍中堅部隊逃跑。在一陣緊張中,他阻止第 17 軍和第 1 後備軍有效地封閉通向東方的缺口;同日還命令法蘭索瓦向無疑會導致大批俄軍向東南逃走的方向推進。事實上,興登堡確實曾根據魯登道夫的建議於 1914 年 8 月 28 日夜間致電德軍最高司令部稱:「戰鬥取得了勝利;將繼續追擊。俄國兩個軍的投降很可能難以達到。」

馮‧法蘭索瓦將軍冒著巨大風險違抗兩項命令;他正確地衡量了敵人的特性,沿奈登堡—維倫堡公路布置了哨所和警戒哨組成的包圍圈,使整個俄軍中堅部隊墜入陷阱。勝利的光榮在相當程度上屬於霍夫曼將軍,同時這一榮耀必須永遠和馮‧法蘭索瓦將軍的名字連繫在一起;雖然只有指揮一個軍,但他以少見的謹慎與無畏的精神來作戰,體現了真正軍事天才的特性;他根據自己正確的堅強信念來蔑視魯登道夫,因反抗他的命令才為他贏得令人目眩的勝利。他的這些觀點,對魯登道夫似乎顯得苛刻,但現在已為德國軍界所接受,這一點或許可以從紀念坦能堡戰役十週年慶典的照片推斷出來。在照片中法蘭索瓦坐在榮譽席上,甚至德意志共和國總統興登堡本人,也以坐在他的右側而自豪。

坦能堡戰役

　　坦能堡戰役正式開始了興登堡和魯登道夫之間值得注意的夥伴關係。興登堡在忠誠和有禮的措辭中把它描述為幸福的婚姻。魯登道夫則對它做了更加明確和較少優雅的描述。他們的合作是歷史上大人物有名的友誼之一。它的魅力是不可抹殺的。在本書中將經常出現這兩個人名，為了避免不斷重複，使用帶有神祕色彩的符號「HL」來表示他們的聯盟，將是方便的。

首戰馬祖爾湖之役

德國第 8 集團軍在興登堡和魯登道夫指揮下，與薩姆索諾夫和倫嫩坎普夫的兩支原本占優勢的集團軍進行了兩次大戰，這兩次戰爭不但是軍事上的經典之作，而且是戰爭藝術的一個縮影。英國最傑出的軍官之一，艾恩賽德將軍用了一整卷的篇幅來描述東普魯士頭 30 天的戰事，該書是任何軍事學家均不應忽視的讀物。本章的內容不得不限於對軍事行動的一般敘述，並把這些戰事與整個歐洲戰場連繫起來。

到 1914 年 9 月 1 日夜晚，坦能堡戰役的勝利者已轉向新的任務；這個新任務應該是什麼，勝利者沒有絲毫的疑慮。霍夫曼說得很簡潔：「薩姆索諾夫的軍隊實際上已經被殲滅瓦解。他所率領的 5 個半軍團，其中有 3 個半非死即俘，所剩約 1 個半的軍團不得不返回至華沙附近整編。現在我們可以騰出手來對付倫嫩坎普夫了。」

德軍信心十足，希望重新制定他們的戰略計畫。現在他們不再為可能遭到兩支優勢兵力的匯合進攻而焦慮不安，他們面臨的問題變得單純。許多未知的因素不復存在。他們已經檢驗了他們的軍隊在各種對敵作戰中的特質。他們知道，無論是進攻還是防守，敵人都不是他們的對手。此外，臨時從法國的德軍右翼撤出的兩個新軍（後備警衛軍和第 11 軍）已經抵達東普魯士。興登堡和魯登道夫麾下已有 17 個師（原有的 9 個師和 4 個輔助師加上從法國調回的 4 個師）。這支勁旅，在勝利的鼓舞下，有資格感到自己優於倫嫩坎普夫的軍隊，不管後者是 20 個還是 24 個師。

攻擊倫嫩坎普夫的方法不必到遠處尋找。只需從波羅的海到馬祖爾湖區進攻他的防線。當倫嫩坎普夫受到這樣箝制的時候，他的側翼非轉向不可；如有可能，他的撤退將被右側經湖區防線向北運動的德軍切斷。這條

首戰馬祖爾湖之役

由湖面、沼澤和德軍防禦工事組成的防線呈現出巨大的戰略優勢。小型的勒岑要塞正處於南、北湖區之間的缺口上。它堅定的指揮官不理睬俄軍要求投降的召喚，以開火作為回應，擊傷並俘虜了受遣執行這個大膽任務的俄軍軍官和號兵。俄軍在制定入侵東普魯士的計畫時忽略了需要少數重榴彈炮來攻下勒岑的必要性，所以面對那裡的永久性防禦工事束手無策。因此，勒岑成為攻擊倫嫩坎普夫集團軍側翼和交通線的重要橋頭堡和出擊口。寬度僅為 1 英里的缺口有一條優質軍用公路和一條鐵路經過，這兩條路可通往呂克和俄國邊界。在勒岑以南，一連串湖泊連續 30 英里，直至約翰尼斯堡，湖泊之間的許多缺口築有野戰工事來協助防守，在與薩姆索諾夫作戰期間，德軍未曾有一處工事失守。如果德軍能夠經過勒岑和湖泊間的其他缺口大舉推進，用正面進攻把倫嫩坎普夫困在他的陣地上，那麼，俘虜或擊潰他的全軍便是合理的預期。

　　需要決定的關鍵不是方法，而是對做正面運動和迂迴運動時相對兵力的部署。切記：進行中的迂迴運動將首先使自己的右肩，然後是後背，容易遭到在華沙或沿納雷夫河的任何俄軍攻擊。薩姆索諾夫集團軍的餘部或許不會馬上構成威脅，但是德軍無法知道沙俄帝國是否可能有其他軍事力量集結在重要鐵路中心華沙或他們設防河流的後方。必須在打敗倫嫩坎普夫前擋開或阻延此種可能的介入。行動的時間越短越突然，風險就越小。「興－魯」（HL，結合興登堡與魯登道夫的首字母）決定派 8 個師進攻倫嫩坎普夫的正面，另提供 5 個師加上 2 個騎兵師做迂迴運動穿過各缺口，再用剩下的 3 個師抵擋可能來自南方來的俄軍。對於這個布置，從當時至現在一直存在兩種意見。在迂迴運動中被委任為主要角色的法蘭索瓦強烈要求再增撥一個軍，這是很自然的，或許也是合理的。但是霍夫曼指出：HL 不能忽視倫嫩坎普夫可能率大軍向在他前面的德軍發動進攻的可能性，在這種形勢下俄軍將擁有二比一以上的優勢。

　　於是隨後做出如下決定：第 20 軍、第 11 軍、第 1 後備軍和警衛後備

軍進攻倫嫩坎普夫正面；派第 1 軍和第 17 軍以及第 3 後備師加上騎兵師進行迂迴。根據這些命令，德軍用 4 天時間進行重新組合，1914 年 9 月 5 日他們開始了全面推進。

與此同時倫嫩坎普夫及其所率的俄軍在幹什麼？吉林斯基又在幹什麼？直至 1914 年 8 月 27 日，吉林斯基仍以為他的第 2 集團軍在向北推進；但是他不安地感到，該集團軍或許需要倫嫩坎普夫的支援。當日晚些時候他打電報告訴倫嫩坎普夫，德軍正乘火車從倫嫩坎普夫的正面進行調動，猛烈攻擊薩姆索諾夫。他說：「盡快調動你部左翼向他靠攏，與第 2 集團軍協同作戰。」但是吉林斯基的命令沒有顯示出對第 2 集團軍有絲毫憂慮，而且他似乎對倫嫩坎普夫 3 個軍中有 2 個向西南稍稍進軍的調動感到滿意。1914 年 8 月 29 日晚 7 時一個更緊急的命令來到：「鑑於第 2 集團軍戰鬥激烈，總司令命令你調兩個軍馳援。騎兵應派往阿倫施泰因。」晚 11 時：「第 2 集團軍撤退，」──當然毫不誇張──「因此總司令命令該兩軍停止前進。」1914 年 8 月 30 日：「薩姆索諾夫將軍已遭徹底失敗，敵人現在完全騰出手來對付你。務必採取一切措施，切斷敵人有可能移師向你進攻的各線鐵路。謹防敵人設法經勒岑對你進攻。」

然而甚至到此時，西北戰線的司令官還沒有放棄封鎖柯尼希山的想法，1914 年 9 月 1 日，他的參謀部仍在為實現這個目的而組建一個後備軍。坦能堡戰役的失敗在吉林斯基和倫嫩坎普夫思想上引起的反應如出一轍。兩人都期望俄第 2 集團軍承受德軍進攻的全部重壓。倫嫩坎普夫決定撤退其全部兵力，集結在因斯特堡總防線。1914 年 9 月 2 日他發布命令，讓他的集團軍主力駐守在有壕塹的陣地上，一側臨海，另一側以湖區為依託。隨後的 3 天用於構築防線的工事；如沒有勒岑缺口和德軍進一步向南方的迂迴運動，這條防線倒是安全的。因為對勒岑方面的危險非常敏感，他布置了整整一個軍來守衛它的各個出口。吉林斯基贊同這些部署。他命令第 1 集團軍「不惜一切代價抵抗可能來犯的優勢兵力之敵，守住現在陣

首戰馬祖爾湖之役

地」。他命令第22軍、第3西伯利亞軍和第1突厥斯坦軍增援第2集團軍，第1突厥斯坦軍本身已成為新的集團軍——用以保護通向納雷夫河下游的各個進路，目的是威脅（雖然有點構不著）德軍計畫的那個迂迴運動。

但是在依託9月4日，馮·德·高爾茨所率的兩個半德軍師為擋開俄軍自南而來的干預，向姆拉瓦進軍，並攻占了該鎮。吉林斯基聞訊，便匆匆得出結論，認為德軍並非用全力進攻倫嫩坎普夫，而是準備攻擊華沙。他現在急切希望倫嫩坎普夫發動攻勢。他擬訂了發動另一場大規模同心攻勢的宏偉計畫；計畫規定第1集團軍、第2集團軍餘部以及3個新軍都將參加。這個攻勢訂於1914年9月14日開始。

這就是吉林斯基將軍在1914年9月4日夜間所下達的命令。命令主要是針對虛幻的敵軍和想像的局勢，但隨後被現實所否定了。1914年9月5日、6日和7日連續3天，負責對倫嫩坎普夫主攻的德軍4個軍輕而易舉地推進，陳兵於因斯特堡壕塹陣地之前。他們直至1914年9月9日才開始戰鬥。與此同時，德軍的迂迴運動取得了巨大進展。法蘭索瓦率領3個師和一個騎兵旅，於1914年9月7日將疲弱的俄軍趕出了比亞瓦；並在翌日拂曉攻占了阿雷西鎮，該鎮和比亞瓦一樣僅由俄軍6個營和幾個炮兵連據守。參戰的兩個德軍師是在他們自己和平時期訓練的土地上作戰，他們熟悉每一吋土地，很快就將這幾支小分隊擊潰；法蘭索瓦乘勝率領第1軍轉向正北，逼近倫嫩坎普夫的交通線。他派第3師攻占呂克，以便進一步擴大包圍。

同時，馬肯森率領第17軍進軍經過勒岑缺口並部署在缺口之外。他們在這裡與前來迎戰的俄國第2軍遭遇，開始了一場激烈的戰鬥。1914年9月8日俄軍堵住了缺口。他們在各湖泊之間築壕溝防守，找不到任何手段來旋轉他們的側翼。原先準備在第17軍之後通過缺口的兩個德軍騎兵師，發現自己無望地被它的運輸工具所阻塞。外加兩個俄軍師於當日抵達，在暮色降臨時俄軍前線處處安全。

1914 年 9 月 9 日是大會戰的一天。興登堡率 4 個軍進攻因斯特堡防線。第 17 軍力圖全部通過勒岑缺口。俄軍頑強地頂住了所有的進攻。他們構築的縱深戰壕可以保護他們不受德軍大炮的傷害。他們不像薩姆索諾夫左翼護衛部隊那樣，在坦能堡戰役的第 2 天被大炮轟出了淺淺的壕溝。現在，在德軍狂轟之後，俄軍仍有足夠的將士活著來阻擋敵人步兵的進攻；德軍沒有足夠的彈藥把俄軍陣地夷為平地，像在西線習以為常的那樣。實際上，1914 年 9 月 9 日夜晚到來時，德軍正處處進攻，而俄軍防線處處完好無損。

　　但是，俄軍沒有辦法阻擋自南而來的迂迴運動。法蘭索瓦跟在坦能堡戰役中一樣，這一天同樣扮演了取得決定性光輝勝利的角色。1914 年 9 月 9 日破曉時（凌晨 3 時 30 分）他所率領無堅不摧的兩個師攻破了抵抗第 17 軍的俄軍左翼和後衛，並使之動搖、混亂且潰不成軍。勒岑缺口對面的整個俄軍防線頓時大亂。在正面艱苦作戰的俄國 4 個精銳師團側翼被迂迴包抄，後方遭攻擊，終於被擊潰並逃離戰場，留下 60 門大炮、5,000 名戰俘以及所有輜重都落入法蘭索瓦之手。戰爭中那些致命的轉折的確太冷酷，太殘忍，太不公正了，這些人們完全看不到和根本無法控制的事情奪去了英勇的士兵用他們的犧牲和他們的勝利得來的全部成果。據艾恩賽德將軍計算，法蘭索瓦的兩個師在 4 天之內行軍 77 英里，其中有兩天還進行了部署和戰鬥。所以，他們至少理應得到落入他們手中的一部分獎賞。

　　在這些戰事期間，法蘭索瓦的第 3 師在一次勢均力敵的戰鬥中打敗了駐呂克的俄軍。倫嫩坎普夫左路軍的側翼現在受到阻擋，德軍兩個軍和兩個騎兵師只需穩步北進，經貢賓嫩進攻斯塔盧波嫩或維爾科維斯基，就可切斷俄軍退路。1914 年 9 月 9 日這一天在東普魯士的浴血激戰中就此告終。

　　但是現在倫嫩坎普夫以全副精力投入工作。他沒有費心跟吉林斯基打交道，便決定趁時間還來得及就逃跑。他一心想著要逃跑。他的部隊在勒岑前面大敗的消息一傳到司令部，他就命令全軍立即總撤退，由兩個師進

行反擊，作為掩護。艾恩賽德將軍說：「俄國第 4 軍第 40 師和第 2 軍第 26 師進行了最英勇的反擊，完全成功地達到了目的。」這次反擊持續了 1914 年 9 月 10 日一整天。德軍第 20 軍遭受了驚人的傷亡，被打得完全停頓。直到 48 小時以後才重新前進。俄國軍事年鑑不應該忘記這一項功績。在這兩個師的無畏保衛下，倫嫩坎普夫和俄國第 1 集團軍開拔回老家。他們開始時走得很快，隨後則更快。面向正東方，他們又踏上了 3 週以前滿懷過於自信的希望走過來的老路。為了逃命冒盡一切風險。各師沿一條公路的兩側平行前進，公路上擠滿了看不到盡頭的運輸隊伍。他們徹夜行軍，然後日夜兼程連續趕路。集團軍主力在 50 小時內走了 55 英里，還依然保持隊形。跌倒也好，蹣跚也罷，他們堅持前行以躲開敵人，敵人的詭計甚至比槍炮更可怕。

　　但是如果法蘭索瓦和馬肯森獲准按原定方向進軍的話，那麼俄軍無論怎樣敏捷和迅速都無濟於事。他們必然會在貢賓嫩與維爾科維斯基之間的退路上被德軍切斷，一切都將陷入混亂。逃跑的速度是至關重要的，但光靠速度本來不可能得救。正是不為歷史注意的那兩個英雄師團的無名戰士和指揮官的反擊，才拯救了這支軍隊。他們給德國第 20 軍留下了深刻的印象，他們在魯登道夫腦海中留下了更重要的印象。這位包含如此之多的優秀特質的偉大軍人和天才，卻深受他自己那非常活躍的理解力所害。他沉浸於計畫的中心，每時每刻都收到紛至沓來的真真假假的消息，並對它們做出反應，所以魯登道夫從俄軍的反擊中得出不祥的印象。他不讓馬肯森和法蘭索瓦朝東北方向迅速追擊，而是將右翼部隊縮回，以參加他預計於 1914 年 9 月 10 日在達爾克門周圍展開的戰爭。因此，在當日早晨太陽高懸天空之後，馬肯森和法蘭索瓦所率領漫長的縱隊向北出發，部署在因斯特堡俄軍陣地的戰術側翼。顯而易見，他們只抓住了撤退俄軍的邊緣，甚至在事實上，撲了個空。

　　到了 1914 年 9 月 10 日夜晚，攔截的機會已經消失。剩下來的辦法只

有窮追猛趕了，而在這方面，俄軍比貪婪的追兵有更大的刺激力，因而更能加快步伐。1914 年 9 月 13 日以後德軍的追擊鬆弛下來，俄軍的大批部隊和車輛，在斯塔盧波嫩險些被一次阻塞梗住，他們經過每一條朝東的鐵路、小道和羊腸小徑走，向回家的方向湧去。最後一戰是在維爾科維斯基進行的。俄軍後衛必須在這裡做困獸鬥以贏得幾個小時，讓大量後衛部隊脫離險境。倫嫩坎普夫決定（或許是正確的）不採取任何辦法來解救後衛部隊。他們戰鬥到最後，全部被殲滅。但是在損失了 45,000 名戰俘、約 200 門大炮並遭受了約 100,000 人的傷亡之後，倫嫩坎普夫大軍從已經吞噬了薩姆索諾夫的虎口中掙脫出來，逃到涅門河。

　　差不多有一個星期，吉林斯基頻頻向虛空發布命令。吉林斯基幾乎每個鐘頭準時發出無線電報，發送類似夢遊的命令，讀了這些命令的德國人，對這些指令感到困惑。他們不可能從俄軍高級司令的命令中獲得更多的消息了，即使把它們整理成冊放在眼前也毫無價值，因為那些命令此時已經不再和現實有什麼連繫了。指揮俄軍西北前線，雄踞一方的最高指揮官，調動百萬大軍猶如移動巨大棋盤上的棋子，聽起來何其宏偉。但是當吉林斯基在這生死攸關的一個月內每日坐在比亞韋斯托克的辦公桌前時，沒有哪一種精神折磨能比他承受的壓力更大。他手下的兩位集團軍司令是擁有彪炳戰功及戰術涵養，且舉國聞名的戰將。吉林斯基基本上能夠正確地發布命令，應是明朗清晰的，只需隔上許久發一次就已足夠。沒有出現什麼情況的時候，他得到的情報非常之多；而當發生重大事件時，反而他得到的消息很少，或者根本沒有。吉林斯基一生效命軍旅，作為具有最高專業技能的指揮員而受到崇敬。在 30 天之內，他原本了不起的好機會在徹底的災難中灰飛煙滅。現在他坐在同一房間的同一辦公桌前，身旁還是同樣的禮儀和慣例，但是他卻成了失敗者、歷史的笑柄和國家毀滅的根源──全都因為他以時時拍發電報作為他的職責，而事態發展卻與這些電報完全相悖。軍用地圖依舊，電報依舊，平靜的辦公室依舊，戰事卻發

首戰馬祖爾湖之役

生了令人毛骨悚然的災難。這是現代戰爭中高級司令部——幾乎是最高司令部——的魅力嗎？據說這就是歷史上偉大司令官的機遇和經歷。多麼駭人聽聞的欺騙，一場莫大的諷刺！歷史上那些傑出的指揮官們至少會策馬馳騁於戰場的硝煙之中，與他們實際指揮的士兵分擔危難。但是，這裡周圍只是一些地圖，在空中晃動的軍旗，全都為敵人所截獲的電報底稿，以及不連貫地傳來失敗消息和愁眉不展的參謀們垂頭喪氣地帶來的更多的噩耗。

軍事評論家們對吉林斯基的各項命令憤怒批評，但是現在已經意識到東普魯士戰役的價值和分量的那些評論家中，幾乎無人關心這些命令所提供的機會。最後，吉林斯基對倫嫩坎普夫勃然大怒。正如薩姆索諾夫在最痛苦的4天裡不再與他的上司保持通訊一樣，倫嫩坎普夫從他以值得讚許的敏捷和僥倖匆匆撤離因斯特堡防線的時候起，除了讓自己的軍隊逃走——事實上無非是讓他的司令部逃走之外，對什麼都不操心。為此他最後的行動非常迅速。他們反覆變動地點，往往一天變3、4次，直到危機過去，而此後他讓自己去了「遠離狂亂人群」的科夫諾。

吉林斯基雖然處於孤立無援被忽視的地位，但仍有許多事情應做解釋，他向大公和俄國最高軍事委員會傾訴了自己的不滿：「倫嫩坎普夫將軍考慮得更多的是他與參謀部的安全，而不是指揮軍隊的移動，實際上他已經有好幾天沒有指揮他的軍隊了。他報告說他正在向維爾科維斯基轉移，命令第3軍和第26軍向東撤退，而讓他集團軍中的其餘軍團聽天由命。他的參謀部與他同行。這個集團軍司令官的這種行為證明他已經不可能再指揮軍事行動了。在過去24小時之內他變動司令部的位置達4次之多，每一次都完全中斷了通訊連繫。」在任何情況下都靠倫貝格戰役的勝利為自己打氣壯膽的俄國最高軍事委員會冷冰冰地接受了這些宣告。他們答覆說：「倫嫩坎普夫將軍希望親自指揮他的部隊，這是很自然的」，建議吉林斯基應「努力設法與在維爾科維斯基的倫嫩坎普夫取得連繫」。而倫

嫩坎普夫此時已經到了科夫諾。

1914年9月17日——倫嫩坎普夫的後衛部隊在維爾科維斯基犧牲的那一天，吉林斯基被解除司令職務，從勝利的加利西亞戰場歸來的魯斯基將軍受命負責西北戰線。他將第1集團軍集結在涅門河前面。霍夫曼在日記中寫道：「啊，是啊，迄今為止我們依靠人數處於劣勢的兵力已經打敗了俄軍大約15個軍和8個騎兵師，但我們還沒有完成任務。現在要再次打敗他們。」

在此期間，奧匈帝國命運如何呢？

康拉德·馮·赫岑多夫將軍在倫貝格戰役中戰鬥到他的軍隊能夠支撐的最後一顆子彈、最後一寸土地和最後一分鐘。當1914年9月11日他被迫發出極不情願的撤退訊號的時候，他幾乎已經沒有戰鬥力了。撤退陷入一片混亂之中。各種運輸車輛在公路上每4輛排成一排前進，仍受到逃難平民的阻礙。「大戰之後普遍下了不尋常的大雨」，步兵步履艱難地穿過雨水浸透的田野。大炮不知怎樣穿過交通阻塞處前行。後衛士兵中只有極少數願意獻身效命。恐怖的叫聲「哥薩克來了」引發許多人的驚恐和慌亂。看不到盡頭的悲慘龐大人流——承受著各種肉體痛苦、疲憊、為陣亡同袍的悲傷、為戰事失利的悲哀，令人不堪回首——沒精打采地穿過田野。這些有如地獄之河一般的人流緩慢地流動，但不停地流動，在流向自己的家園，他們流動的速度比追趕的俄軍要快。現代步槍、數挺機槍、一兩個野戰炮組所顯示的威力，可以阻延追兵，使追兵停下來等待自己的炮兵，如果他沒耐心等待，就殺死他，這或許是最初向奧匈帝國軍隊灌輸的思想。但無論如何他們在艱難地前進；在掙扎著前進；他們在不斷遠去，遠離敵人的炮火，遠離恐怖的戰鬥，遠離被壓倒的絕望感。

普瑟密士是一座第一流的要塞。一大圈獨立的堡壘守衛著軍事地區，周圍有一些公路向這裡匯合，每條公路上都有人和車輛在徐徐移動。緊接著發生了無法擺脫的擁擠。幾天來普瑟密士本身已變成被大炮和運輸車輛

首戰馬祖爾湖之役

阻塞得結結實實的地域。通往這裡的公路上，各種車輛隨時會停滯不前。與此同時，俄軍的大炮在後面怒吼，步槍子彈和炮彈在癱瘓的隊伍中開花。到最後，在無可求助的情況下，只好給馬匹卸軛，扔下數英里長的運輸工具，儘管有的質地很差，但也未必是不受勝利者歡迎的戰利品。

普瑟密士還是得到了一些寬慰的。除了它自己的原有部隊之外，又加一個軍團留下把守這座要塞。後衛部隊消失在廣闊的要塞邊緣。堡壘的大炮向俄軍開火，俄軍被迫停止前進或者繞行很遠的路。但是奧軍的退後仍在繼續。在1914年9月16日抵達桑河的時候，軍隊的狀況使康拉德意識到不可能在那裡轉向。他命令繼續向杜納耶茨河退後，杜納耶茨河在倫貝格以西130餘英里處流入維斯圖拉河。

（奧地利官方報導說）「日日夜夜，步兵跟在大隊運輸車輛後面行進，他們低著頭，但並不氣餒；大炮在公路上的泥淖裡陷至輪軸，費力地慢慢向前拽動；各騎兵團，就像《啟示錄》中的騎士，在極度混亂中策馬向前，幾百匹馬的擦傷處已化膿，散發著刺鼻的氣味，往往很遠就暴露人馬的行蹤。」

過了桑河之後，由於即將出現的原因，俄軍的追擊放鬆了。到1914年9月26日，康拉德發現，在抵達杜納耶茨河之前有可能構築一道防線。6個星期以前的8月分在加利西亞投入戰場的900,000奧匈軍隊，現在只有遠遠不到三分之二重新渡過桑河。奧地利官方報導稱：「俄軍在其捷報中宣稱，敵軍有250,000人死傷，100,000人被俘，這並不誇張。」

但這還不是對奧匈帝國軍事力量的最嚴重損害。奧匈帝國軍隊的構成與世界上任何國家的軍隊都不一樣。互相之間充滿猜忌，匈牙利人的傲慢，捷克人、克羅埃西亞人和斯洛維尼亞人的泛斯拉夫野心，提洛爾人可疑的同情心，致使每4個人中就有1個人的忠誠極不可靠。軍隊的人員構成是：日耳曼人占25%，馬扎爾人（匈牙利人）占23%，捷克和斯洛伐克人占17%，塞爾維亞人、克羅埃西亞人和斯洛維尼亞人占11%，波蘭人

占 8%，烏克蘭人占 8%，羅馬尼亞人占 7%，義大利人占 1%。為了防止產生集體性的不滿，在許多單位安排了民族的混編。但是在戰前的軍隊幹部中，日耳曼民族的軍官占了約 75%，這個比例在低階軍官和軍士等專業人員中大致相同。有一道 80 個詞的德語訓令教育著由不同民族組成整個軍隊的訓練和控制。但在日耳曼民族以外，許多軍官對此一無所知。只是這個專職性的日耳曼民族的人員結構把全軍聯結在一起。這些勇敢堅定的職業軍人表現出滿腔的熱情。戰鬥中他們傷亡的比例大大超過普通士兵。他們當中有半數以上陣亡。他們是無法替補的。奧匈帝國雖然能指揮大量勇敢而願意服從的男子漢，但再也不可能由日耳曼思想來引導了。由於大量起用捷克、羅馬尼亞或克羅埃西亞等民族的新軍官，因而許多憎恨日耳曼民族、對哈布斯堡王朝漠不關心的人獲得了權力與職位。奧匈軍隊在被稱為倫貝格戰役的兩國之間的可怕戰爭中遭受如此重創，與馬恩河戰役的轉折一樣，是 1914 年戰爭中不可改變的最重大結果。這一結果是對康拉德主張緊張、真誠和勇敢的狹隘軍事信條的最嚴厲譴責。他最優秀的品格正是他國家毀滅的原因。在所有以往的戰役中，奧匈帝國在加利西亞的戰役是最需要利用時間的戰役。自漢尼拔進軍義大利以來存在過的所有軍隊中，奧匈軍隊是最需要細心的對待的一支。康拉德傷透了他們的心，在 3 週之內把他們的精力消耗殆盡。如果他處在毛奇的位置，有史里芬的計畫可以執行，有德國軍隊可以指揮，那麼今天他可能會是史冊中的傑出軍人，當然，那些史冊與現在將要出版的史冊迥然不同。

首戰馬祖爾湖之役

第二輪對決

到 1914 年 9 月中旬，可以說世界大戰「第一回合」的階段已經過去。馬恩河戰役勝負已定，體現在史里芬計畫中對巴黎的大舉突擊已明顯遭到失敗。倫嫩坎普夫被逐出東普魯士，結束了俄國對德國的入侵。幾乎與此同時，倫貝格之戰以俄國的勝利告終。法國在猛攻中生存下來；德國擊潰了俄國的入侵；奧地利全軍遭到失敗。各交戰國所有最訓練有素的部隊，全力投入上述戰役，造成的殺戮超過了以往有歷史紀錄的任何戰爭，並注定要超過本次世界大戰的任何其他月分。敵對各國雖然氣喘吁吁，血流成河，但仍擁有無限的人力、物力，它們怒氣未消，暫停是為了重整軍隊和補足兵員，重新充實武器彈藥，並重新擬訂軍事計畫。

馬恩河上和倫貝格周圍相似的失敗對中立國的影響是決定性的。羅馬尼亞在 1914 年 9 月初實際上已做出決定，向同盟國尋求加盟。在 9 月 11 日這個關鍵時刻，奧匈駐布加勒斯特大使切爾寧伯爵致電維也納稱，如果把蘇恰瓦這片領土割讓給羅馬尼亞作為回報的話，羅馬尼亞準備積極參加對俄作戰。陷入絕境的康拉德本應抓住這個機會；但鑑於法國和加利西亞戰場上的結局，羅馬尼亞的建議在被接受之前壓了下來。保加利亞目睹奧軍被塞爾維亞擊退，將自己隱藏在了難以被人覺察的保留態度之中。後面我們要談到義大利。

早在 1914 年 8 月 10 日，毛奇被判斷為才能不足；有關人士開始公開討論他的繼任者。1914 年 9 月 12 日，他被免除最高司令部之職；大戰爆發時任陸軍大臣的法金漢取代他進入最高司令部，這項罷免是保密的，而且要加以掩飾，所以沒有發布公告。毛奇病了，退出了領導職位；人們漸漸明白，這是發生了某種變動。

第二輪對決

新任總司令是一位能力出眾享有盛譽的軍人。他相對年輕一些。他的軍旅生涯是逐級晉升的。他具有高度的個人魅力和軍事政治家的廣闊視野。許多知名的評論家認為他是德國在整個大戰期間最有能力的軍人。法金漢完整地執行史里芬計畫，他個人更是對此計畫滿懷信心的支持者。他一直用疑慮重重甚至不滿的眼光，密切關注德軍在推進的右翼所遭到越來越嚴重的削弱，這是毛奇面對各種爭論事件的質疑壓力後做出讓步的象徵。他將這些後果歸咎於毛奇處理不當。並在上任後做出的第一個決定就是恢復史里芬計畫的原有形式；他不顧條件已發生變化，要以他的最大力量將之貫徹到底。為達此目的，他命令第 6 和第 7 集團軍之大部分從阿爾薩斯－洛林前線調出，以絕對優勢的兵力加強德軍右翼；他還建議，把在大戰之初熱情高漲時按照強大的職業體制所組建的 4 個青年志工的新軍也調往那裡。

然而時機已經錯過了。的確，要不是霞飛遲疑不決，德軍的右翼在法金漢擔任總司令之初就被擊敗了。自 1914 年 9 月 10 日起面東的莫努里集團軍受命向北進軍，開始做翼側的包抄運動，在運動中所有優勢都在法軍一方。隨著霞飛逐步緩慢地認清形勢，他開始伸出他的左翼，向北海衝去，從右翼撤回一個接一個的軍，派去向北延長法軍防線。於是，從阿爾薩斯－洛林調出的德軍，接連發現自己在派駐的每一個地點都面臨法軍一方進行自南向北的同樣運動。這個過程每天都在加速，並可能發展為一連串的翼側包抄遭遇戰，歷史上稱為「向北海賽跑」。到 1914 年 9 月底，法金漢意識到，實行史里芬計畫的日子已經一去不復返了。

法金漢的第二項決定是對海峽各港口發動大規模強攻。他的第 6 和第 7 集團軍的大部現在已用於充實新擴展的德軍戰線，1914 年 9 月 10 日起防線從努瓦永附近延伸到 1914 年 9 月 20 日所建立的里爾附近。此外，他還從德國本部調來 4 個新軍、第 3 後備軍和包圍安特衛普的幾支分遣隊，再加上從前線聚集或因莫伯日投降而騰出來的其他部隊可供他安排。法金

漢的新計畫是：攻占安特衛普並一勞永逸地解決比利時軍隊以確保其右翼安全，然後突進拉巴塞附近，並向布洛涅方向進擊。進攻呈兩個尖角狀，一角沿海岸經安特衛普推進，另一角從拉巴塞匯合西進；法金漢希望在這兩個尖角之間捉住在加萊海峽的比利時軍餘部和任何的法軍或英軍，成為從斯海爾德河口到塞納河口之間全部海港的主人，而英國的援助正是經過這些海港到達法國和比利時的。

然而，一系列始料未及和事與願違的事件阻礙了法金漢的規劃。英軍依照英國政府和約翰・弗倫奇爵士的要求已於1914年10月的第一週開始撤離埃納河。幾天後英軍乘火車橫向穿過法軍防線的鐵路交通線，抵達聖奧梅爾附近。他們將在這裡與在法軍防線後面行軍的英國騎兵會合。這支軍隊的兵力現在比滿員還多，它從聖奧梅爾出發，部署在沿拉巴塞到伊普爾的那條防線上，正是法金漢的新攻勢的目標。與此同時，英國內閣表明強烈的願望，支持和激勵比利時安特衛普，該城的堡壘在從奧地利借來的巨型榴彈炮猛轟下一個接一個陷落。皇家海軍艦艇分隊要到達這座受威脅的城市，比利時人撤離該市因而延遲了5天。為拯救安特衛普而努力的基奇納勳爵，把從帝國各要塞徵集的最後一個英軍正規師（第7師），連同一個騎兵師、一個燧發槍海軍陸戰隊旅以及從法軍那裡得到的一個本土防衛師，派往根特附近，統歸羅林森將軍指揮。

雙方對彼此的意圖均一無所知。基奇納勳爵和他的同僚們當然不了解法金漢行將投入戰鬥的強大兵力。法金漢和德軍最高司令部，對於在布魯日與根特及安特衛普之間與英軍正規騎兵和英軍的幾個著名軍團的先頭部隊不期而遇，感到困惑。英軍已經離開埃納河，不知去向，由法軍在原有陣地上取代他們。似乎極有可能的是，英軍將從海岸向德軍計畫推進的右翼發動強而有力的突襲。因此，據判斷有必要延遲正在比利時下火車的德國4個新軍的進軍，等比利時軍及其英國盟友未確知的兵力從安特衛普和奧斯坦德海岸被清除乾淨後再出發。到1914年10月9日德軍進入安特衛

第二輪對決

　　普這一天,這4個新軍才開始大舉南下。直到1914年10月11日,拉巴塞和阿爾芒蒂耶爾對面的德軍部隊才與史密斯‧多林率領的英國第2軍的前衛發生衝突。近距離的激烈戰鬥立刻開始,雙方都未能取得任何進展。普爾特尼率領的英國第3軍進入阿爾芒蒂耶爾附近的戰線,同樣受到了阻遏。德國4個新軍南下向伊普爾和敦克爾克推進,打算向正在拉巴塞和阿爾芒蒂耶爾進行激戰的英軍左翼迂迴。但是約翰‧弗倫奇爵士以軍人的無畏氣概,派遣黑格所率領的第1軍到伊普爾迎戰這些兵力不知底細的敵人。依靠命運,依靠騎兵,依靠更多的分遣隊,來彌合他兩支主力部隊之間的寬闊缺口。黑格在伊普爾找到了羅林森及其所率第7師和騎兵,與人多勢眾的德軍發生了一場新的血腥殊死戰鬥。在更北處,比利時國王阿爾貝特及其軍隊,在艦隊司令羅納克英勇的燧發槍海軍陸戰隊幫助和英國海軍重炮艦以及幾支小艦隊的支援,沿伊塞爾防線折向海灣。沿拉巴塞到北海的整個前線,現在爆發了激烈的戰鬥。比利時在英國的協助下打開了海水閘門,海水湧漫平地,造成了嚴重的海水氾濫,迫使德軍右翼(第3後備軍)的推進完全停止。

　　因此,德軍進攻的兩個尖角都無法取得進展。於是法金漢縮減他計畫的規模,從1914年10月20日起僅以在伊普爾和阿爾芒蒂耶爾取得中心突破為目標。但是他遇到了堅決的抵抗。到了1914年10月30日,他不得不把他的野心限縮為只想奪取伊普爾。為了實現這個任務,他派遣他的新軍團以年輕人的熱情投入戰鬥。在重型大炮的支援下,這批充滿青春激情與愛國主義的菁英人物似乎在人數上占了多數,他們往往排成密集的隊形,手攜手高唱德國國歌前進。他們遇到了久經沙場的英國正規軍所組成,現在看起來只不過是一條警戒線的阻擊,英軍精於使用步槍,還配有少數幾挺機槍,蹲伏在他們不能或者不願意離開的,互不相連的深洞裡。德軍遭受了怵目驚心的傷亡;進攻者以愛國捐軀的熱忱一次又一次地重新發動,但在精確瞄準的步槍火力面前一再遭到失敗。但是法金漢和德皇都

把伊普爾看作維護德軍威信必不可少的獎盃，頑固地堅持進攻，直到1914年11月中旬以後他們才終於接受從瑞士到北海的西方各條戰線已穩固相互對峙的事實。

簡述這些重大事件的目的是要說明它們對東線的影響。俄軍被趕出東普魯士，給了興－魯評估其南方盟國局勢的機會。奧匈帝國的軍隊在桑河後面遠處重新集結，他們的軍隊支離破碎、組織渙散、士氣低落，呈現出一片令人悲哀的悽慘景象。法金漢發現自己所面對的，不只是奧地利的求援申請，而且還有康拉德的嚴厲指責，因為他所保證的支援未能及時到達。奧軍狀況悽慘，而且維也納一旦被拋棄，往往存在單獨媾和的危險，因而目前說理比抱怨或誓約更為重要。然而法金漢在復活史里芬計畫的最初階段，和以後全神貫注於「向北海賽跑」的期間，一直執拗地對待奧地利的請求，他暫時絕對不會抽調西線的部隊。任何給奧地利的援助都必須來自興登堡和魯登道夫已經安排好的部隊。於是，兩個德軍司令部之間幾經電話討論之後，從第8集團軍抽調的4個軍迅速乘火車南下，部署在克拉科夫以北的地區。就這樣新建了德國第9集團軍。部隊調動所需的運輸進行得非常迅速，以至到1914年9月的第3個星期，主要由一週前一直在東普魯士作戰的部隊所組成的德軍第9集團軍約250,000人，已經部署在從波森以南至克拉科夫以東的100英里的戰線上。如地圖顯示，該集團軍面對上文提及的自華沙以南至伊萬哥羅德的俄軍防線上原來的缺口。新的突襲已經準備就緒，其目標指向很可能是死亡點的地方。

俄國在第一次衝擊中經歷了大規模盛衰無常的命運。在南方，1,250,000俄軍取得了巨大勝利；在北方，將近1,000,000人的軍隊被打得七零八落，陷入一片混亂之中，又退回了他們的邊境。

就在1914年9月中旬的這個形勢之下，法國政府透過外交管道提出正式的要求，要求俄軍開赴維斯圖拉河左岸集結，並直接入侵西利西亞。毫無疑問，此舉是進入德國心臟的最短途徑。加利西亞的南部設防區和防

第二輪對決

守該地的奧軍均已大大縮小，但是德軍對東普魯士北部設防區的完全控制仍然表明，俄軍渴望採取的軍事行動會面臨來自北方的致命危險。俄國大公和俄國最高軍事委員會對這個問題幾乎一無所知，他們對透過外交部而不是透過一個司令部對另一個司令部下達請求甚感不滿，認為這是法國政府對俄國戰略的干擾。最令俄國人神往的莫過於入侵德國，這是他們從大戰一開始就有的意圖。他們會竭盡所能，但是入侵的時機和方法必須由他們單獨做出判斷。俄國大公在答覆中向霞飛提出了各種問題。第一，如果德國將大部份軍隊從西線轉移到東線，他（霞飛）將在法國做什麼；第二，他的目的僅僅是清除法國和阿爾薩斯—洛林的敵人，還是準備向萊茵河推進，或者真的要深入到德國的中心。霞飛於 1914 年 9 月 20 日回信說，德軍事實上已經被以往的戰事以及由此產生的局勢束縛在西線，正在進行的軍事行動（即「向北海賽跑」）將產生把他們牽制在那裡的效果。至於挺進德國內地，那當然是沒有限制的。薩佐諾夫給法國政府的答覆，儘管措辭老練含蓄，卻一點也不令人鼓舞。在極大壓力下的法國人變得極端愛挑剔，於是俄國駐巴黎大使（伊茲沃爾斯基）懇求自己的政府做進一步努力來安撫他們。

1914 年 9 月 22 日，俄國大公在霍爾姆召開會議。會議決定將俄軍重新部署在維斯圖拉河後面的波蘭凸出部，作為俄軍主力向德國大舉進攻的第一步，儘管他們將冒著面臨來自北方的危險。為了防止這個危險，會議希望現已部署在涅門河和納雷夫河後面的魯斯基所率的第 1、第 10 和第 2 集團軍承擔防禦任務，認為魯斯基足以當此重任。但當魯斯基和倫嫩坎普夫講述了他們所受的損失之後，大公即斷定他們的部隊尚不足以擔當這個任務。因此他決定將第 5 集團軍（普勒韋部）派往華沙，增援現在幾乎面對正北的西北戰線，完成它擔負的任務。

這個問題決定之後，主力部隊開始集結。到 1914 年 9 月底，俄國大公著手大規模調動此前用於對付奧地利的部隊；1914 年 10 月份的前半個

月,步行或乘火車北上的 3 個完整的集團軍充實了從桑河與維斯圖拉河匯合處向北至華沙的防線。徒步行軍的第 9 集團軍被安排在最南邊的位置。乘汽車和火車的第 4 集團軍充實伊萬哥羅德周圍的中心地帶,第 5 集團軍與第 2 集團軍攜手充實華沙周圍。這樣,大公集合了 4 個集團軍共計 1,250,000 人,既有利於向德國進軍又可以迎擊德軍即將發動針對俄軍防線如今最薄弱部分的進攻。

然而這些調動才剛剛處於初期階段,1914 年 9 月 28 日,德國第 9 集團軍率領在其後邊的奧地利第 1 集團軍開始向東繼而向北推進,直逼伊萬哥羅德。直到此刻,俄國最高軍事委員會仍然根本不知道這個在波森－克拉科夫前線迅速組建的新集團軍,關於它的實際進軍行動更是被矇在鼓裡。一切都進行得非常隱蔽。1914 年 9 月 30 日,從一名死亡的德國軍官身上繳獲的袖珍筆記本向俄國人透露了這個意義重大的事實:只有兩個德國軍還留在東普魯士。其餘 4 個到哪裡去了?他們朝南來了嗎?這個消息證實了幾天前傳到西南前線司令部的各種含糊不清的跡象:德軍正乘火車南調。因此俄國最高軍事委員會正確地預見到,德國一個集團軍與奧地利左路軍正在密切合作,進行針對他們的重要調動。德軍已做的一切部署都與這個消息揭示的內容完全吻合。

德軍在迅速且穩步地推進。當俄軍掩護部隊經過 6 天長途行軍趕回來時,德軍在 1914 年 10 月第一個週末已接近維斯圖拉河。興－魯的目標是要攻占並守住從維斯圖拉河與桑河匯合處到華沙的全部渡口,得到這樣的保護之後,再攻擊中心要塞本身。他們從敵人並未產生任何懷疑的、滴滴答答的無線電報中得知俄軍的重大北調已在進行之中;他們無法估量調動的規模。俄國大公規模龐大的軍事行動在開始時與德軍的進攻並無關係,實際上它遠遠超過了德軍高級司令部的預料。但是,1914 年 10 月 9 日在格魯耶茨附近的一具俄軍屍體上發現的一份命令洩露了俄國的計畫。興登堡說道:

第二輪對決

看來，從桑河（與維斯圖拉河）匯合處到華沙，我們要對付的俄軍有4個集團軍，也就是約60個師對我們的18個師。僅在華沙一處敵人就部署了14個師對我方的5個師。這就是說俄軍以224個營對德軍60個營……敵人的優勢因為以下事實而進一步擴大：因為此前在東普魯士和法國連續作戰，以及在200餘英里非常糟糕的道路上長途行軍，我軍已精疲力竭，減員幾乎達到了編制的一半，有的單位甚至僅剩原有兵力的四分之一。我們這些兵力被削弱的部隊即將碰到新抵達編制滿員的敵軍……西伯利亞軍，沙皇帝國的精粹！敵人的意圖是把我們牢牢地牽制於維斯圖拉河，同時從華沙發動決定性進攻，以置我軍於死地。這無疑是俄國大公尼古拉·尼古拉耶維奇的一項龐大計畫，的確是我所知道的最龐大的計畫；在我看來，直至他去高加索之前，這依然是他最偉大的計畫。

興—魯決定加大步伐前進，投入俄國熊張開來等待擁抱的雙臂，這的確需要有取得輝煌勝利的信心，需要有鋼鐵般的意志和冷靜的無畏膽識。德軍一路前進；在德軍歷史上幾乎從未有過如此慷慨的行為，只為了救助盟國而願意去努力付出；另一方面，對本身優於俄軍這個事實也幾乎從未有過如此正確的評估。這或許是日耳曼戰略中最為「冒險」的軍事行動。但是他們採取了一切預防措施，以備一旦遭到失敗就逃之夭夭。從來沒有哪支軍隊既如此果敢推進，同時又為退後做了完整周密的安排。他們一邊走一邊在橋梁和隧道埋設地雷。對前進部隊的整個交通線都做了規劃安排，以使自己在必要時可以做最迅速的退後。為最壞的可能性做了這樣的準備後，德國第9集團軍用右手緊緊抓住丹克爾所率的奧地利第1集團軍，鼓勵他一起從正面向維斯圖拉河防線進攻。

俄國大公一定是非常滿意地看到，他能多麼得心應手地使他的各路大軍在行軍中改變排列，等待敵軍自投羅網，等待德軍發動在他看來絕對是孤注一擲的進攻。他有充分理由希望自己如此著力策畫的部署已成現實。隨著德軍向前挺進，興登堡發現自己遭到了不斷集結的大軍的抵抗，這批

軍隊人數越來越多，在他的左翼由馬肯森所率領的德國第 17 軍也開始接觸敵軍。持續的激戰在這一翼展開，德軍取得了尋常的戰術勝利——抓獲俘虜，繳獲大炮；但同時也感到敵軍人數不斷增長的分量壓在他們身上。從華沙自西南方向突然衝出的俄國第 2 集團軍大範圍地壓住德軍的左翼。與此同時，部署在維斯圖拉河後面的俄國 4 個集團軍力圖在多處打開通道。有許多亞美尼亞人服役的一個哥薩克軍，實際上已經在河對岸伊萬哥羅德以北 10 英里的科舍尼采沼澤地站住腳跟。如果能守住立腳點並架起一座橋，那麼這一通道再加上伊萬哥羅德的永久性要塞橋頭堡，將使俄軍獲得在廣闊戰線上多處出擊的路徑。奮力向前推進的哥薩克軍，和要把哥薩克軍釘在河岸上的德軍之間的持續爭奪戰在沼澤地愈演愈烈。霍夫曼說:「哥薩克軍在作戰中表現出驚人的勇敢。」,「在維斯圖拉河裡，也有俄軍大炮輪子留下實實在在的痕跡。」雙方的倖存者對河岸上這次小型持久戰的「恐怖印象」難以忘懷。沒有辦法逐退哥薩克軍，他們頑強地堅守他們的立足點；他們已經架起橋梁。與此同時，在更南邊丹克爾的整個第 1 集團軍被俄軍另一集團軍咬住，也受到威脅。

當在華沙前面的德軍左翼被壓彎和包抄時，向南的一翼也處於十分緊急的關頭。1914 年 10 月 12 日，馬肯森軍團的 4 個師離華沙已不到 12 英里，占領了一個幾乎就在城市邊緣的重要鐵路樞紐站。但是俄軍人數上的優勢和防線的漫長很快就成為不可抵抗的力量。處於相當寬敞的拉多姆營房的興—魯，現在是精神戰鬥的中心，這種戰鬥的嚴酷程度一點也不比親臨戰場指揮軍隊的那些人差。他們頑強地為勝利而戰。面對桑河對岸裸露的俄軍防線，奧軍沒有作全面的推進。大雨淹沒了鄉村。德軍向康拉德提出要奧軍給以支援的緊急請求，但得到的是不肯定的回答。丹克爾並沒有派遣奧軍到左翼，僅僅伸長了奧地利第 1 集團軍的戰線，騰出右翼的德軍第 11 軍。第 11 軍立即被調往了受威脅的左翼。興—魯所部的 4 個軍團被牢牢鎖住，與俄軍整個第 4 集團軍進行了殊死戰鬥。從這裡我們明白無誤

第二輪對決

地看到了雙方在東線準確的比率和價值。德軍以軍團作戰，俄軍則以人數3倍於敵的集團軍作戰；而戰鬥仍勝負難分！

但是血肉之軀再也無能為力的時刻來臨了；當德軍的整個戰線遭受猛烈攻擊，形勢緊張到危在旦夕時，只有他們精心制定的逃跑計畫才能拯救他們避免災難。1914年10月17日，興－魯再也不敢堅持下去了，於是下達了撤退令。撤退迅速又敏捷。冒著波蘭深秋的凍雨和細雪，第9集團軍採取強行軍模式快速退到西利西亞，沿途蹂躪農村，將身後的公路和鐵路通通炸毀。德軍的這一行動是所有俄軍追擊的訊號。從1914年10月19日起，俄軍從姆拉瓦河到桑河的整個戰線不遺餘力地滾滾向西進軍。

霍夫曼說：

我非常同意我們那位能力卓越的軍需主任、樞密院官員克貝爾博士的觀點：德國一支集團軍在進軍到離開鐵路約100公里時，必須停止前進。我們估計，由於俄軍的需求較少，也由於他們非常依賴自己的戰馬，可以給俄軍多算20公里⋯⋯因此，當他們還在德國邊界以東的俄國土地上時，我們應該能夠在一段時間內阻止敵人前進的。

他認為可以阻止敵軍數日。這個期間德國第9集團軍根據安排，開始了新的軍事行動，時間必須予以充分利用。

事實證明他的計算是正確的。德軍在6天之內退後了60英里，中途不止一次停下來做頑強抵抗。大致上說，到1914年10月底前後他們都回到了原出發點。

「在這一點上，」興登堡說，「我不得不承認，我們之所以能夠準確地知道對我們構成威脅的危險，是由於俄軍使用無線電報時莫名其妙的不慎，也可以說是得到了他們天真的幫助。透過竊聽敵人的無線電報，我們不但能了解局勢，而且能掌握敵人的意圖⋯⋯然而，事實看起來像不像我們的最終失敗只是推遲了一段時間？敵人當然是這樣想的，他們為此感到高興。他們顯然認為我們已經被徹底打敗了⋯⋯因為1914年11月11日

他們的無線電報稱：「緊追德軍已達120餘里，現在是將追擊任務交給騎兵的時候了。步兵已經感到疲憊而且供應短缺。」

因此我們可以著手新的軍事行動了。

失敗引起了盟軍相互之間的責備。德軍指責奧地利第1集團軍不該在關鍵時刻做不必要的撤退，進而暴露他們的右翼。他們還進一步抱怨奧軍在桑河對岸未做任何推進。的確，普瑟密士曾暫時脫離俄軍的包圍，但主要情形是，當德國精力充沛的部隊在多寡懸殊的情況下和惡劣的氣候中衝向敵軍時，奧匈帝國的大部隊似乎只顧對付自己前面已被削弱的敵人。這種場面生動地出現在德軍的頭腦裡，強而有力地震動在奧軍的耳際。

但光是找奧地利的過錯有什麼用？不論好歹，他也在作戰；而且是唯一的第一流盟國！德國人付不起跟奧地利人吵架的代價，德國人只能為奧地利人埋頭苦幹，吃了他們的苦頭還要和他們在一起。這可不是只需要暫時克制一時的惱火，這已經成為德國在東線作戰的長期條件。雖然德軍部隊敵得過2、3倍人數的俄軍，但是很顯然，奧地利軍隊沒有能力與俄軍一對一地作戰。

沒有時間可以浪費在這些毫無結果的責難之中。最迫切的需求是粉碎俄軍對西利西亞迫在眉睫的入侵。德國第9集團軍在經過從波蘭南部對華沙的進攻行動中損失了40,000人。它必須毫不拖延地再次出擊。可是從哪裡下手呢？1914年11月3日在琴斯托霍夫舉行的會議做出了決定。興登堡用手勢傳達了這個決定。他舉起左手，所有的與會者都心領神會表示同意。現在德軍從波森至克拉科夫邊境面向東北的戰線，必須重新部署為面對東南方自波森平原延伸到托倫要塞的戰線。

變動迅速得幾乎令人難以置信。忙碌的鐵路不得不再次發出車輪的轟鳴聲，這些交通線的完備組織用於軍事目的的效率再次得到證明，火車頭、車廂及專用線的效率等於使德國增加了兩倍軍隊。等到俄軍在追擊中幾乎耗盡激情時，德國第9集團軍早就從他們的戰線消失了。到了1914

第二輪對決

年11月10日,第9集團軍從托倫要塞向南至瓦爾塔河重又部署了70英里的戰線。之前從這裡的右側南進,對華沙做正面衝擊並不能恢復奧地利盟國的活力。現在從左側進擊,則可以保全德國自身免遭入侵。從波蘭南部撤退還不到兩個星期,第9集團軍已經做好準備向前推進,以完全不同的面貌、目的和方向發動進攻;而此時俄軍仍在早已沒有敵人的地方漫無目標地進行著追擊。

羅茲攻防戰

　　1914年11月8日上午，馮‧法金漢將軍在梅濟耶爾新司令部與戰地鐵路局長商討自西線運大軍往東線的問題。格勒納上校告知他說，橫貫德國的4條鐵路複線可以同時運輸4個軍。每個軍需有40列火車運送，4天半以後抵達目的地。具體安排是，兩個軍從右翼起運，一個軍從中央出發，還有一個軍則從戰線左翼啟程。如有必要，他甚至可以用單線鐵路運送第5個軍；不過毫無疑問，要將數量如此眾多的部隊從前線同時後撤，那就辦不到了。整個鐵路運作可以周而復始地進行，想維持多久都行。

　　東方戰場當然亟須增援。德軍自華沙被擊退只能認為是俄軍發動最大規模猛攻的前奏。奧地利軍隊士氣極度低落，組織渙散，康拉德不斷地指責盟友不提供援助，甚至，說他們背信棄義。興－魯運用有限的兵力屢建奇功，並將繼續給予敵人機動和沉重的打擊；但是人數上的多寡懸殊似乎是決定性的不可逆轉因素。從1914年10月的第3週起，德軍最高司令部就獲悉了波蘭南部的撤退，法金漢無疑一直知道他們的需求，他敏銳地感覺到了這一點。不過他本人當時正陷入無休止的伊瑟河之戰。他遏制著自己的雄心，現在只希望占領伊普爾。達到這個目的不是戰略上的收益，甚至不是戰術上的收益；讓那一片容易受到炮擊的陷阱留在敵人手裡，或許對德軍更為有利。但是對英吉利海峽港口的災難性進攻能夠中止以前，需要有某種明確而又無可爭議的重大事件發生。攻占伊普爾和隆冬的降臨將為德國中止西線的進攻提供必需的託辭。因此非拿下伊普爾不可；其後格勒納排程的火車就可以運送起碼4個軍去支撐，實際上是去恢復東線的平衡。

　　但伊普爾是牢不可破的。雖然久遭狂轟的痛苦折磨，黑格和他所率領的英軍第1軍仍以不屈不撓的精神堅守每一個據點。德國年輕志工的4個

羅茲攻防戰

新軍毫無結果的進攻，似乎根本攻不破防線，他們自己反而碰得頭破血流。德軍將領不知道英軍頑強的步槍防線是多麼單薄，或者守軍槍彈的儲藏是多麼匱乏。1914 年 10 月 31 日，法金漢在靠近蓋呂韋爾特的地方獲得了安慰獎。當日下午，道格拉斯‧黑格爵士的防線實際上有一段時間被突破了，那裡沒有部隊可派，他認為必須跨上他的馬，與 5、6 名下屬軍官扛著軍旗，冒著槍林彈雨的危險沿梅嫩公路緩慢前行。同一天，一個倖存的德軍連隊，穿過一個只有死人的缺口，發現自己已深入英軍防線一段距離了。他們聽到身後有戰鬥正在進行，意識到已處身於敵軍中間。他們可憐的軍官四處找尋對方高級軍官向其投降。最後，他向一名中士和幾名匆匆武裝起來的炊事兵放下了他的武器；當這批戰俘走向後方時，這名軍官問「可是你們的部隊在哪裡？你們的後備軍在哪裡？」押解戰俘的人員太少，沒法向他道出真相！

不過，法金漢知道的一切就是，年輕的軍團受到了遏止且死傷纍纍。現在必須使用最精銳的部隊。一個新組建的軍，其中包括一個普魯士警衛師，擬於 1914 年 11 月 10 日（最終在 11 日）發動決定性進攻，作為 22 個師發動最後攻勢的一部分。此戰必須占領伊普爾，然後「揮師東進」！於是在 1914 年 11 月 8 日這一天，在傾聽了鐵路局長的報告後，他派遣一名信得過的軍官，從梅濟耶爾出發前往克拉科夫的奧軍司令部，要將一封重要信件交給康拉德。

關於這位送信軍官，我們以前聽過他的名字。他就是亨奇上校，1914 年 9 月 9 日他沿德軍防線前行，這成為了人們永遠銘記的馬恩河戰役結束的代表，有證據表明亨奇在那件事情上並沒有超越他的職權範圍。我們再次發現他處在紛紜事務當中最為重要的核心，肩負了最為棘手、責任又極為重大的使命。這一次他傳達的命令是書面的。

立即前往奧軍司令部，向康拉德‧馮‧赫岑多夫將軍口頭報告如下：「我軍在西線進攻的整個過程只能允許我派遣 3 個騎兵師和 40,000 名步兵

增援東線,本人對此深感遺憾。西線的任何進一步削弱,都將對我們在東線進行決戰的條件產生非常不利的影響。儘管如此,我仍希望在大約兩週內使東線增加 5、6 個軍。自然,這批大軍,必須使用在最有效的方向,也就是……沿維斯圖拉河與德軍第 8 和第 9 集團軍以及強大的特遣隊通力合作。確保這個軍事行動成功的首要條件是,奧匈軍與戰鬥在維斯圖拉河岸上的德軍部隊必須將俄軍限制在河的左岸……並調更多的軍隊向左岸攻擊。」

亨奇上校於 1914 年 11 月 10 日下午抵達康拉德的司令部。對他的話有如下的記錄。

馮‧法金漢將軍深知,對俄國取得決定性勝利是何等重要。但是全部德軍鋪開在從孚日山脈到海岸的戰線上,距敵 100 碼到 200 碼不等。德國人很想得到奧斯坦德,以便成為德國潛艇的戰時軍港。因此,對最高司令部來說,重要的是把協約國軍隊趕回敦克爾克。比利時人製造了氾濫的洪水,其結果是第 3 後備軍不得不後撤。我們希望拿下伊普爾。如果做到了這一點,英軍和法軍必然會後退。如果進攻達不到預期的成功,馮‧法金漢將軍也仍將勻出一定數量的部隊調往東線。不過這樣一來,德國就把主動權讓給了法國。因此,德國部隊就必須縱深集結,各集團軍必須有後備軍為後盾,以防敵人突破。形成這種縱深布局需要時間。馮‧法金漢將軍希望最遲能在兩週內派遣 5 個或 6 個軍。此外,他認為,第 8 集團軍,雖已抽調了兩個軍,仍可能再騰出一些兵力,即使削弱東普魯士防線也在所不惜。他希望,此次以 12 個普魯士軍自托倫方向開始的軍事行動,將可以帶來決定性勝利。

康拉德問,德軍何時能抵達東線?亨奇回答:「約在 1914 年 11 月 22 日。到那時我們會有 4 個軍同時下火車。」

於是,康拉德說,德軍第 9 集團軍的進軍日期已定在 1914 年 11 月 11 日。問題是此次攻勢是否要如期發動,或者是否應等到德國增援部隊抵達

以後再進攻。亨奇的答覆是，他的上司尚未獲悉「東線高級司令部」擬訂的進攻計畫；不過德軍最高司令部正考慮是否在托倫附近投入額外的 5 或 6 個軍，以便從北面施加壓力，迫使俄軍向東南退後。他認為，「它與第 9 集團軍現在想以 13 或 14 個師的兵力單獨實施的行動必定是同一軍事行動。在這種情況下，他只能告知魯登道夫將軍說，有 5 個或 6 個軍的援兵將於大約兩週內到達；至於是否等待這批援軍的到來，全由他定奪。」

談話表明，不是法金漢並未將「已經決定和行將開始的軍事戰略」告訴亨奇，就是「亨奇保守了祕密」。談話也表明，亨奇又一次受遣執行一椿本末倒置的使命。1914 年 9 月分，他本當在訪問克盧克之後再訪問比洛；而在同年 11 月分，他也應該先見興登堡然後再見康拉德。

1914 年 11 月 9 日，興—魯懇求德軍最高司令部給予增援，以執行東線新的攻勢。亨奇被告知，在回途應經過興登堡的司令部，以討論局勢。法金漢於當晚答覆說：「我希望能在兩週內增派 4 個現役軍供東線使用。」他不著邊際地補充說，「與此同時，任何可能的區域性勝利都有重大價值。」現在興—魯必須決定：他們是在沒有援助的情況下於次日早晨啟程進軍呢，還是等待兩週，以便和所承諾的援軍一道做遠為有決定意義的進攻行動。這個難題得到了很好的解決，法金漢的電報明白無誤地做出決定，重擔放在援軍肩上。靜候援軍的到來必定是頗具誘惑力的。可是等到援軍抵達時，俄軍勢必早已布滿了波蘭凸出部分的凸突部，而且可能業已進入西利西亞邊界一定距離了。

第 9 集團軍的任何遲鈍，只會鼓勵俄國大公認為德軍已在東線遭到決定性的失敗。俄軍的整個衝力將壓向敵國領土，在這種情緒下，他們很可能忘記或者無視他們將冒德軍從北方設防區發動反擊的危險。爭論的結果傾向於贊成將反攻延期，直至敵軍更深地進入和德軍兵力倍增以後。但是假若德軍等候了兩週，而 4 個軍沒有抵達，或者僅零星抵達，那麼俄軍的入侵將使形勢變得十分嚴峻。俄軍將建立起保護他們右翼的堅強陣地；他

們或許將切斷波森與克拉科夫之間的某些鐵路。危險將變得更大、更突出，但對付它的辦法可能實際上毫無改進。無論如何，興－魯已經把他們新攻勢的開始時間定在拂曉。他們決定採取原來在沒有支援的情況下制定的計畫。事態發展證明，他們這樣做是明智的。

1914年西線戰役的最後進攻在11月11日開始。德軍向從貝蒂訥至北海的整個前線發起進攻。攻擊的主力集中在伊普爾凸出地區的3面。22個師的兵力，從比克斯霍特到弗雷林根，在前所未有的大炮火力的支持下匯合攻擊伊普爾凸出部。普魯士警衛部隊率先沿梅嫩公路兩側進攻。協約國的12個師，其中有7個英軍師和5個法軍師，並肩作戰，在許多地方頂住了敵人的衝擊。夜幕降臨時，協約國軍損失慘重，但防線實際上完整無損。此次戰鬥使法金漢的觀點產生了變化：他不得不承認西線戰役必須中止，而且是以失敗告終。然而他的看法不再是調遣盡可能多的部隊前往東線了；相反，他似乎已經理解了他自己在西線的弱點。此時他頻頻向德國皇帝提呈的報告表明，他認為德軍至少已經遭受了最嚴重的精神失敗。

馮‧普萊森將軍的職責是整理法金漢每日呈送給德國皇帝的報告。他在日記中記錄了自己對這些報告的印象。

11月14日陛下的心情非常沮喪。他認為向伊普爾的進攻已經失敗，因而對這個戰役感到悲哀。無論如何，馮‧法金漢將軍的報告稱只剩6天的彈藥了，這就是說到今天為止已只剩4天的庫存，這是絕對叫人沮喪的事。如果還沒有出現有利於我們的結果就離開那個地方，會是最嚴重的精神失敗；原來就很不好的局勢將因我軍近日的慘重損失而雪上加霜。

11月16日。首相致電：他非常關注在伊普爾的重大損失。希望我運用我的影響力來阻止投入主力以求突破敵人陣地的進一步企圖……我對此也持相同意見。然而F（法金漢）不願放棄對伊普爾的進攻，除非炮彈告罄。然後他才會將4、5個軍團遣往東線。

然而此刻興－魯正在為實現此前承諾的援兵應要到達的確切日期而左

羅茲攻防戰

右為難。他們於 1914 年 11 月 14 日和 18 日發來的電報迫使法金漢做出明確的決定。1914 年 11 月 18 日他給興登堡寫了一封說明重大因果關係的信，表示他的觀點已有所改變。在詳述了他已經派遣部分增援部隊之事以後，他說，「就能夠預見的程度而言，如果有充分理由希望，增援部隊的抵達將帶來東線的最終勝利」，那麼，將部隊從西線調往東線的決定就會變得容易做出。然而在當前，這個希望似乎毫無根據。在最有利的情況下，敵人可能退回到納雷夫河和維斯圖拉河一線的後面，並被迫撤離加利西亞。這一局面，儘管「有巨大的政治重要性」，但絕不是決定性的。如果在此期間，他們西線的敵人成功地迫使德軍後撤，或者使德軍不得不放棄西海岸，則上述成就無論怎樣都是毫無價值的。「因為我們最危險的敵人不在東線，而是英國，反對德國的陰謀與英國勝敗共消長。如果我們要維持與海洋的接觸，我們只能打擊他。同樣地，如果法國要保持他在西線的現有陣地，德國也只能抑制他。法國反攻希望最微弱的復甦所產生的有害影響，甚至在德軍 9 月撤退之後就已顯現出來；這種影響主要應歸因於德軍增援東線而造成西線兵力的削弱。」總參謀長以肯定的語氣說出：「儘管有上述反對意見，但是最高司令部已經做出決定，從西線調遣軍隊……不能同時派遣，而必須一批接一批抵達。」這就是伊普爾的防禦戰對東線產生的影響。而這個想法使興－魯處於一場殊死戰鬥之中。

不知疲憊的德軍於 1914 年 11 月 10 日展開了向波蘭北部的進攻。馬肯森在貢賓嫩的戰事中毫無建樹，但在波蘭南部的歷次戰鬥中，他的作為為自己恢復了些許榮譽，現在當上了第 9 集團軍司令。馬肯森率左翼沿維斯圖拉河挺進，並以該河為依託。原本正面的衝擊改成了斜面衝擊；俄軍第 2 和第 5 集團軍在向西利西亞湧進時，突然發現自己的右肩遭到了來自托倫方向的猛烈攻擊。在 3 天裡，馬肯森共抓獲俘虜 12,000 餘人，擊退俄軍右翼，並使其陷入一片混亂，俄軍各師甚至各旅分別遭遇了這一個從意想不到的方向出現的德軍的猛烈攻擊。1914 年 11 月 15 日和 16 日，俄

國第5和第6西伯利亞軍和第1集團軍的第2軍全部投入戰鬥，損失慘重。據德方聲稱，有25,000名戰俘落入德軍手中。所有潰敗的部隊向羅茲後退。圍繞中歐的這個棉都，即將打響一場複雜異常的戰役。俄國大公擁有人數上的極大優勢，儘管德軍機械程度高，效率高，還是遇到了大量俄軍的對抗和阻遏，俄軍是由其司令部的一位智囊人物指揮和調遣的，此人的智慧和軍事藝術在歐洲堪稱首屈一指。

現在我們撇開雙方兵力的調遣和戰略部署領域，轉而更詳細地探究描述這一場引人矚目的戰役。

興—魯下令向前推進的速度出人意料地快，其主力部隊於1914年11月15日與俄國第2集團軍發生接觸。德國第1後備軍和騎兵師，就像游泳運動員用蛙泳的姿勢衝刺一樣，直插俄國這個集團軍的正面。其餘4個軍——即第11、第17、第20軍和第25（後備）軍——繞向右翼，進行到1914年11月16日的夜間幾乎已面向南方正對著羅茲。這是名副其實的突破，是東線長久以來尋覓的突破。敵人的正面已被攻破；兩翼暴露在缺口的兩側；此時侵入的部隊準備撕開並掀翻整個防線。1914年11月17日和18日兩整天，德軍挺進並在左右兩個方向作戰；戰鬥在缺口的兩側展開了。在北側，戰鬥規模較小，我們不必多費筆墨；南側的關鍵戰鬥則異常激烈。至1914年11月18日深夜，德軍已經包圍羅茲。大概有15萬的俄軍在三面防守該城。德軍滿懷希望地準備收網，網中至少有俄國4個軍在戰鬥。當天夜間，所有的4個軍被圍在一個長約16英里寬約8英里的區域內，他們的全面失敗似乎就在眼前。在諾克斯將軍看來，色當之戰和坦能堡戰役的結局似乎即將重現。

但與此同時，在難以預見的事件所造成的混亂中，儘管俄軍在每個區域的部隊都連續遭到數量少得多的德軍攻擊，但俄軍高級司令部的智囊人物繼續清楚而堅定地發揮作用。1914年11月17日夜間，正當戰事高潮行將到來時，俄國大公命令駐守南面防線的整個第5集團軍轉過身來反方

羅茲攻防戰

向進軍，擊退前來包圍的德軍左翼，以拯救第 2 集團軍。於是俄第 5 集團軍在 1914 年 11 月 19 日和 20 日整整兩天向東北挺進；他們穿過了包圍俄國第 2 集團軍的長方形區域唯一未合圍的一側。1914 年 11 月 21 日全天，他們都在與形成包圍運動末端的德國第 25 後備軍進行惡戰。德軍背對俄國，俄軍背對德國。在這一天，如果某位觀察員得到一紙通行許可證，做一趟自北向南穿過兩軍的旅行，那麼他將在 25 英里的旅程中穿過 8 條分隔的戰線，有的背靠背，有的面對面。一些軍事權威人士將這一形勢生動地比喻為三色冰淇淋。1914 年 11 月 19 日，俄國最高軍事委員會從第 2 集團軍獲悉：「它的右翼已經完全被包圍，敵人占領了羅茲西南的幾個點；第 2 集團軍在每個方向均採取守勢，它的全部後備部隊都已經投入戰鬥了。」此後所有通訊都中斷了。籠罩著俄軍最高軍事委員會的沉寂使他們感到陷入了可怕的凶兆中。

在俄國大公命令第 5 集團軍做反方向進軍的同時，指揮西北前線的魯斯基將軍從他所轄的第 1 集團軍左翼派遣 3 個半師向南進軍，直到包圍俄國第 2 集團軍的德軍背部。這支稱為「洛維奇軍」的部隊，行動緩慢而次序混亂。出發的當晚就撤換了指揮官，次日又再次撤換。儘管如此，到了 1914 年 11 月 21 日下午，它的先頭師（第 6 西伯利亞師）還是開始壓向德軍第 25 後備軍的後方；與此同時，俄國第 5 集團軍的大量兵員從反方向對他們發起進攻。德國第 25 後備軍和第 3 警衛師的陣地，此刻看起來岌岌可危，正如羅茲周圍的俄國第 2 集團軍在 1914 年 11 月 18 日夜間的處境一樣。擔任德軍指揮的舍弗將軍發現，德軍不但未能圍困羅茲城的俄國大軍，反而遭到包圍，四面受敵。德軍的大膽迂迴運動，不但使它的正面遭到擁有優勢兵力的俄軍攻擊，而且使它和第 9 集團軍餘部的連繫被切斷，且使其後方遭到 4 個俄軍師團的攻擊。俄軍封鎖了德軍的每一條退路。局面就這樣完全倒了過來。德軍所下的賭注之高，是戰爭史上聞所未聞的。他們沒有獲得成功，而當 1914 年 11 月 21 日的黑夜降臨時，看來

他們悲慘的失敗是確定無疑的了。

正是在這樣的形勢下，1914 年 11 月 22 日整整一天，舍弗和他所率的 3 個德軍師面對 8 方作戰。我們不知道，他能向上級報告什麼（如果報告了的話）；不過無論如何，集團軍司令馬肯森，再加上興登堡和魯登道夫都已明白，包圍羅茲俄軍的機會已經完全落空了。坦能堡戰役的結局絕不會在羅茲這裡重演了。傍晚 7 時，舍弗接到命令：選擇最好的路線撤退。看一眼軍事地圖就會明白，舍弗所率領的 6 萬德軍被包圍的程度，比當年受困於坦能堡的薩姆索諾夫軍隊還更為徹底。而且，他們受到了人數占絕對優勢的俄軍包圍。就戰略形勢或地圖所能記錄的形勢而論，德軍的覆滅看來是確定無疑的了；事實上，華沙鐵路中心已經得到準備好能夠運送 20,000 名戰俘火車的命令。

但是現在有一條簡單的戰爭真理不言自明：快刀能砍樹木。1914 年 11 月 23 日拂曉，舍弗組織密集的部隊向正北「洛維奇軍」的方向前進。這一天，他的部隊與第 6 西伯利亞師交戰。該師出色地戰鬥了一整天；它的師長發現自己面臨具有壓倒性多數的德軍分 3 路縱隊向他發起的進擊，於是向四面八方呼喊求援。結果造成交通及通訊設備的極度混亂和無效。他不知道德軍的這些縱隊本身是受到俄國第 5 集團軍優勢兵力的追擊而退縮過來的。

「第 1 軍軍長，」諾克斯說：「被懇求開始行動，但是他和他的部隊已經被攻擊震撼得很厲害，嚇得不敢動彈了。他們 —— 或許僅僅是他和他的參謀人員 —— 已無精神力量做新的努力。他遲疑地不敢追擊，最後決定請示集團軍司令，而後者也毫無反應。」

第 6 西伯利亞師也呼籲「洛維奇軍」的餘部迅速馳援，但是此時在俄軍師長和軍長的心中對德軍的畏懼占主導地位，因而沒能採取有效的措施。於是，舍弗在 1914 年 11 月 24 日擊潰了第 6 西伯利亞師。

該師發現自己遭到來自各個方向的縱向射擊，便於 11 月 24 日上午放

羅茲攻防戰

棄了陣地；當再發現德軍已進入布雷日內時，竟紛紛作鳥獸散。

第 6 西伯利亞師逃脫的官兵不到 1,500 人。於是舍弗向西北前進，並在德國第 9 集團軍的第 1 後備軍與第 20 軍之間重新建立了陣地。他與所屬士兵的戰鬥和行軍至少持續了 9 天。他們幾乎包圍了一個俄國集團軍。然後他們自己又被敵人的游牧部落兵團完全包圍了；但他們打開了出路，幾乎沒有槍炮損失，也沒有人員被俘，並帶領著幾乎全部自己的傷員和 10,000 名俄軍戰俘，經歷了許多危險和阻礙，勝利突圍。應該補充指出，在此期間天氣特別惡劣，夜間氣溫降至（華氏）10 度以下。據丹尼洛夫稱：「霜凍日趨嚴重，寒風凜冽，沒有任何降雪和伴隨降雪的升溫跡象。」

羅茲戰役就這樣結束了。戰鬥中，有 25 萬的德軍與 5、60 萬的俄軍相對抗；戰鬥中，德軍未能成功地包圍並俘虜 15 萬俄軍；戰鬥中，俄軍雖一度箝制並包圍了 60,000 名德軍，但最後未能將他們捉住。眼下我手頭沒有關於此戰役傷亡的準確資料，但是我們肯定可以毫不誇張地說，德軍死傷約 35,000 人，俄軍的傷亡則至少兩倍於這一數字，外加 25,000 人被俘。雙方都盡力使自己擺脫這場可怕的遭遇。在氣喘吁吁、筋疲力盡的情況下，俄軍固守羅茲到 1914 年 12 月 6 日，然後他們在華沙以南重新部署了防線。德軍則與俄軍戰線保持緊密接觸，並在沒有進一步戰鬥的情況下，在稍後即占領了羅茲。

俄軍進入西利西亞的希望徹底破滅了。

各協約國的內閣都想當然耳地認為，塞爾維亞在大戰中將很快被奧地利兵力輕易地擊潰。然而，當我們在 1914 年 8 月的最後一週離開塞爾維亞軍隊時，已經沒有一個奧匈帝國的士兵留在塞爾維亞領土上。奧軍曾蜂擁而入，又被狼狽攆出。他們在德里納河和薩瓦河浪費了士兵的性命，而這些士兵是加利西亞迫切需要的。戰爭於此時出現了短暫的停頓。1914 年 9 月初，普特尼克的第 1 集團軍的攻擊越過薩瓦河，在匈牙利領土上危險地停留了一星期。波蒂奧雷克有能力將他們趕出去；但是他 1914 年 9 月

分的進一步努力在塞爾維亞軍堅強的防禦前失敗了。不管他是率第 6 集團軍越過德里納河去威脅普特尼克的左翼,還是試圖從後面切斷他的右翼,或者進攻其中堅部隊,都同樣被迫停滯不前,而且往往陷入積水低地中,損失慘重。雙方的軍隊 —— 塞軍方面自 1912 年起就戰鬥不斷 —— 都已筋疲力盡。普特尼克受俄國敦促為共同事業做進一步出擊,不惜長途跋涉攻入南波士尼亞,以塞拉耶佛為目標,構成了對奧地利第 6 集團軍交通線令人驚恐的威脅。波蒂奧雷克花了 1914 年 10 月的大部分時間來驅逐這批突襲部隊;但是他無法將他們趕出塞姆林,該地是在 1914 年 9 月底被塞軍占領的。最糟糕的是,奧國部隊無力對付整個前線已經發展起來的壕塹戰。到 1914 年 11 月,波士尼亞已經清除了塞爾維亞入侵者,塞、奧雙方都在準備做最後的努力。

塞軍主要受到一些謠傳的鼓舞 —— 俄軍,甚至希臘軍隊,即將前來援助他們,一些英國海軍和海軍大炮實際上已經抵達。然而,普特尼克在大炮上處於劣勢,而且彈藥短缺,組織鬆散,加上數倍於敵人的死亡,因此他決定撤離大河的危險角落,退往瓦列沃和科盧巴拉河。於是,主動權轉到奧軍手中。波蒂奧雷克的最後機會來了。他利用自己在奧皇圈子中未衰的影響力,從康拉德困難重重的軍隊中和他們共同的彈藥供應處裡一點一點地收集發動一場新攻勢的本錢。他按照熟悉的鉗形計畫進軍。到 1914 年 11 月 15 日,普特尼克在亞達爾河之戰中的司令部所在地瓦列沃落入奧地利第 6 集團軍之手。塞軍在奧軍的進攻面前步步退縮,到 1914 年 11 月 22 日波蒂奧雷克的戰線已經跨過科盧巴拉河建立起來,他經過鏖戰,以重大傷亡的代價俘虜塞軍 8,000 人,繳獲大炮 40 門。這無論如何是一次成功,或者是可以用此類詞語來表述的情況。如奧地利史告訴我們的,到這裡他本可以就此止步。

但是波蒂奧雷克的思想卻充滿了活力,儘管他對個人安全相當謹慎。他視塞軍為潰敗之敵,認為應予追擊。貝爾格勒近在咫尺,那裡有一條中

羅茲攻防戰

歐帝國渴望的鐵路，是一條通往土耳其的大道。最重要的是，幾乎就在他的掌握之中的，較近的奧布雷諾瓦茨－瓦列沃鐵路終於為他提供了一條新的補給線，這對他當前已經不堪重負，在德里納河以後伸展遙遠的交通線具有無法估量的意義。儘管山上白雪皚皚、山下大雨滂沱、道路可怕、糧食缺少、士氣低落、衣裝襤褸、官兵忠誠不一，他仍然堅持前進。在繼之而來的科盧巴拉河戰鬥中，奧軍又向前推進了12英里。

普特尼克的領導對他堅強不屈的士兵來說是有價值的。他被迫做出了一生中最重大的決定，毅然放棄了貝爾格勒。他旋轉他的右翼直至面向西北。他的左翼是十分重要的中心點，本應不惜一切代價堅守，但在奧地利第6集團軍的壓力下也被迫後退了。當一切似乎就要喪失時，追趕的奧軍本身也已經完全精疲力竭，無能為力了；從此形勢大變。奧軍本可能開進貝爾格勒；喜歡奉承的波蒂奧雷克本可以宣布把攻克貝爾格勒作為對奧皇84歲壽辰的賀禮的。但是在另一邊，塞爾維亞民族，現在是他的軍隊，振作起來做最大努力的時候。老國王彼得手持步槍走進戰壕，來到士兵們中間，向他堅強不屈的同胞們發出呼籲。奧軍已成強弩之末；塞爾維亞軍的反攻開始了。1914年12月3日，塞軍全面出擊；第1集團軍凶猛地攻擊山區的奧軍，第3集團軍向中路挺進；北面的第2集團軍則迎擊波蒂奧雷克的垂死掙扎，並包抄其脆弱的右翼。塞爾維亞第2集團軍勢如破竹地向西北挺進，奔騰向前，威脅著要立刻切斷波蒂奧雷克原本派出想要包圍賽軍的部隊。1914年12月9日，經過將近一週的激烈混戰之後，最外邊的奧師被召回。從奧軍司令部打出的電話說：「一切都已是徒勞。勿再做努力，我軍務必後撤；正式命令將隨即送達。」

是時候了。波蒂奧雷克的軍隊已被截成幾部分。第5集團軍龜縮在貝爾格勒周圍，擠在一起；被塞軍緊追不捨的第6集團軍正拚命向沙巴茨逃竄。到1914年12月15日，奧軍向塞爾維亞發動的第3次攻擊被擊退，奧軍處於徹底潰敗狀態，被迫越過科盧巴拉河，退到原出發地。這批受奧

地利人憎恨的塞爾維亞養豬農民，為了懲罰他們幾乎不遺餘力，把一切的一切都投入戰爭，奧地利編年史上因而又增添了這一頁最不光彩、令人深惡痛絕的可恥失敗。失敗帶來了一個有利條件，那就是波蒂奧雷克的完蛋。塞爾維亞抵抗的奇蹟幾乎不為忙於戰爭的世界所理解；但是那些知道得最詳細的人也是最感到驚訝的人。

本書有必要提及入侵高加索以執行青年土耳其蓄謀已久計畫的土耳其軍隊命運。恩維爾帕夏在執掌直接指揮的大權之後，將和平時期駐紮在亞美尼亞的（第9、第10和第11軍）3個軍集結到埃爾祖魯姆，為了加強力量又從巴格達調來一個師，又將第1軍外加兩個師從君士坦丁堡經海路調往特拉布宗。如此組成的土耳其第3集團軍接近15萬人；而在俄國那面的沃龍佐夫的兵力則因擴大加利西亞軍隊而減少。他只能聚集10萬人。

沃龍佐夫首先進攻。1914年11月分，他穿越邊界到達科普里庫伊，距埃爾祖魯姆不到30英里。在這裡他與恩維爾的第11軍遭遇。但是恩維爾的計畫正在形成。在薩勒卡默什的俄軍完全依賴於以梯弗里斯和卡爾斯為起點的鐵路。以馮·謝倫貝格上校為參謀長的恩維爾，把德軍通常的迂迴運動，運用於這條至關重要的交通線上。在正面遏制俄軍的同時，恩維爾派遣第9和第10軍迂迴他們的右翼，然後穿過入口通道襲擊卡爾斯─薩勒卡默什鐵路。其時，在北邊相當遠的地方，土耳其第1軍正從喬魯克河谷急馳而下，此時，他們也將逼近梯弗里斯鐵路。值此季節，在這樣一個地方，這樣的作戰計畫是有勇無謀之舉。尤其是第1軍必須在隆冬季節穿過8,000英尺高且冰封雪凍的通往阿爾達漢的重重山口。

新年到來之際，從事這些拚死努力的部隊陷入了絕境。他們在漫天大雪中掙扎，只有穿過懸崖峽谷才可能前進，所以他們不得不在極可怕的缺衣少食的困境中忍受暴風雪的不停抽打，而他們的各縱隊則在薩勒卡默什前線輪番遭遇俄軍的襲擊。元旦這一天，俄地方軍司令官尤登尼奇最終將土耳其第10軍逐出了與他生死攸關的鐵路線。就這樣，完全失去支援的

土耳其第9軍被圍殲。軍長和他的參謀均宣布投降。向北50英里處，土耳其第1軍則在堅持完成它異想天開的任務。它實際上成功地穿過了阿爾達漢出口，使俄軍司令部感到詫異且吃驚。不過，在那裡這支部隊已耗盡力量。俄軍的反擊把凍僵的、氣喘吁吁的土耳其兵趕回了冰雪荒原，他們就是通過那裡下來的。只有土耳其的第11軍在一段時間內發揮了作用。在卡拉烏爾安周圍，他們至少在掩護第土耳其9軍和第10軍殘部撤退的戰鬥中表現得很英勇，他們還取得了某些進展；但到了元月中旬，尤登尼奇就能夠集中兵力對付土耳其第11軍了。僅數日，該軍便遭受慘重傷亡，隨後被迫退往埃爾祖魯姆，在軍事上遭受失敗之餘，還要承受冬日的嚴寒和飢餓的恐慌。

這樣，靈活機動和堅決果斷的俄軍防禦戰最終取得了圓滿的勝利。到1915年1月底，這場拚命遊戲的命運被徹底地扭轉過來。幾乎原地不動的尤登尼奇，得到土軍所忽視的那些因素的幫助，剝奪了土軍因大膽戰略和付出艱苦努力而本應獲得的獎品。土軍在自己的嘗試中毀滅了。少數逃出者敘述了這場經歷。單是在薩勒卡默什以北山區的俄軍巡邏隊發現和清點凍僵的土軍屍體就達30,000具之多。至此，這年年底的高加索形勢，在兩週之內得到了徹底的改變。

東進或西擊？

　　1914年年底，在嚴寒的冬季中結束了稱為「第二回合」的戰爭。在西線的伊普爾戰役和在東線的羅茲戰役以後，戰線變得固定下來，兩軍在日益增多的戰壕後面近距離對峙。交戰雙方各國的最高統治者、政治家和指揮官考察了變幻莫測的戰場，權衡了歷次戰役的結果，立即著手計畫未來的行動。一股強烈的寬慰感鼓舞了協約國的領袖們。德國對法國發動令人生畏的猛攻已歸於失敗。現在不列顛帝國的全部武裝力量將有充分時間發揮作用了，福克蘭群島的海軍勝利地消滅了德軍的巡洋艦，英國對大洋和淺海都擁有絕對的控制權。從巡洋艦作戰騰出來的大批剩餘海軍回到了英國海軍部的指揮之下。對敵方帝國的封鎖已經完成，封鎖的壓力開始加劇。

　　德國首腦們對過去和未來的感受的確不同。他們對迄今顯示的結果不抱幻想。儘管他們的軍隊幾乎遍布在他們所征服的土地上，儘管他們擁有巨大和依舊在增加的資源，但他們認真地到處找尋逃離他們不慎陷入的死亡陷阱的辦法。德國人完全理解英、法對局勢感到滿意的理由，德國人的心中已敲響了喪鐘。他們的將領們面臨各種問題，而德國首相和外交部對這些問題現在已經沒有受歡迎的作為。引誘義大利或羅馬尼亞加入同盟國的所有希望均早已破滅。在聖誕節那天，奧地利駐布加勒斯特大使切爾寧伯爵已經向康拉德宣布，「除非同盟國到春天能取得一次意義深遠的勝利」，否則義大利和羅馬尼亞「將加入協約國一方作戰」。義大利正越來越坦率地施加壓力，並逐漸開始使用毫不掩飾的恫嚇，要求把奧地利的領土割讓給他。羅馬尼亞似乎和義大利亦步亦趨，這兩國很可能同時發表充滿敵意的宣言。

東進或西擊？

　　顯而易見，巴爾幹國家的態度具有決定性的意義。土耳其——這個新的追隨者——在高加索被打敗後，國內已經陷入了緊張局面。他和同盟國之間不存在軍事連繫。塞爾維亞未被打敗，相反，他是勝利者；保加利亞尚未爭取過來；希臘懷有敵意；而羅馬尼亞拒絕允許軍需品過境運輸到土耳其。1914年12月14日馮・德・高爾茨將軍自君士坦丁堡致函法金漢，稱整個戰爭的勝負將取決於巴爾幹小國的態度。他們絕不可忽視的力量和影響可以使天平傾向於任何一方。德國外交部清楚地看到，所有巴爾幹國家和義大利均可能參戰反對日耳曼帝國和土耳其帝國。這將導致奧匈帝國的迅速崩潰，土耳其的覆滅和德國最後的致命孤立。上述一切表明，必須採取最強而有力的行動來對付俄國，刻不容緩地支持奧地利，開闢進入土耳其的直接通路。德軍必須東進。1914年12月27日康拉德致電法金漢：

　　迄今為止，東方戰場的完全勝利對整體局勢仍具有決定性的意義，而且極其緊迫……如果要事先防止中立國的干涉（它至遲肯定在3月初出現），迅速做出決定和迅速付諸實施是絕對必要的。

　　興－魯以自己的論據加強這些要求；在這裡，我們必須注意到德國最高軍事指揮層之中所出現的利益和意見的分裂，一種真實的而且並非完全沒有意識到的分裂。自從法軍在馬恩河發生轉機並開始使用大炮和步槍以來，在西線作戰的德軍將領們就一直沒有戰績；在從來沒有公正可言的戰爭中，缺乏成功就是嚴重的問題。他們為法軍防守的頑強感到不快與驚訝。他們不相信法軍能夠如此冷靜、沉著地堅持。他們尤為震驚的是，不得不認真對付英國陸軍。現在他們意識到，他們在西線遇到了最精銳的部隊和最完善的軍事組織。另一方面，東線的德軍將領們取得了輝煌的勝利。那裡沒有壕塹防線，敵人也沒有第一流的步槍射手，機關槍寥寥無幾，僅有較弱的炮兵。那裡德軍有施展謀略的機會，有透過靈活地使用優勢鐵路系統而體現各種戰術或戰略的機會。在東線，德軍取得了巨大勝

利，俘敵幾十萬人，並能全殲敵軍；這無疑是以經典戰爭為模式進行精心策劃的結果。全德國都閃耀著坦能堡勝利的榮譽之光。德國最高司令部曾感激地看到馬恩河戰役的失敗被遮掩住了，但他們現在不安地發現，在國民眼中他們的形象遠遠不如東線獲勝的戰士。舉止彬彬有禮的興登堡和魯登道夫，在會議上屢屢與這樣的一些人士相遇：他們儘管身居高位，卻因失敗的恥辱而抬不起頭來。可是事實是，將軍和文職官員雲集的最高司令部，儘管因戰場上的失利而狼狽不堪，卻掌握了幾乎整個德軍的戰爭機器和六分之五的武裝力量。愛國主義、為國家服務、軍事紀律和個人應有的禮儀，像鎮痛的軟膏一樣敷在他們的痛處。但基本事實依然如故；東線的戰士未說出的話是：「你們為什麼不讓我們繼續為你們贏得戰爭？」西線的官兵以震怒之色相回答：「贏得戰爭！得了吧，你們只不過是遇到俄軍罷了！」

　　直到現在，德國最高司令部仍然沒有悟到這樣一個基本事實，即他們面對的是內在的巨大防守優勢。這就是說此時在西線，在短兵相接的戰場上勢均力敵的兩軍之間，進攻很難取得進展。一旦戰爭採用壕塹線和鐵絲網，防守方就占有壓倒性的優勢。此時，攻擊部隊缺乏夷平戰壕所必需的大炮威力。他們更沒有能排滿整個防線的大炮數量，因而大規模的進攻無法在3、4個不同防區的任何一處發動。所以說，攻擊很難取得突襲的效果。他們沒有坦克去碾平帶刺的鐵絲網。他們還沒有研究出毒氣彈。他們甚至還不知道延伸彈幕射擊的辦法。簡而言之，英勇防守的壕塹線連成一體，不但能得到野戰軍普通大炮的支持，而且因有明碉暗堡的機槍掩護而威力倍增。進攻這種防線的軍隊還沒有能在進攻中取得進展的戰術或裝備。法金漢不懂得這一點，霞飛也不懂，法軍也不懂，福煦也不懂，雙方的高級軍官顯然都不懂這個道理。在西線，不懂得這個道理在幾年時間內一直是主要事實。像現在這樣雙方勢均力敵的軍隊，攻方沒有勝利前進的辦法。

東進或西擊？

　　法金漢持有傳統的軍事觀點，並自始至終堅持不變。他不相信在東線採取戰略可望結束戰爭。他已經得出了這樣的結論：只要法國、俄國和英國團結一致，那麼就不可能充分地打敗他們以贏得「體面的」勝利，德國也將因此而冒財盡力竭的危險。此時此刻，他只想從法國或俄國得到補償；他不再為勝利而戰，只求能光榮脫身。如果德國為了求得和平必須繼續戰鬥，那麼最佳機會就是在西線加緊作戰。他已經忙著計畫重新開始一場主要針對英軍的進攻。4個新軍將很快在德國本土準備就緒。1915年1月或者最遲在2月，他全部可用的軍隊將投入英、法戰線的北部。

　　興－魯率直地反對法金漢。他們確信，只要在東線做出巨大努力就可以贏得戰爭，而且必定會贏得戰爭；必須做出這些努力，否則這場戰爭就將因巴爾幹集團的軍隊在戰場上突然出現和奧地利的單獨媾和而迅速地且不可挽救地輸掉。康拉德和奧軍司令部不遺餘力地重申這些觀點。現在所有高層的政治和外交力量在爭論中都站在東線一方。德國首相和外交部，有理由對義大利和巴爾幹集團加入敵對聯盟的前景感到恐懼，於是加入了坦能堡戰役勝者的一方，即東線偉大的攣生兄弟興－魯的行列。「西線已經失敗，史里芬計畫化作了灰燼。徹底打敗俄國；支持奧地利；粉碎塞爾維亞。團結巴爾幹國家並與土耳其攜手。」因此引起了最重要的人物和最重要的政策之間的嚴酷較量。

　　新年第一天，法金漢和康拉德在柏林會晤。代表興登堡的魯登道夫也在場。緊張的討論進行了一整天。不同意志和意見的衝突使會議流產了。數年後寫到這次會晤的時候，魯登道夫說，他沒有得到明確的答覆，實際上法金漢對康拉德的要求採取了故意拖延的戰略。「這次會議根本不能令人滿意，而且毫無意義；這是一場事先已經做出決定的意見之間的較量。」1915年1月2日，法金漢再次重申他的決定。他致電業已返回特申的康拉德，稱德皇同意當前不能將軍隊自西戰場調往東戰場的觀點。但有足夠的時間在德國內部徵集新軍並在3週內遣往目的地。第二天，他通知興登

堡說，把新組建的部隊調撥給東線，「等於在可以預見的將來放棄西線的一切軍事行動，這必將帶來嚴重後果；因此絕不可無視這些後果。」興登堡聞訊立即與首相商量；後者深受感動，向德皇建議將法金漢調離最高司令部。

1915年1月4日康拉德接到他在羅馬的武官報告說，義大利正在準備參戰反對同盟國，義大利軍隊將在1915年1月底做好準備，到1915年3月底將完全準備就緒。貝希托爾德從維也納來電強調了這條令人震驚的消息，並敦促在喀爾巴阡山脈地區迅速取得勝利，以此作為防止上述危險狀況發生的唯一手段。康拉德聞訊，立即下令準備在加利西亞發動一次進攻，並馳電德國最高司令部和法金漢，要求得到4、5個德軍師的支援。法金漢拒絕了這一要求。他不願把軍隊從西線調往東線，他甚至不願意興登堡從自己的軍隊中派部隊去支援喀爾巴阡山的攻勢。如果要從第9集團軍調走任何部隊，那麼這些部隊應該調往塞爾維亞，而不是喀爾巴阡山。法金漢直率而又尖銳地說：「羅馬尼亞的態度，保加利亞的可能加盟，以及建立連線土耳其的交通線這個尤其重要的問題，無不取決於塞爾維亞的局勢。鑑於德國的外交形勢，只有盡快滿足義大利的願望，而不是將俄軍趕出喀爾巴阡山，才能使義大利保持安靜。」對此，康拉德反駁說，滿足義大利的願望是不容考慮之事，讓德國去滿足法國的要求（如使用阿爾薩斯－洛林），「由此而瓦解協約國」，這豈不是更妙？對這個爭論，興－魯最後使出殺手鐧。他們通知柏林說，他們與康拉德的觀點完全一致，他們未與法金漢進行協商即已應允派遣幾個師前往支援康拉德。這一獨立行動是對法金漢權威的最大挑戰。

雙方都試圖緊緊抓住德皇。迄今為止，德皇一直站在仍身兼陸軍大臣的新任參謀長一方；但是壓力已成不可抗拒之勢。將興登堡和魯登道夫免職是不可能的，全德國都會成為他們的後盾。1915年1月8日德皇決定支持康拉德的喀爾巴阡山作戰計畫，並下令組建德國南方集團軍，由林辛

東進或西擊？

根統轄。法金漢儘管被迫做出讓步，但還是有足夠的勢力來附加上一個重要條件。他不打算進一步接受興登堡—魯登道夫聯盟的突然襲擊和公開反對。他決心拆散這個強大的夥伴關係，這對夥伴如今已經改變了德國軍事指揮的重心。於是他徵得德皇的同意，任命魯登道夫為林辛根的參謀長。這個引起反感的行為雖然裹上了由於皇帝特別信任魯登道夫的諂媚之辭做的外衣，但其動機是昭然若揭的。興登堡深感委屈，於1915年1月9日直接向德皇報告說，他現在所預期在喀爾巴阡山地區的成功絕對不足以解救奧地利的重重困難。

這必須與東普魯士的決定性出擊相結合。1915年2月初將有4個新軍準備就緒。在東線必須有這些部隊的投入。有了這批部隊，就不難迅速地給東普魯士之敵以決定性和殲滅性的打擊，並最終完全解放那個飽受苦難的省分，然後以我們的全部力量向比亞韋斯托克推進……我認為此次在東線使用新徵軍隊的軍事行動對整個戰爭的結果具有決定性的意義；而將這些部隊用於西線，只能加強我們的防禦，或者——如在伊普爾——導致代價昂貴而又無太大指望的正面推進。我西線軍隊應該有能力據守各連續防線上構築得很堅固的陣地，並在沒有新軍增援的情況下堅持下去，直至東線取得決定性勝利。

他在結尾處情真意切地懇求讓魯登道夫回來。

陛下親切愉快地下令，將參謀長魯登道夫將軍從我處調往南方集團軍供職……在坦能堡和馬祖爾湖區的戰爭日子裡，在針對伊萬哥羅德和華沙的軍事行動中，在從弗雷申—托倫一線向前推進的過程中，我和我的參謀長密切共事；他成了我真正的助手和朋友，沒有其他人可以取代這位我寄予了最充分信任的將領。陛下從軍事史上可以知道，如此融洽的關係對於戰事過程和軍隊平安是何等重要。此外必須補充指出，他現在所處的是範圍狹小得多的新用武之地，對這位將軍的領悟力和才能是有失公正……基於上述理由，我以最崇敬地態度冒昧懇求，一旦南方軍事行動開

始 —— 陛下即仁慈地將臣的同袍送還於臣。引導我將此請求呈於吾皇陛下的，絕不是我個人的欲望。臣斷無個人企求！陛下對臣的恩寵大大超過我應得的賜予，一旦戰爭結束，臣將以感激和快慰之心再次歸隱。我更堅定地相信，我以完全卑謙之心表達這個請求是在期望能完成義不容辭的責任。

與此同時，法金漢已決定做一個私下調解。1915年1月11日他抵達布雷斯勞，在那裡會晤了康拉德、林辛根和魯登道夫。隔日他在波森與得到魯登道夫和霍夫曼支持的興登堡見面。這些協商的結果只是加深了現存的分歧，因此柏林出現了緊張的人際關係和技術性危機。一切都以德皇為中心。現在興登堡公開與首相聯合，要求罷免法金漢，要求將那4個軍團部署在東線，要求讓魯登道夫和興登堡重新合作。根據德國憲法身為最高軍事領袖的德皇必須做出選擇。這一次，他沒有辜負德國人民的期望。他做出了不利於法金漢的決定。4個軍團奉命調往東線；魯登道夫在組建「南方集團軍」之後即調回興登堡處；法金漢被迫辭去陸軍大臣之職。儘管遭受了這些令人痛苦的打擊，人們發現他仍然願意「懷著一顆沉重的心」留任陸軍參謀長。他的權力基礎受到了重創，但他仍繼續擔任最高軍事職位近兩年之久。他曾一度懷有他本人可以指揮戰爭的念頭，但這一想法再次遭到了斷然拒絕，以後他便以對那裡的軍事行動進行嚴厲的評論為滿足。「只能投入有限兵力，擬協同完成600多公里的缺口 —— 只能以微薄兵力把守 —— 兩側的決定性任務」，對這種可能性，他完全抱持懷疑態度。他預計，在喀爾巴阡山地區和東普魯士，充其量只能獲得「相當大的區域性勝利」。他的這一猜想，後來得到了事實的證明。然而他的權威受到了毀滅性的打擊；從此以後，在德國陸軍內部出現了兩個對立的權力中心。

嚴酷的戰爭已經傷害了貝希托爾德脆弱的個性。波蒂奧雷克在塞爾維亞的失敗甚至使他喪失了他以高昂代價換取的區域性滿足。義大利與奧地利的敵人聯手，給奧國支離破碎的軍隊增加一條新的戰線，這樣的前景造

東進或西擊？

成的緊張，超過了他的內心能夠忍受的程度。曾經如此急躁和果斷地進入戰爭的他，現在反而是戰鬥中第一個動搖畏縮的人。與他相反的是蒂薩，他在還有時間避免戰爭之際曾要求保持謹慎和平靜，但現在顯示了他性格中堅定的力量。他絲毫不因戰事的發展而感到沮喪，他盡力爭取把資源與精力輸入帝國的領導層。他執意認為，貝希托爾德應該讓位給一個性格更堅定的人。這場人事變動並不輕鬆，但卻是在彬彬有禮地外貌下進行的，沒有出現維也納外交界特有的惱怒式的激動。1915年1月11日蒂薩偕切爾施基與貝希托爾德共進午餐。德國大使照常施壓，而且這一次語氣很粗暴，他認為奧地利應該不惜一切代價以割讓領土的手段來收買義大利。蒂薩直率地表示，這是辦不到的。3人進行了長時間的爭論後，蒂薩去晉見奧皇之前有短短幾分鐘單獨與貝希托爾德在一起。蒂薩寫道：「我對他說，我不得不面陳皇帝陛下，當前我認為外交大臣之職應由更果斷的人士擔任，這樣的人能以更多的精力貫徹他自己的政策。」貝希托爾德像一個溫順的孩子，面帶慣有的微笑回答：「如果您真的將這個建議面陳陛下，我將感激不盡，因為我向陛下懇求過多次了，他就是不相信我。他會相信你。」蒂薩並未因為這種動人的風度而放鬆警惕，他立即進宮向皇帝建議馬上免去貝希托爾德的職務。法蘭茲·約瑟夫沒有遲疑。他說，他也經常在考慮同一件事。在蒂薩解釋了他本人不能離開匈牙利大臣兼主管長官之職的理由之後，局內人士亦即蒂薩的門徒布里安男爵受命掌管帝國的外交政策。1915年1月13日貝希托爾德離職，平靜地回到了自己的莊園，在那裡居住至今。1916年他天真地向一位朋友抱怨說：「別打擾我，我早就厭倦戰爭了。」

我們已經目睹了德國1915年軍事計畫出籠時引起的震動。現在讓我們來追溯這些計畫在戰場上遇到的不同命運。現在再無人懷疑從德皇那裡下達的決策是正確的了，由於這些政策他理應得到應有的榮譽，這是對的。這一年是在德國如此黯淡之時開始的，卻是德國在戰場上最興旺的一

年：法軍在阿圖瓦和香檳，英軍在新沙佩勒和洛斯，注定要在德軍鐵刺網和機關槍的防守面前，遭到耗竭的厄運；俄國因為所有要塞的失守而被趕出了波蘭和加利西亞；保加利亞已被同盟國爭取為盟友；塞爾維亞遭到入侵，並一度全軍覆沒；希臘陷入一片混亂，處於癱瘓狀態；正當羅馬尼亞給嚇得繼續保持中立，義大利留在伊松佐河邊顫抖之際，德軍已開闢了通往君士坦丁堡的道路；而土耳其從毀滅的邊緣獲救，又重新充滿活力，繼續戰鬥。為了探究上述令人震驚的轉變和德軍的巨大成就，我們現在必須審視倫敦的情況。

法國的注意力全部集中於德國的入侵。他的全部精力和思想都傾注於這場生死搏鬥，這場搏鬥暫時有所緩解，但一定很快就會重新開始。馬恩河戰役的勝利者霞飛及其總司令部主宰了這片戰場。法國很少意識到其他戰場。俄國、奧地利和巴爾幹國家，受到法國注意的程度只是像一位擊劍手在決鬥高潮中看待他的副手或觀眾。加強法國的兵力，守住法國的防線，從可恨的奴役中解放被占領的 13 個省——以上就是法國的軍事方針。但是在壓力沒有這麼重的倫敦，可能有更全面的看法。身居或者接近軍事指揮最高層的一小批人士，數週以來一直密切注視著那條東方戰線，那裡也是柏林敏感地討論主題。

看到全部事實的讀者必定也了解，在英國內閣中或在海軍部和陸軍部，要掌握和評估本書所記載的各種重大事件的真相和價值該是何等艱難：我們的注意力已經集中於確保制海權的掌握；派英軍去法國，使他們在遭受沉重打擊的情況下保持活力；全力集結全帝國的軍事力量，為戰爭而動員全部財富、影響力和人力，不遺漏全球的任何角落，這是英王陛下能夠要求的。但法國人告訴我們的只是他們的希望，其他說得很少，而俄國人說得更少。我們保持的一般印象是，俄國在一場名為倫貝格戰役的大戰中打敗了奧地利，德國成功地保衛了東普魯士。我們感覺到，大國寄予厚望的、期待碾平通向勝利之路的俄羅斯「蒸汽壓路機」，不但向前也向

東進或西擊？

後滾動。俄國的確具有蒸汽壓路機的效能。但是坦能堡戰役的全部意義是逐漸為人們所了解的。和法國人一樣，我們也接觸到了多得無法計算的消息資料，每時每刻都忙於分析各種關鍵細節。情報局提供了大量的情報。在我的辦公桌上每天都放有2、30份文件，記載了全歐洲各部隊來來去去不停調動的情況和各種真真假假的傳聞。我們反覆要求陸軍部對局勢做出全面的評價。但是英軍參謀部的全體人員都上了前線，一直為維持遠征軍的生活而忙得不可開交。沒有充足的人手對這些報告進行篩選、清理和集中。平靜、威嚴、諱莫如深、消息不是很靈通的基奇納勳爵，這幾個月來一直盡力親自完成他作為戰時國務大臣和總司令的職責，並安排參謀部完成收集情報的任務。

然而不管怎樣，事情並沒有陷入很糟的情況之中。海上暢通無阻；島國安然無恙；軍隊抵達了戰鬥職位；戰線守住了；帝國正向戰時體制改組。因此，在這關鍵時刻，在我們從日常工作獲得的印象中以及我們戰時管制的基本方法上，並不存在任何明顯的問題。實際上，直至1914年底，我覺得我們對自己在戰爭中的作為，有資格感到自豪。我們的所有船艦和全體海軍都得到了正確的、充分的運用。

到目前為止，沒有更精心籌建的組織能產生更佳的效果。但是戰爭又出現了變化，它的規模和複雜性與日俱增；此時我們已擁有更多的富餘人員和船艦可投入戰爭。這裡有需要進行科學研究的問題。

一旦我們感到在海上擁有絕對的優勢和安全，我們就幾乎本能地將目光投向了土耳其、俄國和巴爾幹國家。在整個1914年12月分，漢基上校、勞合·喬治先生和我，起初是各自獨立研究中南歐局勢，後來則共同對其產生了日益濃厚的興趣。宣戰以後，外交界對各中立國幾乎不再在意。中立國不再關心自己說過的話和許下的承諾。他們向自己提出的問題是：將發生什麼和誰將贏得勝利？他們不打算接受英國提出的任何一點保證。我們驚訝地發現，許多中立國似乎不確定英國能否獲勝。人們對這些

國家的曖昧態度感到遺憾，但這些國家就是固執己見。外交部中肯的話語，全被他們當成了耳邊風。

然而到 1914 年 12 月的第一個星期，我們 3 人分別得出相同結論：西線已經陷入僵局，誰發動進攻都將會得到最壞的結果，外交、海軍和陸軍的巨大轉移或轉向行動應該透過或就在地中海國家進行。至於我們的想法與柏林的優先考慮或興－魯的結論是否接近，我們幾乎一無所知。在敵人防線的後方，一切都神祕莫測。在協約國軍防線的後方，採取協調一致行動的工作和機構尚處於醞釀階段。1914 年 12 月 29 日，我給首相寫了如下一封信：

> 我認為很可能雙方都沒有力量在西線穿透對方的防線。尤其是比利時，它對德國非常重要，被其視為和平籌碼，它無疑已被徹底建成連續的防線。我認為，或許德軍會保留其精銳部隊中幾支大編制的機動後備軍。我並未試圖做最後定論，我的印象是，兩軍的陣地不可能出現決定性的變化。

1915 年 1 月 1 日，財政大臣勞合·喬治先生請國防委員會傳閱一份文件，目的在於引起他們對流行的對戰爭持無根據樂觀態度的注意，引起他們對作為戰爭主力的俄國越來越失敗狀態的注意，和引起他們對在巴爾幹半島採取行動以便聯合希臘和保加利亞參加協約國共同事業的注意。同一天，漢基上校也遞送了一份有真知灼見的文章，指出近東是我們立即採取聯合行動的最重要舞臺。這些文件在幾天前就給我看過，1914 年 12 月 31 日我為這些文件致函首相阿斯奎斯先生，說道：「我們的觀點實質上是一致的，我們的結論並不矛盾……我想在土耳其宣戰時就向加利波利發動攻擊……與此同時困難會有所增加……」1915 年 1 月 3 日在海軍部進行了每日的持續討論並與首相商榷之後，費希爾勛爵寫信給我，他在信中聲稱：「我考慮進攻土耳其把守的戰場！——但要馬上開始才好！」費希爾的這封信已經刊印在《世界危機：1915》之中。

東進或西擊？

　　毫無疑問，如果我們當時像現在這樣了解柏林進行討論的性質，那麼此類計畫就能夠而且早就變成前後一致的行動了。我們之間預言過成功的祕訣。如果我們對根本性問題能獲得一個權威性的決策，如果有一個適當的參謀機構把決策變成計畫，那麼可以肯定，在德軍能將部隊開進東地中海沿岸各國之前，我們早就插手那些地方了。

　　愛德華‧格雷爵士在他的書中說，德軍所攻擊的是一些防線薄弱的地區，因此能挫敗所有的牽制與伴攻。但是土耳其在大戰的這個時期沒有這個能力。相反，土耳其的無能正是德軍所有煩惱的關鍵所在。他們有數月之久無法支援土耳其。我水陸兩棲部隊幾週之內就可以對土耳其進行打擊。

　　然而我們的軍事指揮尚未達到這個水準。我們已經看到，興─魯做了什麼樣的爭取──雖然他們得到了康拉德的支持，得到了奧地利全部影響力的支持，得到了德國首相的支持──才使戰爭重心向東線轉移，而且做了什麼樣的妥協才得到成功。儘管海軍部有力量，但我們只能使用爭辯的手段。我們不能炫耀海軍的「坦能堡」的勝利。在倫敦沒有像柏林那樣的最高權威，可以說行或不行、左或右、東或西。這裡只有一個人反對另一個人的意見。不過，從此時起戰時委員會的政治家們目光主要集中在了東線；自然，在法國的約翰‧弗倫奇爵士和英軍司令部就得為了得到每一個士兵、每一門大炮、每一發炮彈而拚命鬥爭了。基奇納勛爵主意多變，他的辦公室就成了不同意見爭論的戰場。他時而支持這一方，時而又支持那一方。毫無疑問，如果「東線派」只需對付英軍及其司令部人員，那麼我們就能下達命令了。可是在約翰‧弗倫奇爵士和亨利‧威爾遜爵士的身後還傲然挺立著馬恩戰役的勝利者霞飛將軍的強大權威。

　　霞飛和法金漢一樣，目光只注視著西線，也和法金漢一樣，對進攻的優越性深信不疑。霞飛的判斷也和他的對手法金漢一樣，認為只有西線是1915年戰爭決定勝負的所在。兩人都確信他只要多集結幾個軍，多準備一

些大炮，就可以突破對方的防線，並勝利地進軍巴黎或者萊茵河。如我們現在所知，他們的確絕對不知道真正的事實和價值。這兩人及其專家顧問們從未充分了解到一個明擺著的真理，一個對普通士兵來說都顯而易見的真理，即子彈是能殺人的。面對這種夢魘般的精神壓力，我們無法取得任何進展。每當基奇納勳爵接受勸導重視東方──實際上他的直覺也在把他引向那裡──並為那裡採取措施的時候，霞飛（和透過外交部與他協同工作的法國政府）便向他施加壓力，於是他就像潮水中的浮標一樣前後飄浮。毫無疑問還有很多人也採取同樣的態度。還必須記住，英國此時在歐洲大陸的戰爭中還是一支次要力量。法國已經把海戰的決定性指揮權讓給我們。有人聲稱，因我軍兵力僅占十分之一，所以在表達了我們的觀點之後，我們的責任就是接受與我軍並肩戰鬥的那支英勇大軍首腦的軍事指導。正如基奇納勳爵在一次震撼人心的討論之後所說的：「我們不能像我們應當做的那樣作戰；我們只能盡我們所能來打仗。」

東進或西擊？

嚴冬中的會戰

　　興登堡占了法金漢的上風。現在他必須恢復對俄軍的進攻。毫無疑問，前章所述的爭論過程，導致了興登堡和魯登道夫有了對他們的計畫將會取得勝利的無限想像。德國和奧地利在東線的全部軍隊將聯合發動協同出擊的大規模進攻，一路在東普魯士，另一路則遠在喀爾巴阡山地區，將同時向俄國大公所統領部隊的南、北兩翼展開攻勢。俄軍將被巨蟹用兩隻大張的鉗子同時緊緊夾住。法金漢曾尖銳地指出，相隔600公里的兩翼進攻不可能形成有效的連繫。興─魯對此也不抱任何幻想。在軍事行動中，他們的全注意力都放在北翼上。他們得到了從最高司令部爭取來的4個軍團的增援，現在管轄著3個集團軍：即原來的第8集團軍、兩次突襲華沙未果的第9集團軍，以及新增3個軍合編而成，由馮‧艾希霍恩將軍指揮的第10集團軍。1915年1月底，第8和第9集團軍駐紮在羅茲戰役於前一年12月中旬結束後形成的戰線一帶。第9集團軍的正面成南北走向，面對華沙，與之相距約40英里。第8集團軍蹲伏在安格拉普河河道和現已冰封的湖泊後方。在這兩集團軍之間有將近200公里的間隔，中間駐紮著德國戰時後備軍，其中包括在德軍各要塞進行搜索後集結起來的察斯特羅夫軍。興─魯將聯合使用所有的這些部隊。

　　根據從俄軍的無線電報和其他來源獲悉的消息，他們相信俄國大公有自己的一套「龐大計畫」。他們相信一旦冬季轉暖，俄國大公就會襲擊東普魯士，一路北上，向托倫推進，同時另一路在北面從科夫諾方向出發。興─魯想先發制人。俄軍兵源絕無短缺之憂，可以無限供應的農民正在沙皇的國境內接受軍事訓練，一旦有了軍服、裝備和武器，這些人員便可以補充不足的編制或增加軍隊的人數。俄國所缺少的不是兵源；事實上，兵

嚴冬中的會戰

源是他唯一擁有的充沛資源。俄國的軍隊充斥其漫長的前線，書面顯示的總數比以往任何時候都多。但是訓練有素的軍官、有文化的軍士以及各種文職人員，遠低於指揮數量如此龐大軍隊所需要的比例。更有甚者，各種口徑的大炮和各種類型的彈藥甚至步槍槍枝都嚴重不足。儘管俄國大公、魯斯基和伊萬諾夫仍懷有進攻圖謀，但他們痛苦地意識到，從大戰的早期戰鬥以來，俄國的攻擊力已經嚴重下降。已經控制了喀爾巴阡山地區各通道的伊萬諾夫，在長時間的面談中強烈要求俄國最高軍事委員會給他增援，以便入侵匈牙利平原。其意見頗受俄國大公倚重的魯斯基，更願意重新經波蘭向西和西北朝德國邊境推進。所有這些討論因德國開始軍事行動而突然終止。

依照興－魯的計畫，被我稱為「巨蟹」的左鉗將突然前伸，穿過安格拉普河－勒岑湖區一線，抓住那裡的全部俄軍並殲之於甕中。為達此目的，第 9 集團軍將調動其兵力之一部，主要是從第 20 軍抽調，從華沙平原北上，到達奧特爾斯堡鄰近和贏得坦能堡勝利的戰場；而組成第 10 集團軍的那 3 個軍，則部署在北部因斯特堡的前面。到指定的日期，第 8 集團軍的右翼將經由約翰尼斯堡攻擊呂克；與此同時，第 10 集團軍將首先向東北進軍，趨向蒂爾西特，然後轉而繼續向南，經貢賓嫩和斯塔盧波嫩趨向格羅德諾。這兩起大進軍在展開時南北外側容易受到俄軍的攻擊，在北側會受到來自科夫諾和涅門河一線的攻擊，在南側會受到來自納雷夫河支流博布林河一線的攻擊。對實力強大的第 10 集團軍來說，不必擔心有太大的危險，但在湖區以南向前推進的德軍其右翼和右後衛容易受到猛烈的攻擊，就是為了保護他們免受這種危險，第 9 集團軍才被指派到那個地方。

為了掩蓋第 9 集團軍的那些部隊向北調動，第 9 集團軍的餘部於 1915 年 1 月 31 日在博利莫夫發動了一場追求轟動效應的進攻。此次戰鬥的一個特點是想要引起紛紛議論，因此它第一次使用了 18,000 枚毒氣彈。這

種輕率洩漏重要祕密的行為使人們產生了極大的興趣。霍夫曼親臨博利莫夫教堂的尖塔，為的是目睹俄軍大規模窒息而死的情形，那是化學家聲稱必將發生的。但他宣稱結果令人失望。當時認為已稱得上大量的毒氣彈數量，與後來使用的數量相比其實相當少，而嚴寒使毒氣喪失了預期的擴散力。事後德皇決定稱之為「馬祖爾冬季戰役」的戰爭，事實上還是以1915年1月31日向華沙發動這種凶猛的進攻開始的。

這次毒氣戰很好地達到了德軍的戰略目標。俄軍的注意力被緊緊地吸引到這一點上，他們對第9集團軍部隊的北上運動一直毫無覺察。更加值得注意的是，關於4個新軍在東普魯士的部署和集結，俄國最高軍事委員會沒有發現任何蛛絲馬跡。這4個軍都已進入陣地，3個在湖區防線以北，1個在南，在1915年2月初，行將遭殃的俄軍沒有得到任何警告。事實上，在如此的隆冬嚴寒中開始任何大規模軍事行動的想法，是被俄國人自己對氣候的體驗所否定的。1915年2月5日和6日狂風暴雪席捲東普魯士。嚴寒刺骨，積雪「深達1米」，大雪在旋風中形成了雪堆和冰丘。就連興－魯的堅強意志，在派他們最能吃苦耐勞的部隊進入暴風雪之前也遲疑起來。但他們還是最終橫下心來，開始了行動。

他們計畫中的直接目標是俄國第10集團軍，該部士兵們坐在安格拉普－湖區一線前面，從戈烏達普到約翰尼斯堡的戰壕裡。俄國第10集團軍的部隊及其司令官西弗斯將軍，對德軍防禦工事屏障後面發生的事情沒有產生絲毫疑心。他們在忙著用鐵鏟將雪鏟出戰壕，就這樣度過了1915年2月6日和7日。7日德軍巨蟹的右鉗開始移動。利茨曼將軍率領第15後備軍和第2師從約翰尼斯堡向呂克發起攻擊。1915年2月8日德軍左鉗即第10集團軍之全部，攻擊貢賓嫩－柯尼希山鐵路與梅梅爾河之間的區域。

該集團軍的3個軍（從北到南為第21軍、第39後備軍和第38後備軍）擊退了在他們前面的俄軍掩護部隊，並立即轉向右邊，威脅俄軍的撤

嚴冬中的會戰

退。天氣造成的巨大困難並沒有阻止德軍的穩步前進。它繼續進行環繞俄軍右翼的包圍運動，不斷地向南迂迴前進。1915年2月9日至10日夜間，第21軍在不間斷地行軍29個小時之後，已抵達希爾溫德和弗拉季斯拉沃夫。位於中央的德軍已穿過皮爾卡倫，部隊的正面幾乎面向南方，與原來的俄軍陣地成直角。1915年2月10日第21軍抵達維爾科維斯基，切斷了通往科夫諾的鐵路，在中央的第39後備軍抵達維爾巴倫，留在那裡作後備的俄軍一整個後備師遭到突襲並被擊潰，10,000人被俘，損失大炮6門。就這樣，俄軍整個右翼退至科夫諾的道路被切斷。從科夫諾出發不騎馬的俄軍騎兵向第21軍左翼和後衛發動的猛攻被擊退，不過德軍充分考慮了來自科夫諾的威脅，要求從德軍右翼調動後備師來阻擋這種干擾。1915年2月12日德國第10集團軍的戰線從馬里安波爾和卡爾瓦裡亞推進到戈烏達普附近，因此俄軍中央部隊開始受到嚴重威脅。事實上，西弗斯將軍的集團軍現在只剩下兩條退後路線：第一條經奧利塔撤往涅門河，第二條穿過奧古斯托夫森林。

與此同時，南面的德國第15後備軍向呂克運動，目的是希望切斷奧古斯托夫的公路。在這裡，他們遇到了俄軍的頑強抵抗。呂克的公路、鐵路的樞紐站此刻是決定生死存亡的地方；在這個地區，俄軍屢屢反攻，激烈的戰鬥在最嚴酷的氣候中持續了1915年2月12日一整天。俄軍繼續英勇自衛。德軍的南路軍不能取得正面推進，於是將右翼伸向格拉耶沃。與此同時，第8集團軍的整個先頭部隊突然從安格拉普陣地後面出現，向正前方的俄軍發起攻擊。到1915年2月13日夜晚，他們已經逼近西弗斯的原來司令部所在地馬爾格拉博瓦和蘇瓦烏基。這一天，呂克的守軍在兩翼被包抄、後衛受威脅的情況下，有條不紊地撤離了自己曾英勇防守的陣地。德軍於1915年2月14日開進呂克，在城中抓獲5,000名戰俘。緊跟軍隊前進的德皇，於當日訪問了該城，並向勝利的軍隊表示了祝賀。

德軍的雙鉗正迅速地向俄國第10集團軍閉合。從向他兩翼迫近的這

兩股鉗形運動被發現的時刻起，西弗斯將軍一心只想退後。他們燒掉了身後的村莊，但還是留下了大量的儲備和軍需供應；350,000 餘俄軍全速向東急行軍。道路交通擁塞，運輸陷入了無法擺脫的混亂。步兵在積雪中掙扎前進。德國第 10 集團軍旋轉推進，無情地將這數十萬之眾驅趕向南。大量俄軍奪路而逃，衝破圍困向東和東北而去。但還是有大量的人被俘。俄軍的主體一直被逼向奧古斯托夫森林退後。每到一處，俄軍的後衛都進行最頑強不屈的戰鬥，以保證同袍們逃脫；由於德軍使用 18 匹馬拖 1 門炮才能使大炮隊前進，所以他們的步兵經常停下來等待。為了防止西弗斯將軍被包圍，俄軍從科夫諾發動的緊急反擊繼續在北面激烈進行。1915 年 2 月 13 日在南面，俄軍又做了一次巨大的努力，從奧索維茨小堡壘衝向呂克。但這些的行動還是在經過激戰之後被德軍擊退。

現在霜凍初解，冰雪突然融化，道路成了泥濘沼澤。到 1915 年 2 月 15 日夜晚，俄國第 3 和第 26 軍穿過奧古斯托夫或穿過森林，損失慘重，一片混亂，但至少已經是在蟹鉗以外的格羅德諾邊緣了。俄國第 20 軍連同為數甚多的掉隊士兵和大量車輛和大炮，仍困在森林裡。他們的後衛決心堅守西側邊緣。現在，雖然德國將軍艾希霍恩的右翼和中央部隊受阻，但他還是決心重施馮‧法蘭索瓦將軍在坦能堡採取過的大膽戰略。他命令左翼第 21 軍繞過森林北沿向南運動，而不顧來自格羅德諾要塞威脅他後方的危險。1915 年 2 月 15、16、17 日 3 天裡，德軍這一個單薄戰線不斷地向前延伸，決心包圍可能落在他們利爪內的所有俄軍，同時也保衛自己免受從利爪中衝出來的俄軍襲擊和從格羅德諾出動的攻擊。到了 1915 年 2 月 18 日，森林被完全包圍。

受困無望的俄國第 20 軍以最崇高的獻身精神進行戰鬥。連續 4 天 4 夜，他們向敵人單薄但無法突破的防線猛烈進攻，但毫無結果。1915 年 2 月 21 日蟹鉗夾緊，抓住了它的戰利品。30,000 名俄軍放下武器，包括 11 名將軍和 200 門大炮；數千名早期戰鬥中被俘的德軍得到了他們同胞的解救。

嚴冬中的會戰

與此同時，德國第8集團軍已經推進到博布林河一線，計畫攻擊奧索維茨要塞。這塊彈丸之地能發揮的作用差不多和勒岑一樣重大。由於有無畏戰士的防守，該城承受住了大炮的狂轟和反覆的攻擊。奧索維茨的堡壘構築在它所在的大平原僅有的幾處高地上。德軍竭盡全力攻城，但毫無結果。往南在博布林河後面，深溝高壘的俄國第3西伯利亞軍，也做了堅強不屈的抵抗，堅守在從德軍視角看來是可怕的戰壕工事裡。霍夫曼懷疑這個說法，而且事實上他的懷疑是正確的；但是他認為，不能要求雖然心甘情願卻已筋疲力盡的德軍做進一步的犧牲；大約在森林中的俄軍受圍同時，冬季戰役已近尾聲。俄國第10集團軍雖然沒有全部落入陷阱；但是有110,000名戰俘和300多門大炮成了勝利者的戰利品，另有至少100,000俄軍死於敵人的炮火之下或永遠葬身在雪堆或泥淖之中。儘管許多人死裡逃生，而且有兩個軍依然保持有一定紀律的外觀，但是作為一支有效戰鬥力量的俄國第10集團軍已不復存在。

在這場戰爭中，戰士們在與最惡劣的氣候和最凶狠的敵人搏鬥，這一場可怕戰役的交戰場面，在戰爭史上的確稱得上是一個無與倫比的慘烈場面。連結實魁梧的興登堡也為它恐怖的性質感到不寒而慄。

興登堡在談到「馬祖爾冬季戰役」時說，「人們感到這個名字像刺骨的寒風或死亡一般的沉寂。當人們回顧這個戰役的過程時，他們會停下來捫心自問：『難道塵世間的人類真的幹下了這一切？或者它只是一個寓言或一個幻覺？隆冬寒夜的進軍，刺骨暴風雪中的露營以及令敵人如此害怕的奧古斯托夫森林之戰，難道這一切不是受蠱惑的人們所幻想的產物？』」

他進一步補充說：

我們儘管取得了戰術上的巨大成功……但在戰略上……還是失敗了。我們實際上又一次設法消滅了俄國的一個集團軍，但是敵人的新部隊又立刻站出來替代它的位置，這些部隊是從他們沒有被打敗的其他戰線抽調來的……我們無法獲得決定性的結果。俄軍在人數上的優勢太大了。

儘管在這場戰爭中獲得了許多的戰利品，興登堡還是對冬季戰役寫下了上面這些話。他承認在戰略上一無所獲，這話甚至更適合用來描述東線另一端的奧地利部隊的軍事行動。巨蟹的南側鉗爪什麼也沒有抓到。康拉德從喀爾巴阡山各山口出發的進攻遭到了強而有力的抵抗，他甚至未能大批地渡過杜納耶茨河。與此同時，俄軍對普瑟密士的封鎖──不能稱為圍攻──仍在繼續。戰爭一開始奧軍就在加利西亞建立巨大的要塞和主要基地以及倉庫，此時只儲存3個月的補給。1914年10月分緊張狀態暫時有所緩解，但還是無法給它補充供應品，當1914年11月9日封鎖再次收緊時，要塞守軍已經陷入困境。俄軍汲取了1914年10月不成功攻擊的教訓，耐心地等待敵軍饑荒的發展。1915年3月18日，在南面攻勢顯然已成敗局的情況下，奧地利守軍像法國梅斯的巴贊一樣，進行了一次可敬但無望的突圍；突圍被擊退，其司令官便建議投降。這是一起重大事件，勝利者得到的獎品給人留下了深刻印象。除了這座要塞及其所有的軍事設施之外，奧地利還拱手交給俄國10萬餘名戰俘和1,000門大炮。同樣數量而實施包圍的俄軍可以騰出來接受其他任務了。這樣，這場聲勢浩大的軍事行動──興－魯為了組織它曾設法把法金漢的軍團從西線召來，而法金漢為了反對它曾險些被撤職──終於如法金漢預言的那樣毫無結果地結束了。法金漢非常接近權力的頂峰，因而能夠在機會合適時說出有預見性的見解。這是他恢復受攻擊的名聲和遭非難的權威所進行的第一步。

嚴冬中的會戰

跨越達達尼爾海峽

　　法金漢是一個有堅定信心和偏見很深的「西線派」。他相信，對俄國的任何大規模進攻都將消失在俄軍能夠後撤的廣闊無垠的地區和難以探測的深山叢林中。在他的心目中不斷浮現出拿破崙大軍1812年入侵俄國時所遭受的際遇及結果那些警示性的畫面。他不願意了解一下，拿破崙當時與現在環境條件的差異，在拿破崙時期沒有鐵路來不斷支持離本土基地一、兩千英里的大軍，沒有鐵路為他們提供寒冬棲身之所，為他們在進軍的各階段建立供應充足的補給站。法金漢的全部心思都放在法國和弗蘭德斯的戰場上。在他看來，只有在那裡才能最終一決雌雄。那裡才是合適的和正式的戰場。只有在那裡，正統的戰爭原則才能得到充分的發揮。這些頑固的軍事觀點是他與他的主要對手所共有的，後者如霞飛、弗倫奇以及弗倫奇之後的黑格。他幾乎可能這樣呼籲：「在堅持軍事原理中失敗要比用『非正規』手段獲勝更好。」

　　然而，正如我們所見，興登堡的權勢和名聲，在政客們咄咄逼人的影響及支持下，否決了法金漢較為正確的判斷，迫使他玷汙自己信念的純潔性，並向「邪惡的行徑」屈服。他原本準備投入西線新攻勢的那4個軍團，已經被人從他的手中奪走。這些部隊已經東去參加冬季戰役，並為他的政敵贏得了新的廉價榮譽；但正如他所預言的，根本沒有產生決定性的戰略結果。他將怎麼辦？他必須再組建一支新軍以代替從他手中奪走的那些軍團。

　　1915年2月22日，法金漢就建立一支新後備軍的問題與陸軍部編制署署長馮・弗里斯貝格上校商談。他們計畫組建幾個新師，每師編制9個營；辦法是從西線每個師抽調3個營，以及將各炮兵連的大炮數從6門減

跨越達達尼爾海峽

少到 4 門等等。實力削弱的每個師將得到 2,400 名受過訓練的新兵和若干機槍的補充。預計這一改編將費時 6 至 8 週；改編完成之後，法金漢希望有包括 24 個新編師的打擊部隊供他自由調遣。實際上，由於裝備不足和其他一些原因，預期到 1915 年 4 月初只要有 14 個師適合作戰，他就不得不滿足了。在這 14 個師身上他已經有了計畫。這些部隊要組成第 11 集團軍，以精明幹練的馮·澤克特上校為其掛名司令的助手，上校就是後來著名的參謀長。1915 年 3 月初，法金漢命澤克特、克拉夫特、庫爾和塔彭等人在英、法防線上尋找實施期待已久的最佳攻擊地點。他們深入地研究了所需的師團數量和大炮數，並作了周詳的細節和時間的安排。澤克特選定的地點是從阿拉斯到索姆河一帶，這與魯登道夫於 1918 年在 50 英里後面進行攻擊的是同一條戰線。作戰司長霍亨博恩同意澤克特的這個選擇，認為「首先這是敵人防線的北翼（即英軍部隊），應予突破和粉碎。」準備攻擊的是當時靠近拉巴塞的英軍右翼，德軍要迫使他們向西北退往布洛涅和加來，同時德軍對左翼的打擊要迫使法軍向南退後。這些如此匆匆擬就的所有計畫終成泡影。東線論者再次占了上風；不過這一次不是興－魯的勢力，而是事態發展的力量把法金漢心愛的理論又一次投入了荒漠。

1915 年 2 月 18 日，一支數量眾多威力強大的英國艦隊，在法國艦艇中隊的支援下，向達達尼爾海峽外面的堡壘開火。加里波利半島上的兩座面海堡壘嚴重受損，第二天，堡壘的大炮被軍艦登陸部隊摧毀。隨後每天不斷有按部就班的遠端炮轟擊，而且海上出現了掃雷作業，顯然即將出現進攻達達尼爾海峽的認真嘗試。如果此舉獲得成功，土耳其現有的唯一彈藥庫和軍械廠勢將落入勝利者的控制之下；最大的期望就是青年土耳其黨的領袖們撤離土耳其的歐洲領土，繼續以純亞洲國家的身分作戰。這樣日耳曼帝國得到的唯一同盟國將無可挽回地失去。更嚴重的是政治後果，土耳其帝國這個戰利品將由協約國隨心所欲地處置。協約國可以把他作為令人饞涎欲滴的豐厚賞金，送給義大利、希臘和羅馬尼亞這 3 個已經加入協

約國的邊緣國家。協約國可以對保加利亞採取行動，或者威脅他說他在敵對的巴爾幹半島中將處於孤立無援的境地，或者許以鉅額賄賂。

英軍對君士坦丁堡的襲擊立即在上述 4 國之間引起明顯反應。義大利的準備進展迅速。康斯坦丁國王和韋尼澤洛斯之間雖有歧見，但希臘顯然準備提供一支軍隊進攻加里波利半島。羅馬尼亞國王斐迪南口頭答應加入協約國，而且拒絕接見馮・德・高爾茨將軍；但羅馬尼亞還是暫時保持沉默，一動也不動。法金漢不得不面對完全敵對的巴爾幹集團，這個集團將有望從土耳其和奧匈帝國的崩潰中獲得一些好處。

但是如果英國海軍進入海峽並控制黑海（上述所有即將出現的直接後果，與俄國與英、法的全面親密接觸的影響相比，只是小巫見大巫。），即刻產生的效果將是俄軍可自由自在地南下，激勵巴爾幹聯盟的建立。英、法軍需品可以經由世界市場和各大洋供應俄國，因而能恢復和倍增俄軍的力量。德國如何阻止這一局面的出現呢？要依靠達達尼爾海峽的堅固防禦工事、堡壘群、機動武裝力量、雷區、海峽的逆流，靠這些阻攔使得通過那裡成為需要涉及巨大的危險！船艦無法抗衡堡壘，這是人們長期以來一直尊重的基本道理。但是，假如船艦裝備有足以摧毀堡壘的大炮，而堡壘的大炮射程搆不著軍艦，這時，雙方交戰時，這種理論顯然需要修改。但更糟的還在後頭：堡壘大炮對抗英國艦隊的力量要根據它們穿甲彈的供應量來衡量。當供應缺乏時，這些堡壘也就等同斷了手腳，前進的艦隊清掃雷區無疑會有損失，但通道被掃清也是肯定的。法金漢不悅地獲悉，堡壘大型炮彈供應有限，尤其是穿甲彈供應嚴重不足，而且水雷的儲備已經告罄。奉命指揮海峽水上防衛的德軍軍官海軍上將馮・烏澤多姆 1915 年 3 月 10 日的電報稱：「儘管敵人成功的可能性較小，但我們不可能無限期保護達達尼爾海峽的全部工事不被破壞，除非先前已經預訂的可維持數月的武器彈藥和水雷迅速抵達，或有來自本國領海的潛艇支持防禦。」從基爾派遣潛艇要經歷危險的航程，至少得兩個月以上時間。至於

跨越達達尼爾海峽

炮彈和水雷,怎樣才能運抵現場呢?塞爾維亞尚未征服。羅馬尼亞雖表示友好,但不願意輸送軍火。儘管身著便裝的軍官可以往返通過中立國的關卡,但事實上已經將近 8 個月沒有任何軍火獲准從德國運往土耳其。誰能預測 6 週以後可能出現什麼情況?

在 1915 年 2 月、3 月和 4 月 3 個月的時間裡,德國高層戰略家們感到各方面的壓力與日俱增。1915 年 3 月 18 日英、法艦隊似乎力圖強行穿過海峽。巨型艦隻與堡壘發生了激烈的戰鬥,堡壘的炮火被壓倒。掃雷艇駛向了最關鍵且已經無法恢復原狀的水雷屏障。然而對德軍總部來說幸運的是,最後未被掃除的少數水雷是布在與艦隊航線平行且被認為已清掃的水域,因此有 2、3 艘英、法軍艦被炸沉,一艘法艦人員損失慘重。英國艦隊自身損失了大約 40 人,退出了戰鬥,顯然是在敵我競爭中受到了挫折;情報機構的報告通知柏林說,一支相當規模的軍隊正在埃及集結,準備與艦隊重新發動的攻擊相配合,對加里波利半島實施陸地進攻。另一方面,據說,因為俄國人已經向君士坦丁堡提出主權要求,英軍不再熱切地強攻達達尼爾海峽了。至於陸地進攻,現在土軍擠滿了加里波利半島,在利曼·馮·桑德斯將軍的指揮下,他們表示有充分信心。但是阻止艦隊進攻的困難在於:布雷遭到了各種方式的破壞,無法更新;堡壘群所有有足夠口徑威力的大炮一共只有不到 50 枚大型穿甲彈。

我們可以看到,兩組對立的條件同時在法金漢的腦海中成熟:是將第 11 集團軍集結起來供西線使用,還是從地中海東南出動,派遣前往土耳其協防協約國的入侵。在這位最高司令的敏銳頭腦中,兩大原則互爭主導地位;最後,他根據個人的自由意志做出決定;當務之急是必須征服塞爾維亞,以及為軍需品開闢一條通往君士坦丁堡和達達尼爾海峽的道路。於是到 1915 年 4 月初新編第 11 集團軍組建完畢時,法金漢已經放棄了將其用於西線的計畫,他接受由於英軍進攻達達尼爾海峽而形成主要戰略的迫切性想法,決定用這支新軍來對付塞爾維亞,以拯救君士坦丁堡和土耳其。

正當他打算對以東線為主的異端邪說做出讓步時，他又被捲進了另一陣壓力浪潮。嚴酷的經歷打消了康拉德對塞爾維亞冒險的所有願望。他被夾在了喀爾巴阡山脈的頂峰和通道中。俄軍的前鋒已經在附近不止一處俯瞰廣闊的匈牙利平原。再有一次努力，再有一次成功，如洶洶洪水般的俄國男兒就將湧進匈牙利的家園，大肆劫掠。這種事情的發生勢必破壞奧匈帝國的基礎。一週復一週，俄軍像洪水一樣湧來。奧地利的「大小堤壩」已在坍塌邊緣。主要的戰略目的，在奧軍司令部看來是自己的國家重於一切。現在誰還顧得上塞爾維亞、義大利和羅馬尼亞？保加利亞和土耳其相較之下更是相對次要的因素。必須不惜一切代價守住喀爾巴阡山的防線。

對於德軍向塞爾維亞採取聯合軍事行動的所有建議，康拉德充耳不聞。在他看來，沒有什麼比時時刻刻防守住東線更為重要，並為此制定了一套計畫；該計畫在時機、空間和方向上是他軍事天才的表現。在杜納耶茨河某段，譬如說在戈爾利采與塔爾努夫之間，德軍必須做一次有效的突擊。奧國部隊兵力不足，必須有一支德軍來突破俄軍的防線，這樣才能衝擊和破壞敵人沿喀爾巴阡山山峰建立的整個戰線。康拉德知道，只要有足夠數量的德軍向這個特定的關鍵點做出沉重的一擊，他就可能重獲一切。這就是他當時極力主張的戰略，除此之外他一概不予理睬。

法金漢已經放棄了在法國向英軍發動一場進攻的夢想。他屈從於期待解救君士坦丁堡的東線戰役。他現在過於輕易地應允了康拉德的要求。這當然是他以職業軍事家的姿態面對他同行的戰略思想所散發魅力所做出的反應。他知道這是最佳的打擊點。他知道德軍有能力獨自實施這場攻擊。此時，可怕的英國海軍對達達尼爾海峽的進攻莫名其妙地減弱並停止了。雖然危險依然存在，但緊迫性已降低；康拉德指出了德軍前進途徑並大聲疾呼給自己的部隊增援。

就這樣，到了1915年4月初，法金漢第一次違背自己的意志關注東線，他決定抓住達達尼爾海峽停戰的機會來援助康拉德。但是他說，正如

諸多將領經常說的那樣:「如果這事值得去幹,就要把它幹好。」他還說了只有最高司令部那些人能說的話:「我們要精心策劃一下行動方案。」4個德軍師(此數是康拉德勇於要求的最高額)太少,4個軍或許夠用。康拉德本應把要求翻一番。新編德國第11集團軍將被派到戈爾利采和塔爾努夫之間作戰。

關注德國皇太子在所有上述觀點和壓力的衝突中所發揮的作用是饒有興味的。毫無疑問,他已經完成了做為軍事顧問的責任,但是他運用的機智戰略和外交手腕值得注意。皇太子於1915年4月1日和法金漢做了一次長談。這位皇位繼承人與一切即將發生的事情有相當的利益關係,他一開始就闡明了西線的極大重要性。他表示相信只有在法國打敗西方大國,才能得到戰爭的決定性勝利,這就需要使用德軍的全部兵力。在他看來,「這個根本思想在整個戰爭中必須牢牢掌握」。就這樣,他表明自己的觀點與法金漢的理論是完全一致的。然而他又補充說,就目前而論,奧地利的局勢已顯得非常重要,而力圖在西線獲得決定性勝利的任何嘗試都不成熟。因此首先必須打敗俄國並迫使它單獨媾和。法金漢的意圖只是想在一定時間削弱俄軍的實力,因此,不想使用超過必要的兵力去對付他們。皇太子的看法並非這樣,他認為,既然德軍無法得到必要的自由去執行自己主要的任務,執行自己在西線的最終任務,那麼現在就有極大必要把強大兵力放在東線,以獲得決定性的勝利。這就是用西線派的語言所表述的「東線派」的政策。我們曾引述過庫爾的話。如果皇太子確實說過這樣的論點,而且這一論點並未出現爭論,那麼他當然是把最精明的軍事見解用最可能安撫法金漢的詞語掩蓋起來了。法金漢基本上被說服,接受了這個方針。法金漢不想在大膽地試圖摧毀俄國時遭受小小的損失;但是他同意把自己的後備部隊投放到東線而不是西線,他還進一步同意首先投入這些部隊對付俄國,而不是進攻塞爾維亞以解救君士坦丁堡。

由康拉德構思,經法金漢同意,用雙倍兵力付諸實施的計畫,是對

德軍傳統作戰方法的明顯背離。迄今為止，興－魯一直採用這種傳統方法，羅茲會戰是唯一的例外。新方法不是針對敵軍兩翼和後衛進行大面積包圍運動，而是直接的正面進攻。它是一種中央突破，或者如法國人的叫法——「直接穿洞」，與在西線往往過分追求的那種戰術相類似。在戈爾利采與塔爾努夫之間的部分寬約 30 英里。德國第 11 集團軍於 1915 年 4 月初開始在這兩城之間的奧軍戰線後面集結。攻擊部隊最後由從法國前線調來的 4 個德國軍團組成：即來自阿爾薩斯的衛成軍，來自蘭斯西面的第 10 軍，來自紹訥的第 16 軍以及來自洛林的混成軍，在此基礎上再加奧地利第 6 軍和 1 個匈牙利騎兵師，總計 1 個騎兵師和 10 個步兵師共約 170,000 人。第 11 集團軍裝備有 352 門野戰炮和 146 門重炮，在它們後面的奧地利第 4 集團軍裝備有 350 門野戰炮和 103 門重炮；這就是說，戰線一拉開，大約每 45 碼有 1 門野戰炮，每 132 碼有 1 門重炮。儘管 1916 年索姆河前線雙方大炮數遠遠超過這個比例，但在 1915 年 5 月，這已經是戰爭歷史當中在戰場上大炮分布最密集的一次戰役了。

從戈爾利采－塔爾努夫進攻的方向是東北，要越過維斯圖拉河與群山之間的山麓丘陵；一旦攻破俄軍防線，德軍將旋轉戰線直至面對正東。這樣，如地圖所示，德軍將穿過俄國沿喀爾巴阡山脈部署向南作戰的全部 3 個集團軍的後方。實際上，為了使軍事行動獲得最大限度的成功，或者如法金漢所說，為了改善「豐收前景」，他向康拉德建議：據守山區的奧地利軍隊應該「步步退讓，將敵人吸引在身後」，誘使俄軍進入匈牙利。但是康拉德不理睬這項建議。他不能允許自己放棄匈牙利領土。他不願意鼓勵他的軍隊退後。通常只能要求他做出與此相反的努力。

為了掩護上述一批重兵從法國撤離，沿整個西線事先部署了「活潑輕快的行動」。1915 年 4 月 22 日開始對伊普爾實施毒氣進攻，這是撤離前分散注意力計畫中最可怕的一幕。它不像在博利莫夫那樣使用炮擊，而是用噴筒連續噴射毒氣。德國在手頭沒有後備軍可以用於突擊的時候，將這種

致命武器的裝置輕率地暴露了出來。西方協約國應該感謝東線戰事。興－魯同樣奉命在北部戰線做轉向運動。他們似乎是以有限的熱情看待戈爾利采－塔爾努夫的軍事計畫的。他們幾乎已把東線看作了自己獨占的地區。充當東西戰區主角的法金漢和德軍總司令部的到來，雖給興－魯配置了久求未得的增援部隊，似乎也不怎麼受歡迎。此外，興－魯只有一個作戰方法——自北方做巨大的側翼包圍運動。他們的理想方案是，在里加與科夫諾之間進軍，然後向南，深入俄軍防線後方相當遠處，切斷供應俄軍的主要鐵路線。要想這樣做，他們的兵力不足。要做轉向運動，他們最多只能提供3個騎兵師，在3個步兵師的支援下進行強而有力的突襲，攻入庫爾蘭和立陶宛。這一軍事行動於1915年4月底開始，毫無疑問地引起了俄軍的關注。

興登堡本人的話說明了他兵力施展的方向。

我的司令部在從戈爾利采開始的大規模軍事行動中，起初只是間接的參與者。在這宏偉事業的框架內，我們的首要任務是牽制敵人的強大兵力。要執行這個任務，首先要進攻華沙以西的維斯圖拉河大拐彎處和東普魯士邊境的科夫諾方向，然後於1915年4月27日開始用騎兵大規模地向立陶宛和庫爾蘭長驅直入。3個騎兵師的挺進，在同樣數量步兵師的支援下，觸及了俄國戰區的一個敏感點。俄國人第一次意識到，俄軍與國內心臟地帶的最重要的鐵路連繫，有可能受到這個推進的嚴重威脅。於是他們投入大量兵力迎擊我方的入侵。在立陶宛領土上的戰鬥持續到夏天。我們發覺不得不向那裡派遣更多兵力，以維持對占領區的控制，並保持對此前未接觸戰爭那些地區的敵人的壓力。於是，德軍一支新集團軍逐步形成。它被命名為「涅門集團軍」，用的是該地區那條大河涅門河的名字。

在俄軍據守防線的對面，這些可怕的備戰正在進行，俄國守軍是由拉德科・季米特里耶夫將軍指揮的第3集團軍，他在此前覺得抑制奧地利第4集團軍大部並不困難。為了隱蔽正在集結的攻擊部隊，以免俄軍察覺，

德軍做了最大努力。所有德軍偵察小分隊一律身著奧軍制服,直到戰鬥開打之前幾天,季米特里耶夫將軍仍渾然不知大難即將臨頭。他更沒有想到進攻的規模和強度。爬上山頂的德軍參謀們可以看到俄軍的陣地擺在眼前,就像在地圖上一樣,有3條築有觀察孔的、上有掩體的戰壕防線,構成單一的防區。德軍偵察小分隊發現這裡的狀況與西線迥然不同。無人地帶是一片廣闊的空地,穿徑有3、4千碼,夜間偶爾有巡邏兵穿過,白天則有當地老百姓在那裡種地。鄉村的寧靜只是被偶爾的劈啪步槍聲和幾響漫無目的的炮聲所打破。德軍最操心的事就是把那些當地居民趕走,以防走漏風聲。與此同時,巨大的彈藥堆集處已積聚了大量炮彈,每門野戰炮1,200發、每門重炮500至600發。

對於有關指揮權的敏感問題做了如下調整:第11集團軍(奧軍和德軍都一樣)的進攻都交付給馮・馬肯森將軍指揮,以澤克特為顧問。馬肯森隸屬康拉德和奧軍總司令部領導。不過後者同意不向馬肯森下達任何未經法金漢和德軍總司令部事先批准的命令。其次,為防止該程序出現拖延,雙方達成了以下共識:在實際運作中,德軍總司令部將通知澤克特如何直接行事,正式命令將經由規定的禮節性途徑盡快送達馬肯森,這樣使奧地利的尊嚴得到了維護,也不會出現任何麻煩。

到1915年4月28日,第11集團軍已經接防,馬肯森於同日發布預警令:大炮將於1915年5月1日開火,隨後將於1915年5月2日發起攻擊。德軍在前線的出現已於1915年4月25日被俄軍發現,但是季米特里耶夫將軍沒有請求增援,甚至巡邏和警戒都似乎處於低潮。丹尼洛夫說:「我軍右側防線及其巨大凸出部有多個薄弱點。我軍處於力量的最低點,在喀爾巴阡山地區不間斷的戰鬥使我軍蒙受了沉重損失,許多單位中軍官與士兵空缺額之多令人吃驚。武器彈藥的匱乏到了災難性程度。在這樣的形勢下,軍隊還能對付奧軍,但是無力阻止精力充沛、意志堅定的敵人所帶來的強大壓力。」這些就是進攻前夕的形勢。

跨越達達尼爾海峽

1915年5月1日德軍大炮開始試射，整個下午和夜間逐步加強，成為困擾性射擊以阻止俄軍加固其防禦工事。深夜1至3點有兩個小時的停頓，讓德軍巡邏兵有機會進行偵察，工兵有時間清除鐵絲網和障礙物。1915年5月2日凌晨6時，開始了為時4個小時密集的預備性炮轟。此時突襲部隊已進入出擊陣地，在突襲部隊身後部署了連續的進攻梯隊，配有按規定伴隨進攻部隊的野戰炮連。總共集結了10個師，只有第10軍組成後備隊在兩翼待命。炮轟極具破壞力，俄軍用圓木支撐、用土砂袋疊起的戰壕上的掩體到處都被德軍的榴彈炮和迫擊炮擊毀擊塌。「敵人的大炮幾乎沒有任何回擊。有少數炮兵連的確進行過嘗試，但是在壓倒性炮擊下馬上被打啞了」。德軍步兵不再緊挨在胸牆後，而是挺身直立，幾乎毫不擔心受傷地觀察炮轟的效果。上午9時迫擊炮的擊射增加到最密集的程度，俄軍的鐵絲網和機關槍被炸得飛上半空。10時迫擊炮停止射擊；德軍大炮的轟擊向俄軍後面的防線延伸，3、4萬名攻擊步兵穿過煙塵以快速的步伐衝鋒。德軍戰地報導說：「到處都是土灰色的身影，他們跳出戰壕，丟棄槍支往回跑，灰色的毛皮帽、鈕扣沒扣上的大衣在眼前晃動，直至一個人影也不剩。他們像一群綿羊，在極度混亂中逃跑。」許多人在第二道鐵絲網防線被追上，就在那裡被殺或被俘。

只有在那些防線附近有樹林，或者是山丘的地方，炮轟才沒有發揮作用，也才有戰鬥。正面陣地出現德軍的突然襲擊後，俄軍在第二道防線前進行反擊，在1915年5月2日一整天，這一次德軍受到猛烈攻擊。1915年5月4日從俄集團軍群後備部隊派來的第3高加索軍試圖進行反攻，但他們所能做到的僅僅是掩護大部隊的撤退而已。德國第11集團軍率領兩側和奧軍一起前進，現在已經完全突破俄軍的防線。季米特里耶夫的軍隊被殲滅。他所轄各師，在經過又一週的戰鬥之後，每師所能召集起來的官兵不到1,000人。在整個戰爭中，有140,000名俄軍戰俘，100門大炮和300挺機槍落入戰勝者手中，同時戰壕裡還塞滿了死者和傷兵。事實再一

次證明：俄軍在實力已經削弱的情況下，經不住與任何一流國家的部隊相抗衡。俄軍喀爾巴阡山的整個防線已經防守不住，俄國第8、第11和第9集團軍沿著長達100英里原本得之不易的山峰與隘口，以最快的速度全面退後，一程又一程地放棄了他們在9個月之前入侵並認為會永遠屬於自己的那個面積相當大的省分。

與此同時，在達達尼爾海峽發生了許多事情。英國海軍強攻海峽的一切努力突然停止了，而且事實證明，最終的停止是在1915年3月18日他們被擊退後開始的；繼之謠言四起，說是即將發動對加里波利半島的陸上進攻。敵人知道大量英軍部隊正在埃及集結，艦隊的完全沉默和消極狀態預示著正在為登陸做全面準備。與此同時，土耳其軍隊在德國人的指揮下狂熱勞動，在所有可能的登陸地點構築防禦工事；到1915年4月中旬，土耳其在半島上的軍隊已增至8個師。海軍上將馮·烏澤多姆的重炮幾乎沒有什麼穿甲彈，僅有的水雷也已經布設下去，而且毫無指望得到這兩種武器的補充供應。他完全明白，面對再一輪的海軍攻勢他將完全束手無策。但是土耳其軍隊的精華現已集結在半島上，而利曼·馮·桑德斯手下的驍勇的穆斯塔法·凱馬爾，正滿懷信心和熱情地等候敵軍的來臨。事實上在土耳其和德國軍界，有軍事素養的軍人認為，讓一支軍隊從無遮蓋的船隻上，在遭到機槍和現代化步槍火力掃射的海灘登陸，也許是不可能的；約翰·弗倫奇爵士的司令部也存在這種看法。德軍最高指揮部因為了解上述事實，所以正在注視事態的發展；在他們看來，確實很奇怪的是，英軍竟然準備冒登陸造成的駭人聽聞的風險和犧牲；另一方面，據守海峽主要堡壘的大炮每門所存的穿甲彈一直屈指可數。英軍可能同時或連續發動陸海進攻！

1915年4月25日，認為不可能的事情變成了現實。利曼·馮·桑德斯從天剛亮起就接到一連串敵人在幾乎所有能登陸的海灘登陸並發動進攻的消息。接著發生了拚死的戰鬥，所有在半島頂端的土耳其後備軍均迅速

跨越達達尼爾海峽

投入戰鬥。在海灘上，在半島多石的灌木叢裡和溝壑間，無情地進行了短兵相接的激戰，到 1915 年 4 月 26 日夜幕降臨時，在遭受了 20,000 人員的損失之後，30,000 餘英國、澳洲和法國部隊已經在加里波利半島上立穩腳跟。攻擊部隊停下來將大炮和供應品運送上岸，利曼‧馮‧桑德斯急忙調動他剩下的土耳其師來到戰場。他的需求非常迫切，以致他被迫離開布萊爾地峽，使其著名的防線和唯一的退路完全失去了保護。1915 年 4 月 28 日，半島尖端的英、法部隊再次向前推進，打響了激烈的克利西亞之戰的第一仗。土耳其軍頂住了入侵者；但他們遭受了嚴重傷亡，因為他們只能得到野戰炮的輕微支援。土耳其的部隊受到了削弱，不得不放棄了近 1 英里的寶貴陣地。在德、土司令部看來，他們的敵人已經克服了主要障礙。英、法部隊已經在岸上站穩腳跟。全部土耳其後備軍都投入了戰鬥。土耳其軍的退路有可能隨時被海上的進一步攻擊所切斷。誰也說不準軍艦會運來多少後備軍，或者他們在哪個新地點登陸。除了頑強地堅持戰鬥，沒有別的選擇。

因此，在 1915 年 5 月第一週的週末，有兩件新發生的大事引起了歐洲的重視：協約國軍在加利波利令人驚奇的登陸，和俄軍在北加利西亞的徹底失敗。法金漢寫道：「正如所擔心的那樣，英軍已在 1915 年 4 月 25 日登上加里波利半島，義大利加入敵人的行列日益成為可能。」協約國與義大利之間的談判實質上已經完成；不過海軍和陸軍的協議還正在巴黎進行最後的確定。由我代表協約國負責處理有關海軍的協議沒有出現任何重大困難。我們那時擁有絕對的制海權，可以輕易地實現我們期盼已久的新盟友可能提出的任何海上援助。但是，陸軍協議的實質就是，要求俄軍在加利西亞至少保持 40 個師，並竭盡全力向那裡的奧軍施壓。在討論開始時，義大利人很可能期待俄軍立即入侵匈牙利。討論結束之前，正好遇上戈爾利采—塔爾努夫之戰和俄軍從喀爾巴阡山地區全面撤退的場面。到了 1915 年 5 月中旬，俄軍在加利西亞所受的巨大災難，已很明顯。此外，英

軍在法國向歐貝爾山脊發起了進攻。此次行動曾引起人們抱有許多虛幻的希望，但卻被輕易地擊退，英軍還遭受了慘重傷亡。德軍到處以不可戰勝的力量與技能進行攻擊和防守；數量大得多的奧軍部隊現在可以用於對抗義大利軍隊了。協約國的軍事形勢已經明顯惡化。

然而加里波利半島上的激烈戰鬥，一個登陸的軍事奇蹟，一直在繼續，而且顯然可以肯定：英軍的水陸力量有能力用所必需的一切手段打敗和粉碎土耳其帝國。這兩件事，一勝一負的大事，互相抵消。談判繼續進行，最終簽訂了協議。1915年5月23日義大利下令全軍總動員，並向奧地利宣戰。隔天午夜，長期處於戰備狀態的義大利軍隊越過了奧地利邊境線，第4個強國加入了協約國。

跨越達達尼爾海峽

華沙陷落

　　現在我們必須記述俄軍在戈爾利采－塔爾努夫遭受慘敗之後開始的一系列災難。1915 年夏、秋兩季，俄軍不得不面對德軍近 40 個師和接近全部奧軍幾乎無休止的進攻。俄軍能力和組織結構因連連受損均已削弱，又處於武器彈藥供應狀況最糟的階段，沙皇的軍隊在 800 英里的防線上遭受到德軍時而在這裡時而在那裡的連續攻擊，防線一再被突破，他們被迫做快速的縱深退後。不論在哪裡發生這種慘敗，其後果都遠遠不如敵人大炮轟鳴危及俄軍的生命更加嚴重。我們目睹了德國武士下決心要以最大精力把俄國巨人打死的情景。1915 年的夏季戰役是大批德軍堅持對俄軍防線實施連續無情進攻的唯一時期。德軍帶著奧軍，有時常常是混雜著編隊長驅直入俄國，這正是康拉德長期夢寐以求的計畫，但是這種作戰方式是奧匈帝國的軍隊從來沒有能力實施的。

　　俄軍的退後是一部駭人聽聞的悲劇，他們經歷了難以描述的苦難，這些事蹟大部分未被記錄下來。考慮到其軍隊的狀態和組織，俄軍的抵抗和堅忍不拔的精神應當獲得最深的敬意。不幸源源不斷發生，防線支離破碎，交通壅塞，隨時面臨被切斷的危險，而後方的情況更令人焦急，這一切都是大多數軍事指揮官不曾經歷過的。以上這些狀況以及俄國大公的戰略和指揮，可以寫滿軍事史的一章，對此，俄國人民的下一代必將滿懷感激之情。他放棄了一些省分，他放棄了一些城市，他放棄了一條又一條的河流防線。他被趕出了加利西亞，他被趕出了波蘭，在北部，他被狠狠地趕回到俄國本土。他放棄了自己的征服地，他放棄了華沙，他放棄了所有要塞。整個設防前線瓦解於凌厲的攻勢之下。所有的鐵路轉而為入侵者服務。全體居民處於恐慌之中，在敵人的猛攻前痛苦地奔跑逃竄。最後，當

秋雨來臨，泥漿阻塞道路，隆冬為這個飽受痛苦的民族設起屏障的時候，俄軍擺脫危亡，站了起來，建築了一條從波羅的海海岸的里加到羅馬尼亞邊界寂靜的、連綿的防線。在他們前面，取得最後勝利的希望並未消滅。

德國第 11 集團軍從初戰告捷的戰場向東推進，節節勝利，1915 年 5 月底抵達普瑟密士。俄國大公下定決心不把兵力虛耗於保衛要塞上。當德、奧兩支軍隊在要塞兩邊會師時，需要抵擋圍攻的兩個俄國軍就向倫貝格和我們所熟悉的其他戰場撤退了。林辛根所率的奧、德南方集團軍包圍俄軍極左翼的企圖成為泡影。事實上，它反而被俄軍的強大反攻所徹底擊退。與此同時，俄軍從中心和北部抽調的大量增援部隊集結在征服者的必經之路上。德、奧兩支軍隊的進展慢了下來，1915 年 6 月初，進攻部隊停下來休息和整頓。

1915 年 6 月 3 日在普萊斯舉行高級軍事會議。與會的有德軍總司令部、興－魯和奧地利最高司令部，有法金漢、興登堡、魯登道夫、霍夫曼、馬肯森和康拉德，還有最高權威德皇！3、4 名高級將領以及他們身邊的主要軍官回顧了整個局勢；義大利已經參戰。60 至 70 萬新徵部隊已經逼向新防線上的奧軍，那些防線是他們被迫沿伊松佐河及蒂洛爾建立起來的。到 1915 年 9 月，義大利軍隊實際上進入戰線的肯定將接近 1,000,000 之眾。康拉德說出了維也納的情感吶喊，他最希望的就打擊背信棄義的盟友，這是他最感深惡痛絕的敵人，這個敵人（在他看來）在進行了最卑劣的訛詐之後，朝苦苦掙扎的鄰居背後捅了一刀。他希望將奧地利的幾個師從加利西亞撤回，策劃一場對義大利的進攻。德國人表示異議。法金漢仍然全神貫注於達達尼爾海峽。加里波利半島上的戰鬥在激烈進行。土耳其軍隊損失巨大。英、法攻擊部隊的兵力雖然從未增強到足以取勝，但正源源不斷地得到增援。據傳，英國正在組建一支全新的集團軍，準備做進一步的攻擊。此外，英國的海軍艦隊雖還按兵未動，但隨時都有可能向馮·烏澤多姆海軍上將彈藥匱乏的炮臺群再次發動進攻。塞爾

維亞持敵對態度；中立但可疑的羅馬尼亞仍然封鎖著關鍵性的軍火通道。塞爾維亞軍隊已將一艘滿載貨物沿多瑙河行駛的船隻擊沉。擊潰塞爾維亞，拉攏保加利亞，開闢一條直達君士坦丁堡和達達尼爾海峽的通道，這些計畫塞滿了德軍參謀長的頭腦。

但是在所有的這些想法之下，一直隱藏著對西線的最大焦慮。法軍已經從阿拉斯和拉巴塞發動了強大的攻勢。法國各集團軍在福煦的指揮下於阿圖瓦發動了災難性的巨大春季攻勢後，正在重新集結他們的兵力；必須考慮到他們會在秋季採取某種強而有力的軍事行動。英國的陸軍和炮兵的實力穩步成長。1914 年，在熱情的志工中徵募的 30 至 40 個師，現在已是接受了 9 個月訓練的正式軍隊。英國在全世界都擁有可支配的財富並且控制著海洋，必能用所需的物資來裝備這些新的軍隊。英國和美國的軍火工廠，在大戰之初就做了改建或擴充了規模，現在肯定開始源源不斷地生產越來越多的步槍、大炮和炮彈。法金漢必須準備抵抗迄今前所未有的大規模秋季軍事行動，因此他想立刻從東線撤回 4 個德軍師。但興—魯有他們的觀點。這對「攣生兄弟」仍保持團結一致。他們的觀點和方法保持不變。他們對戈爾利采—塔爾努夫之戰的結果驚嘆不已。這些勝利超出了他們的希望。他們從所發生的一切中看到了德軍消滅整個俄軍主力，超越坦能堡大捷的可能性。在這些形形色色的計畫中，有一個明顯的問題突顯出來：馬肯森和他的「先鋒集團軍」是應該繼續前進還是就此止步？

法金漢希望就此止步。他希望抽出他的那幾個師。但是就此止步不見得能產生那種結果。如果在加利西亞的德軍被嚴重削弱，奧軍甚至不可能保持現有陣地，奧軍不能沒有德軍的充分支援。俄軍還未遭到大幅度削弱，德軍的那幾個師必須留下來。如果那幾個師留下來，他們一定會達到某些目標嗎？時間在飛逝；如果德軍要向前推進，他們就需要得到進一步的增援。會議最後做出決定，不但不能削弱馬肯森的兵力，而且要給他增派從東線的北部和後衛調來的 4 個半師作為援助。於是下令各集團軍進行

華沙陷落

全面整編。奧地利第 3 集團軍被拆散，部分派往義大利，剩下的則與其他集團軍合併。馬肯森兩側的奧地利第 2 和第 4 集團軍歸他指揮。擁有了這麼巨大的兵力，他又將立即繼續向東進軍了。各集團軍的這些變動和必要的兵力補充直至 1915 年 6 月中旬才完成。馬肯森於 1915 年 6 月 19 日方能重新開始推進，倫貝格於 1915 年 6 月 22 日落入德軍之手。

占領倫貝格之後，又該如何行事？法金漢接二連三地向德軍總司令部提出這樣的問題：「我們打算深入俄國多遠？我們準備在哪裡求得一個什麼解決？」此時，馮·澤克特將軍，即馬肯森的參謀長兼軍事顧問，提出建議，整個第 11 集團軍由向東旋轉為向北，朝正北向維斯圖拉河與布格河之間前進，目標直指布列斯特－立陶夫斯克和塞德萊茨。法金漢批准了這個建議。於是「先鋒集團軍」轉了 90 度，穿越一年以前丹克爾和奧芬貝格滿懷希望走過的道路，向盧布林和霍爾姆前進。總之，康拉德的原來計畫重新得到了實施。但是應該如何部署來自北部的聯合軍事行動呢？打算運用的鉗子，另一側應該放在哪裡呢？南部一切正常；俄軍搖搖欲墜，支離破碎；如今不是由奧軍而是由德軍實施向北突襲了。派哪支部隊從北部迎接北上軍並咬掉波蘭凸出部呢？在這個問題上存在意見分歧。1915 年 6 月 29 日，法金漢寫信給興登堡，聲稱馬肯森已奉命向布格河與維斯圖拉河之間前進，攻擊「無論何處他所發現」的敵人。法金漢還說，這股壓力將很快給沃伊爾施提供援助（他仍沿原定路線緩慢地向東前進）。現在輪到興－魯來採取行動了。顯然，華沙以西的德國第 9 集團軍可以抽調兵力，將它用於北上或南下。如果用於自北而南，那麼可以肯定，從奧索維茨向東南方向突襲並渡過納雷夫河，將是最為有效之舉。就這樣，法金漢復活了康拉德最初的主張。

但是興－魯有更加野心勃勃的觀點。他們尋求範圍更廣的迂迴。他們確信，華沙周圍的大量俄軍將會從僅僅穿過納雷夫河向東南的包抄中逃脫。依照興－魯的判斷，對敵人的致命包圍應設在科夫諾與格羅德諾之

間，切斷經維爾納和德文斯克通往聖彼得堡的關鍵性鐵路。此後北邊的德軍應調頭向南，在布列斯特－立陶夫斯克與普里佩特沼澤之間進軍，此舉可使全部敵人落入陷阱。法金漢無意採取這個好高騖遠的軍事行動。他有塞爾維亞和西線需要考慮。他拒絕批准這個意見。魯登道夫進而發現，在較穩健的建議中，經過奧索維茨進軍一節存在各種困難。在那裡小型要塞兩側的沼澤將使人為難；一年中這個季節的通道使人無法行走。奧索維茨的抵抗肯定極為頑強。興－魯不可能克服上述困難。「我不能同意這樣一場進攻，即使它是由總司令部建議的，我對此感到最深的遺憾。」興－魯對自己的龐大計畫情有獨鍾，因此他們以言之有據的專業眼光來百般挑剔較為穩健的取代方案。

於是再次舉行高級官員會議，德皇也再次蒞臨。除康拉德缺席外，到會的還是原班人馬。這次會議是在波森舉行的。興－魯與德軍總司令部現在面對面了。論點的衝突、意志的衝突、利益的衝突 —— 即使最顯赫的軍界要員在爭論的氣氛中有時也落到尋常百姓的水準。但是德皇站在法金漢一邊。如往常一樣，他很快做出決定，就像人們擲硬幣一般 —— 他命令北部的進攻在納雷夫河與涅門河之間展開，橫跨納雷夫河，但不越過涅門河。然而對魯登道夫將軍反對途經奧索維茨進軍的意見，以折中的方式表示了尊重。因此，興－魯和德軍總司令部都未能隨心所欲。北部進攻線進一步向南和向西移動；所以，最後實施行動的規模甚至比法金漢所希望的更小。但是決定已經做出；至高無上的皇帝已經宣布了命令。而且此前曾指揮一個集團軍群或分遣部隊的馮‧加爾維茨將軍，現已被任命為新編的德國第 12 集團軍的司令。

1915 年 7 月 13 日，加爾維茨率領 12 個師向東南途經一個名為普拉斯尼什的小鎮進擊納雷夫河，該鎮在春季已經發生過一場激戰。一週後，攻入俄軍防線的加爾維茨抵達納雷夫河，3 天以後，他的部隊摧毀了普烏圖斯克和羅揚兩座小要塞的抵抗，然後渡過了納雷夫河。與此同時，涅門集

華沙陷落

團軍進一步逼近米陶和沙夫利里,將俄軍箝制在該地前面。其間,自南推進的馬肯森已陳兵於盧布林和霍爾姆一線。德軍司令部看到了攻克華沙的希望,俄軍司令部則對華沙即將淪陷感到頭暈目眩。甚至法金漢也從西線抽調兩個師增援馮·加爾維茨將軍。在此階段,興—魯提出要求,甚至透過興登堡直接向德皇書面請求,要求將這兩個師派往涅門集團軍,還要求從馬肯森的集團軍再派軍隊去同一目的地,但這些要求均遭到毫不客氣的拒絕。德軍總司令部群情激昂。所造成的震動是劇烈的。

但是俄國大公並未被捉住。他不失時機地退後。1915年8月5日俄軍撤離華沙。德、奧軍的切斷運動於是變成了尾追。維斯圖拉河整個防線已為俄軍所放棄;但他們是有條不紊地撤退的。俄國大公予以防守的唯一要塞就是新格奧爾吉耶夫斯克。他實施這個防守是個錯誤;至於他為什麼如此行事還是個謎。新格奧爾吉耶夫斯克是防守華沙的門戶。如果決定放棄華沙,該城的重要性就消失了。在大戰爆發之前5年,在俄國曾掀起將維斯圖拉河和納雷夫河各要塞現代化的激烈討論;政府也曾承認這一步驟的重要性。為了環繞華沙修建新堡壘,他們清除了陳舊的工事。然而在新堡壘建成之前大戰就爆發了!但新格奧爾吉耶夫斯克至少保留有1891年建的防禦工事,大戰期間還略有改善。它包括90,000多名衛戍部隊,雖僅為民兵組織,但每人配有一支寶貴的步槍。可能是為了阻延德軍前進,俄國大公把這支部隊留在了後面。於是德軍開始了對新格奧爾吉耶夫斯克的圍攻。

為了這個任務,興—魯從各種部隊調集了約80,000名二線士兵;他們配備了從德國駛來的快速火車所運載的大部分攻城武器,其中包括奧地利榴彈炮,這種武器過去曾摧毀安特衛普的外圍堡壘。由6門16英寸榴彈炮和9門12英寸榴彈炮組成的「重炮兵部隊」,44門8英寸榴彈炮和數門9英寸與8英寸大炮,以及兩個10英寸迫擊炮連,和數量可觀的中型炮群已迅速運抵戰場。「安特衛普之戰的英雄」馮·貝澤勒將軍負責圍攻。

1915 年 8 月 10 日完成了包圍，幾天以後重炮群開火。進攻部隊福星高照：俄方建築要塞的總工程師剛好驅車出城視察，汽車上帶著全部設計圖紙，他不幸與推進中的德軍遭遇，連人帶文件一併被俘！

進攻的方法是先用占壓倒優勢的炮火摧毀防禦工事的一個防區，把那個防區摧毀後，再一個堡壘接一個堡壘予以攻破。「參戰的都是些長了鬍子的男人，一想到自己的老婆孩子就臉色發白」，但是這些民兵在缺口前築成一片野戰陣地，敵軍要進攻堡壘就要首先攻下這個陣地，這個缺口。此後，德軍 6 個營猛攻 15a 堡壘，7 個營猛攻 15b 堡壘；儘管德軍 11 個營被 16a 堡壘的守軍打退並且傷亡慘重，但到 1915 年 8 月 19 日，進攻部隊還是在內防線的攻擊距離以內站住了腳。1915 年 8 月 20 日凌晨 4 時，新格奧爾吉耶夫斯克在屠殺馬匹和焚毀儲備之後無條件投降。從敵軍圍城部隊最初抵達起，該城堅守了 30 天。90,000 名戰俘，其中包括 30 名俄軍將軍，700 餘門大炮和許多步槍與該城一起落入了敵人之手。事實可以充分證明，這一仗是第一流的環形堡壘在沒有野戰軍支援的情況下打得最糟的防禦戰。

在俄軍大撤退時，有大量民眾跟著他們一起逃跑。由於受到德軍暴行傳聞的驚嚇，數以百萬計的人群逃離了家園，他們拖著或拉著裝載隨身能攜帶的物品的各種交通工具。大小道路淹沒在緩慢流動的不幸人流之中。主要的逃難人流是在華沙與布列斯列－立陶夫斯克之間。俄軍部隊在後退或前進的過程中，為了保持後衛，別無選擇，不得不將這些可憐的人群強行推出公路，往往是推入就在身旁的沼澤中。魯登道夫就這個問題說了一句意味深長的話：「俄國戰爭的許多情景在我的記憶中留下了難以抹去的印記。」久經沙場的古爾科將軍僥倖沒有被召去目睹這些場面，因為他的任務在加利西亞，但是他寫道：

然而，一些參加過數次戰爭和多次浴血戰鬥的人告訴我，沒有哪個戰場的恐怖能與大量人口無休止出逃的可怕景象相比，他們既不知道逃跑的

華沙陷落

目的地,也不知道在什麼地方可以得到休息、食物和棲身之所。他們陷入可怕的境況中,他們增加了軍隊的困難,尤其是給那些在擠滿混亂人潮的道路上移動的運輸工具添了麻煩。好多次,我們的部隊被迫停下來打一場防衛戰,僅僅是為了要逃亡的人群給部隊讓路……只有上帝才知道老百姓在這裡遭受了多大的苦難,流了多少眼淚,或者有多少人丟了性命,成為無情的戰神摩洛的犧牲品。

現在這次戰役的危機已經過去。俄軍被逐出了波蘭凸出部,而他們曾把這塊土地看得如此珍貴,曾為這塊土地付出如此之大的犧牲。至此他們的局勢變得簡單了。當1915年8月18日科夫諾淪陷以後,東方戰線幾乎成正南北走向,穿過里加、科夫諾、格羅德諾和布列斯特—立陶夫斯克,然後沿加利西亞邊界到羅馬尼亞。在這一年的戰爭中,德軍擊斃、擊傷俄軍近1,000,000人,俘虜750,000人。但實施大規模包圍的所有機會都已成過去。興—魯打一場超級坦能堡戰的夢想宣告破滅。還要進行一個月的戰鬥以後天氣才會有變化,而整個德軍戰線的穩步前進,把俄軍的防線和難民又向東推移了100至150英里。俄軍1915年9月底的最後防線是:沿德維納灣經德文斯克,向正南至普里佩特沼澤,從那裡經加利西亞南角到羅馬尼亞邊界。

正是在這個時刻,沙皇滿足了他久懷於心的欲望。他不顧大臣們的警告和呼籲,在皇后的熱情支持下,親自執掌了軍隊的指揮權,於1915年9月5日搬到俄國最高軍事委員會居住。在那裡他過著平靜節儉的生活,專心致志地照顧他小兒子的健康。阿列克謝耶夫將軍指揮戰爭。尼古拉大公受貶赴高加索指揮對土耳其作戰。

西方協約國懷著悲傷和寬慰的心情注視著這些重大事件,悲傷的是發生了損失如此慘重的事件,寬慰的是沒有出現更壞的情況。法軍司令部的希望以及他們英國盟友焦急的注意力都集中在訂於1915年9月25日發動的香檳和洛斯的巨大攻勢。霞飛元帥在香檳的進攻有50個師參加,法軍

滿懷信心地預期在戰略上撕裂德軍在西線的整個防線，攻勢所產生的影響將 3 至 4 倍於戈爾利采－塔爾努夫戰役的規模。但事實上，這些希望未能實現。義大利也停滯不前。在伊松佐河和提洛爾兩條戰線，奧軍依然保持著防禦能力。如在俄國發生過的惡戰一樣，由最精銳、最大量的軍隊盡最大的努力進行的惡戰也發生在法國；不過這一年最壯觀的插曲發生在巴爾幹國家，因此我們現在必須談談那裡的情形。

華沙陷落

清算塞爾維亞

我們已經看到，法金漢於 1915 年最初是如何被吸引到東線的，那是因為他意識到，開啟土耳其與同盟國之間的交通線進而緩解達達尼爾海峽壓力的迫切需求；我們還看到，他又是如何因駐俄國前線奧地利軍隊的慘狀而被迫推遲這個必不可少的軍事行動的。興－魯在歡迎軍事努力向東線轉移的同時，極力主張用更大的兵力採取範圍更廣的迂迴運動，一勞永逸地了結俄國。但法金漢並不同意。一旦俄軍被明顯地打敗並從波蘭和加利西亞全面撤退，法金漢就迫不及待地回到自己原來的計畫。這個計畫包括：立即徹底擊敗塞爾維亞，並為此目的而將保加利亞拉到同盟國一邊來。整個 1915 年 7 月期間，在經過各種先期努力之後，在索菲亞舉行了德國人與保加利亞國王斐迪南及其大臣們的一系列談判。在感情上，一直親德的保加利亞政府對俄國所蒙受的巨大災難及其軍隊的全面撤退產生深刻印象。但是加里波利半島上的戰鬥支配著他們的行動。保加利亞人知道，猛攻該半島並開闢英、法艦隊通道的又一次重大軍事努力正在臨近。在這場新戰役結束之前，他們是不會採取關鍵性決定的。如果在加利波利的土耳其軍隊兵敗，英國艦隊駛抵君士坦丁堡城下，那麼對土耳其的進攻給保加利亞提供的獎品，將遠比從塞爾維亞奪得的要豐厚得多。此外，一旦土耳其從歐洲戰場被逐出，協約國軍的推進開啟保加利亞南部邊界，英國艦隊打開進入黑海的通道，幾乎可以肯定羅馬尼亞和希臘將被爭取到協約國一方。而如果保加利亞此時發現自己在巴爾幹孤零零地站在錯誤的一方，那麼他將面臨最嚴重的危險。因此，保加利亞不為德軍在東線的節節勝利所動，而是靜候南方戰事的結局。

1915 年 8 月 6 日，全部英、澳、法 3 國軍隊開始向土耳其守軍陣地大

清算塞爾維亞

舉進攻，同時一支人數眾多的新到英軍猛攻半島的蘇夫拉灣。25,000 人登陸成功，未遇嚴重抵抗，在登陸地點僅有數名土耳其憲兵監視海岸。土耳其唯一可用的部隊在布萊爾，距那裡有 3 天行程。然而，由於指揮登陸部隊的英國將軍愚蠢無能，以及一系列令人難以置信的意外和錯誤，部隊依然停留在海灘上，並未認真地進攻高地，直到強大的土耳其軍到達。此後戰鬥在各登陸點展開，1915 年 8 月 9 日達到高潮，當時蘇夫拉灣登陸部隊試圖繼續推進，但為土軍所阻；同時，實際已搶占薩黑拜爾山要害陣地的英軍和廓爾喀軍，被他們自己的海軍炮火趕離山頂。到 1915 年 8 月 15 日，英軍全線失敗，損失 20,000 人，於是保加利亞決定加入同盟國。

1915 年 9 月 6 日由法金漢、康拉德和保加利亞的代表甘茨切夫將軍在普萊斯簽署了一項協定。根據協定，德國和奧匈帝國各以 6 個師陳兵塞爾維亞邊境，準備在 30 天內實施軍事行動，保加利亞於 35 日之內至少以 4 個師參加行動。因為保加利亞師團比其他國家的普通步兵師團人員多一倍，所以這個安排是從 3 個地方分別抽調對付塞爾維亞的兵力，總人數至少相當於 20 個師。奧地利軍隊在華倫進攻失敗，4 個奧地利師必須由相同數量的德軍替代。因此將要部署的德軍不少於 10 個師。法金漢說：「依然適合打仗的塞爾維亞部隊，據估計總數在 190,000 至 200,000 人之間。我軍能投入對塞作戰的約有 330,000 人，這些軍隊在軍事能力方面基本上優於塞軍。很難期望塞軍能承受大量重炮連和迫擊炮連的轟擊。」這些就是將立即對桀驁不馴的不幸小國施加猛攻的情況。

保加利亞的威脅態度引起了塞爾維亞的密切注意，塞方顯然立即著手進行軍事準備。英國和法國做出巨大努力，勸告塞爾維亞將馬其頓割讓給保加利亞以避開迫在眉睫的危險。但是擁有同樣的執著和勇氣的塞爾維亞人拒絕了這些建議，並準備迎擊他們所痛恨的也是深受其傷害的巴爾幹鄰國的進犯。塞爾維亞集合他的軍隊，以抵抗保加利亞從東邊的入侵，但他不知道可怕的德軍正準備從北面進行突襲。

法金漢不但要從奧地利前線用 10 個師去進攻塞爾維亞，還必須迎擊西線現在迅速臨近的英、法重大攻勢。由於這兩項任務的需求，他不得不從俄國前線撤回 4 個師，其中包括興登堡的司令部。興－魯早已獲得授權開始他們期待已久的經科夫諾向維爾納的進攻，到了 1915 年 9 月的第一個星期，這個行動已經有了全面的進展。興登堡在魯登道夫的鼓動下，痛苦但又嚴厲地拒絕撤出他部隊中的這幾個師。受區域性觀點的支配，他為保住每個師而力爭。他與法金漢之間的通訊揭示了這兩個強而有力的人物鬥爭的激烈程度。

1915 年 8 月 27 日，德軍從馬肯森集團軍群抽出第一個師，派赴多瑙河上的奧爾紹瓦，部分原因是要將它投入新戰場，部分原因是促使保加利亞迅速做出決定。此時，康拉德似乎被引入了興－魯的軌道。他支持興登堡關於加強科夫諾－維爾納攻勢的請求。法金漢則明確答覆說：「給科夫諾軍增援當然是合乎諸位希望的，但是確保達達尼爾海峽的安全具有無可比擬的重要性。此外，在保加利亞問題上也必須趁熱打鐵。因此，在不放鬆對敵人咽喉的遏止的前提下，我們從布列斯特－立陶夫斯克所能撤出的兵力，必須前往多瑙河。」1915 年 8 月下旬和 9 月上旬，不少於 10 個師從東線的中部和南部戰區調出，或者派往多瑙河，或者去迎擊在法國即將開始的進攻。這些撤離還只是初步。「在很短時間內，」法金漢說，「一定會出現從北方集團軍群抽調 10 個或 12 個師用於其他戰場的必要性。」

興－魯以極度憎恨的態度看待這些調動和減少東線兵力的威脅。在他們看來，此時此刻對維爾納的進攻就是唯一的目標。他們所有的戰略信心、所有的戰備成果、所有贏得殊榮的機會，同樣都有喪失的危險；法金漢和德軍總司令部一開始就願意轉到東線來贏得輝煌的勝利，此後則擬削弱南方的兵力，而且現在就要從興－魯那裡調走興－魯賴以在北方取得勝利的那幾個真正的師團了！法金漢一再警告說，無論維爾納攻勢出現什麼情況，他的意思都是要獲得進攻塞爾維亞和迎戰法軍的全部軍隊。他坦率

清算塞爾維亞

地告知興─魯，他們的計畫必須適應這個條件。他們要在 1915 年 9 月中旬讓出 2 個師，其餘兵力要在相隔數日之後陸續從他們的指揮下撤出。興─魯提出反要求作為回答。他們宣稱他們正在全面作戰，左翼在推進，希望很大，右翼正遭猛攻。因此他們十萬火急地要求從馬肯森那裡撤出正在比亞韋斯托克集結，準備即刻運往西線的第 10 軍的增援。希望法金漢讓興─魯擁有這些部隊在科夫諾打仗——哪怕只打兩個星期也行。法金漢拒絕了他們的要求。第 10 軍開拔去了法國。

1915 年 9 月 19 日法金漢通知興登堡：對第 12 和第 8 集團軍的部分抽調必須開始，第 12 集團軍的一個後備師，即第 26 師，必須立即啟程。其餘 6 個師要以全速緊隨出發。興─魯抱怨這是對他們權利的「干涉」。他們要求將這幾個師用於攻占里加，這是他們軍事計畫的主要目標。爭執的焦點在於第 26 師的抽調。法金漢說：「要求該師開赴塞爾維亞前線，不允許再延誤一天。」甚至在第 26 師給強行調走的時候，興─魯仍在繼續進行他們的抵制。他們以獨立自主的口氣說，他們將盡可能快地讓出部隊，但什麼時候讓部隊走，他們不能肯定。他們自己也正遭受猛烈攻擊。如果在重大結果懸而未決時，他們的力量受到削弱，他們的整個計畫就會流產。興登堡寫道：「我期望，我將成功地阻止敵人的突破。在此時不可能再調走任何部隊。只有在敵人的進攻被擊退，和我軍占領斯莫爾貢和德文斯克橋頭堡而使戰線縮短之後，才能再行抽調。」法金漢嚴厲地答覆說，維爾納的攻勢沒有重大意義。興─魯是決定把越冬的戰線劃在穿過斯莫爾貢還是決定劃在更後邊，又有什麼關係呢？他必須應付英、法軍隊在法國的大舉進攻和支持有重要意義的對塞爾維亞進攻。「因此，必須堅持要求閣下調動這兩個師中的第一批，盡快自維爾納乘火車趕赴西線。」

興登堡直截了當地予以拒絕。他致函最高司令，指責法金漢在以往戰役中的整個指揮：

　　進一步交出數個師的做法現在遇到了重重困難，這是因為夏季得到贊

同的戰役計畫，儘管形勢非常有利，但未能滿足我的多次迫切請求，因而未能給予俄軍致命的打擊。對於總體軍事形勢中隨後出現的種種困難，本人並非看不到。如果俄軍的進攻真正決定性地被打敗，我將於在我看來可以這麼做的時候盡快讓出數個師兵力……但我不能受制於一個確定的時間。過早的抽調兵力將引發危機。恕我遺憾地指出，就像現在西線正在經歷的那樣，在某些情況下，這將意味著對集團軍群的一場大災難，任何從我所轄的與敵人相比已居弱勢的部隊中抽調兵力的行為，由於地形條件不利，必然導致對軍隊結構的嚴重損害。我要求把我的意見轉呈皇帝陛下。

法金漢在覆函中盛氣凌人地說：

我同樣遺憾地指出，閣下竟然沒有任何原因地認為，當前的條件適合於解釋過去的事件，這些事件在眼前並不重要；如果這些事件僅僅與我個人有關，我不想麻煩地反駁你的陳述。可是你的意見實際上是對德軍總司令部所發布命令的批評，眾所周知，那些命令在所有重大問題上皆得到了皇帝陛下的事先同意，所以我才被迫不愉快地加以駁斥。閣下是否同意德軍總司令部的觀點無關緊要，一旦決定系由皇帝陛下做出，我軍的每一部門就必須無條件地服從德軍總司令部。」

接著，法金漢針對興－魯做激烈爭辯，同時對興－魯提出的所有批評與嘲諷進行有力的反駁。他還尖酸刻薄地指責興登堡指揮的軍事行動，意思是如果那些行動不阻礙取得更大勝利的可能性，他本來是打算予以容忍的。最後他說：

本人將向皇帝陛下報告閣下因反對撤出兩師兵力而提出的顧慮。至於來電中的其餘問題，我一定拒絕讓陛下得知，因為它們僅僅與過去的事件有關……無論如何，值此嚴峻時期，本人不願意用這些問題打擾最高軍事領袖。

衝突是面對面的；但是皇帝支持法金漢，興登堡只好屈服。興登堡這樣做對自己的聲譽有好處。因為他所持的是區域性觀點，保護的是派別利

益。如果他和魯登道夫擔任最高職務的話,那麼他們的所見會截然不同。興登堡本人在回憶錄中曾很簡單地提到這一點。

英軍和法軍在阿圖瓦和香檳的進攻於 1915 年 9 月 25 日開始。約翰·弗侖奇爵士率 15 個師進攻洛斯,在遭受嚴重傷亡的情況下,在 7 英里半寬的戰線上推進了 1 英里半。法軍在香檳發動攻勢,在 34 個師的進攻下取得了很大進展。負責攻擊的法軍 17 個師,在約 15 英里寬的戰線上迫使德軍兩個師的餘部後退了 2 英里半。英軍和法軍在進攻之前都實施了炮轟;此前人類從未發射或承受過這樣的炮火。但是一旦部隊試圖推進到被他們的炮火徹底摧毀的區域以外,敵人的機槍和步槍就發揮出所向無敵的威力。關於德軍突破戈爾利采—塔爾努夫的報導,顯然給霞飛將軍留下深刻印象。法軍在發動進攻前線集結的步兵和大炮數量是巨大的,在進攻開始時和在區域性地區,這些步兵和大炮具有決定性作用。但是德軍不是俄軍。事實上,德、俄兩軍之間沒有絲毫相似之處。人數眾多的法軍不但未能突破已經打開缺口的德軍防線,未能迫使已遭受重創的德軍兩翼中的任何一翼後撤,反而發現自己遇到了無數次的頑強抵抗。1915 年 9 月 26 日和 27 日進攻陷入停頓狀態。此時開始,法軍的巨大實力反而成了弱點。它的龐大隊伍成為迅速集合而來德軍大炮的顯眼目標,法軍大炮炸出彈坑纍纍的戰場反而成為幾萬法國兵的墳墓。透過給興登堡下達「不得延誤一日」的命令而幸運地得到的德國第 10 軍在關鍵時刻抵達戰場。德軍防線雖有個別地段凹入,但已得到了鞏固,而擠作一團無法部署的法軍則被打得七零八落。香檳這場戰鬥是霞飛將軍及其司令部參謀人員錯誤估算下最怵目驚心的例子之一。即使是混亂不堪、浪費了年輕部隊士兵生命的洛斯之戰與香檳之戰相比,或許也是一個不那麼值得責備的失敗。

到 1915 年 10 月上旬,法軍和英軍的進攻顯然已經失敗。這些進攻之所以還在繼續——不自覺地,毫無疑問——是為了挽回高級司令部的面子,並讓失敗的印象逐漸消散在世人無法跟蹤的爭奪戰中。法、英軍傷亡

將近 300,000 人。德軍的各處防線都處於完整未損的狀態；法金漢沒有從他集結起來對付塞爾維亞的部隊中抽調任何一個師。相反，在戰鬥正處於高潮時，他甚至調出德軍位於阿爾卑斯山的軍隊，去取代未能趕赴多瑙河的奧地利師團。我們必須考慮到這種意志力的 3 方面運用，抽調興－魯的兵力，頂住西線的攻勢以及完善多瑙河的戰備，三者同時進行表現了法金漢指揮才能的頂峰。

現在，進攻塞爾維亞已經萬事俱備。德軍司令部的參謀們在整個春季和夏季一直在全神貫注地研究多瑙河和薩瓦河的航道。亨奇上校負責此項工作，他到處奔走，以極細緻的態度考察每個炮兵陣地、每條道路、每處露營地、每間軍人宿舍、每條泉水、所有島嶼、所有山丘、所有鐵路可能通達的地方，考察的結果被編成一本完整的參謀手冊。4 個集團軍即將從 3 面撲向那個人數很少但凶猛的民族，他們難逃塞拉耶佛屠殺的罪責。一個德國集團軍和一個奧、德混成集團軍正在向多瑙河、貝爾格勒和薩瓦河進軍。保加利亞第 1 集團軍已部署到位，準備向歷史都城尼什攻擊。保加利亞第 2 集團軍準備轉身向南，切斷起自薩洛尼卡來的鐵路，使這個在劫難逃的國家與世界隔絕，得不到任何形式的援助。發自東線的公報依然描述馬肯森的集團軍群在波蘭的戰鬥；實際上 3 個星期以來他一直在集結 4 個集團軍中的 3 個，即將入侵塞爾維亞。有一天上午，我從英國國防會議的紀錄中看到，並讓我的同僚們注意，幾十份情報中都有這樣一句話：「馬肯森在蒂米什瓦拉。」在了解局勢並密切關注局勢，卻沒有發號施令權威的我看來，保加利亞現在如此公開地進行威脅，一定是進攻塞爾維亞計畫的一部分，目的在是為德國支援土耳其在達達尼爾海峽的軍隊掃清道路。幾天以後真相大白。1915 年 9 月 20 日，我駐塞爾維亞軍隊的武官談及，在多瑙河與薩瓦河對岸敵人的部隊和軍火的往返調動較通常頻繁；1915 年 9 月 23 日，他報告說，在塞爾維亞國境外，德軍和奧軍人數「穩步增多」。同日保加利亞宣布全國總動員。然而誰也無法確定德國究竟打算做什麼。

清算塞爾維亞

奧軍和德軍來自北方的壓力和威脅可能足以支持保加利亞獨自對塞爾維亞發動進攻。因為我一直為達達尼爾海峽的戰事擔憂，所以我自然而然地相信，德國人也同樣注意那裡。「馬肯森在蒂米什瓦拉」這句話，似乎在我們每日所讀的無數頁資料上發出了強光。一切懷疑很快便煙消雲散了。

馬肯森的備戰即將完成。一批最能征善戰的指揮官將由他來調遣。加爾維茨指揮德國第 11 集團軍，克費斯指揮奧、德混成第 3 集團軍。應當記住，早先奧軍入侵塞爾維亞主要是從波士尼亞越過西部邊界發動的。奧軍曾考慮到強渡寬度往往在 1,000 碼以上的多瑙河是過於危險的軍事行動。波蒂奧雷克嘗試過他認為比較容易的途徑。在他被免職時，他的經歷促使他對繼任者說：「假如你再有機會攻打塞爾維亞的話，請取道貝爾格勒攻入。」德國人也持這個觀點。1915 年 10 月上旬，他們令第 3 和第 11 兩集團軍從隱蔽處迅速南進，選擇貝爾格勒兩旁的多瑙河和薩瓦河兩條通道。

靠河道這個天然防線來阻擋優勢兵力而能奏效的案例在歷史上十分罕見。對多個地點進行神祕莫測的炮轟和在奧爾紹瓦做精心設計的佯攻，困惑了塞爾維亞軍。差不多直到最後塞軍仍未摸準敵人渡河的真實地點，絲毫未察覺敵人大軍正向他們席捲而來。塞軍 3 個小集團軍中的兩個，即第 1 和第 3 集團軍，與奧、德混成集團軍相遇；而他們剩下的第 2 集團軍處於尼什與迅速集結的保加利亞第 1 集團軍之間。他們只能調集幾支分遣隊和一些志願兵去對抗保加利亞第 2 集團軍，該集團軍向南威脅到他們用於增援和退後的唯一鐵路線。

1915 年 10 月 7 日，兩支日耳曼大軍開始渡河。河上幾處大的島嶼是其過渡點，在前一天開始的壓倒性炮火和奧軍小型淺水炮艦的支援下，進行了激戰，有數處被區域性擊退，但後來他們很快在南岸站穩了腳跟。1915 年 10 月 8 日大批士兵乘船過河。貝爾格勒於隔日落入奧軍之手；德、奧大軍在該城兩側，沿著 50 英里長的戰線，在塞爾維亞領土上掘壕固

守。塞爾維亞人最初將他們最年老的士兵部署在戰壕和有工事的陣地上，從那裡抵抗敵人渡河；現在他們則用安排在北面的兩個集團軍進行猛烈反攻。惡戰接著開始；但是渡河的德軍兵力不斷增多。馬肯森下令於1915年10月15日開始向前推進；然而加爾維茨親自拜訪他並解釋說，他的騎兵尚未過河。因此總攻推遲到1915年10月18日。這一天戰鬥全線開打。塞軍據守陣地一整天，但在1915年10月19日他們在多處被擊敗，到了1915年10月24日，兩支日耳曼軍隊已經穩步推進到塞爾維亞的中心。其間令人感到驚訝的事件有二：一是橫跨多瑙河的兩座橋梁直到1915年10月21日才建成；二是德、奧軍入侵完全靠船隻間歇地得到補給。馬肯森原本希望塞軍會停下來，被德軍包圍在塞軍自己的武器庫和軍事中心克拉古耶瓦茨；但是塞軍並不留戀這些。他們焚燒並炸毀了儲備和倉庫，然後繼續向南撤退。

　　塞軍有必要這麼做。1915年10月23日，保加利亞第1集團軍從東邊向他們猛撲過來。兩軍的戰士之間懷有民族厭惡，彼此憎恨，又加上不久前痛苦往事的回憶，於是開始了一場殘酷的戰鬥。人數占壓倒優勢而且是剛加入戰局的保加利亞軍隊慢慢地，但確鑿無疑地占了上風，於是塞爾維亞第2集團軍向他們的故都退後。保加利亞第2集團軍在追逐敗退對手的同時，在1915年10月23日奪取了韋萊斯和庫馬諾沃，就這樣切斷了孤苦無援的塞爾維亞人背後那條生死攸關的鐵路線。

　　在這些悲劇性事件迅速發展的過程中，英國內閣產生了激動情緒。從1915年9月底起，許多主要閣員就一直懷有強烈願望，想救助塞爾維亞。根據條約，希臘應當援助他的鄰國抵抗保加利亞的進攻。但是因為國王康斯坦丁和首相韋尼澤洛斯之間出現分歧，希臘不想捲入這場風暴。《希－塞協議》規定，塞方應部署150,000人防守其南方省，但由於塞軍全在北方與德軍交戰，所以希臘可以輕易地宣稱，協議的條款所包含的情況並未實現。互相激勵的英、法兩國內閣，現在看到了鼓勵希臘下決心救助塞爾

清算塞爾維亞

維亞人的方法，那就是中斷對加利波利的進攻，並用這批進攻的部隊在蘇夫拉海灣登陸。1915年9月底1個法國師和1個英軍師乘船從加里波利半島出發。在經過多次複雜的談判之後，他們應韋尼澤洛斯單獨的邀請，並隨即遭到國王康斯坦丁抗議的情況下，於1915年10月5日在薩洛尼卡登陸。薩拉伊將軍從法國抵達，指揮這個新戰場。

從塞爾維亞政府意識到他們面臨的危險程度之時起，首相帕希奇就一直不停地呼籲國際求援。西方協約國必須派遣150,000人以上的軍隊前來支援，否則肯定全盤皆輸。他強烈要求，最起碼協約國應掃除鐵路線上的敵人以保證塞軍的退路。當時倫敦具有支配地位的政治家急於答應；但是英、法兩軍參謀部提出異議，認為採取這樣的行動根本不可能。薩洛尼卡鐵路的全部車輛和運輸能力無法在6週或7週之內將一支如此大量的軍隊與設備及所需供應運入塞爾維亞。法軍的一個團立即派往尼什。隨後，西方協約國宣布，當他們集中了足夠兵力時，他們即將北上支援。保加利亞軍在韋萊斯切斷了鐵路之後，迫使冒險越過希臘邊境的一支法軍特遣隊匆匆退後。

最初，在這些令人痛心疾首的日子裡，英、法參謀部向各自的政府保證，對塞爾維亞危局的真正解救，將來自於阿圖瓦和香檳發動的巨大攻勢。他們難以置信的是，面對如此巨大的威脅，更不用說在實際戰鬥中，德軍竟還能拼湊大股兵力去進攻塞爾維亞。他們相信，一旦在西線兩兵相接，其他任何事件勢將成為微不足道的小事。當事實證明這種預期毫無根據時，兩參謀部所考慮的唯一出路就是中止進攻加利波利，以增援薩洛尼卡。不管這項政策能不能取得效果，它顯然無法給塞爾維亞及時的援助。

阻止保加利亞宣戰的唯一機會是英國艦隊和法國艦艇中隊強攻達達尼爾海峽。海峽的防禦工事尚未補充重型炮彈和彈藥，但是土軍大部分機動軍事力量已投入加里波利半島上的戰鬥。在1915年9月分的任何時候，對海峽堡壘的果斷進攻和清掃或摧毀水雷區，均將提供勝利的良好前景。

船隊駛入馬爾馬拉海,可望破壞土軍在加利波利的交通線,並幾乎導致土軍的投降。失敗則可能意味著,單獨組成該艦隊一部分的那些陳舊過時的船艦遭受慘重損失以及數千名水兵的死亡。儘管在達達尼爾海峽的海軍參謀長凱斯海軍上將強烈呼籲,海軍部仍不願意勇敢地承擔下令做嘗試的責任;凱斯實際上已為此辭職,並前往倫敦申訴他的理由。

在那些悲傷的日子裡,我對我們的政治家和海、陸軍當局中盛行的價值標準和估算感到驚訝。將軍們對突破敵人在法國的防線信心十足,以致他們集合大量騎兵放在攻擊部隊的後面,預計在打開敵人防線的巨大缺口時長驅直入。即使在這樣的軍事行動中犧牲了 250,000 人,在他們看來似乎還是最高的軍事智慧。這是正統的軍事理論,即使未獲成功也不會犯下錯誤或違反規則。但是只要損失僅占這個數字百分之一的水兵和十餘艘陳舊船艦 —— 無論如何所有這些船艦不出數月就將運回本國海岸 —— 就有可能贏得無法估計的成果,雖然有一定風險。可是面對風險時那位最大膽的灰髮將軍居然震驚了。海軍和陸軍將軍們有自己的做事方式。艦隊依然在達達尼爾海峽空閒著,法國陸軍攻打德軍防禦工事時損失巨大;保加利亞人將 300,000 軍隊加入我們敵人的陣營;塞爾維亞成為戰爭的一個主要因素已經消失。我感到,在這種違背真理和理性的犯罪中繼續充當參與者實在無法忍受。

對塞爾維亞軍隊和政府來說,除逃跑以外別無希望。尼什於 1915 年 11 月 5 日淪陷。保加利亞第 2 集團軍的左翼自韋萊斯沿鐵路向北推進。在另一端,從波士尼亞入侵的一個奧地利師團已接近維舍格勒山。馬肯森所部的 3 個集團軍現在擺成一條線驅趕前面的所有敵軍。擠作一團的塞爾維亞軍隊向南和向西退後,一路上帶著現已成為攝政王的亞歷山大王子、政府文官、躺在擔架上的拉多米爾‧普特尼克、大量的婦女和兒童以及 24,000 名奧地利戰俘 —— 或許是人質 —— 那是他們在 1914 年從波蒂奧雷克那裡抓獲的。到了 1915 年 11 月中旬,他們抵達黑鳥之鄉科索沃省,那裡的民

清算塞爾維亞

族一直忍受著先前的痛苦。儘管塞爾維亞兩個師據守卡恰尼克峽道，進行了英勇的防禦，阻止了保加利亞第2集團軍實施的全面包圍，但是打開一條出路向南撤退的機會已經喪失。唯一的辦法就是趁隆冬嚴寒快速越過阿爾巴尼亞山間小路逃往亞得里亞海和協約國的艦隊。到普里什蒂納後塞軍把婦女兒童留了下來。剩下的軍隊看來代表了整個民族，他們衣不蔽體、筋疲力盡、飢腸轆轆帶著他們最後的槍支，匆匆進入了險惡的阿爾巴尼亞峽道，那裡住著一個民族，和他們同樣勇猛，也同樣處於飢餓中。

德軍和奧軍不屑於對這些殘兵敗將再追下去；但是在民族復仇刺激下的保加利亞軍，像凶惡的狼群一樣追逐這些潰不成軍的隊伍。塞軍歷盡艱辛與匱乏，有數千人處在飢寒當中，最終有150,000人抵達海岸港口聖喬瓦尼－迪梅多亞，其中半數仍保持軍事編隊。他們仍然掌握了100門大炮和24,000名戰俘。全國成年男子中有425,000人是1915年10月初時塞爾維亞軍隊的全部力量，其中傷亡逾100,000人。另有160,000人連同900門大炮為敵人所虜。倖存者們還要經過艱苦歷程才能找到避難所。聖喬瓦尼－迪梅多亞離在波拉的奧地利艦隊太近，不能用作登船港口。1915年12月分，塞軍艱難地到達亞得里亞海岸，最後這批死裡逃生的軍隊乘船到達科孚島。

為慶祝勝利，保加利亞國王斐迪南在尼什設宴款待德國皇帝。時值1916年1月18日，該日是普魯士國王腓特烈一世加冕和黑鷹勳章創立215週年紀念日；也是德意志帝國建立45週年紀念日。赴宴的嘉賓，此情此景以及如此盛會，激起了國王斐迪南經常為之感動的浪漫主義情懷。他兩度不惜用自己的王位和保加利亞人民孤注一擲，以求擴大權勢。現在肯定已經贏得了勝利，他以羅馬時代的語言、浮誇的舉止和冷酷的神情宣讀了以下的禱文：

歡迎您，皇帝、凱薩和國王。您是勝利者，榮耀屬於您。在古城尼什東方所有民族向您致敬，您為被壓迫者帶來繁榮，您是被壓迫者的救星。

但是命運之神的畫卷僅僅展開了一半。125,000 名衣衫襤褸、飽受戰爭痛苦的軍人，一支偉大軍隊的倖存者，被趕離了他們的祖國，他們的家鄉處於不共戴天的仇敵魔掌之中。這批無家可歸的人們，被迫聚集在科孚島上。在那裡，他們將得到英國和法國的援助，塞爾維亞軍被重新改建訓練。在他們的刺刀下，斐迪南將被廢黜而流放海外，保加利亞將被永遠拒之於偉大民族行列之外。協約國的全面勝利將創立一個近 20,000,000 人口的塞爾維亞、克羅埃西亞暨斯洛維尼亞聯合王國。

清算塞爾維亞

法金漢重返西線

聖誕節又來臨了；法金漢和康拉德審視了一年腥風血雨的纍纍戰果。他們有充分的理由心懷感激。局勢已經扭轉：俄國被打敗，東方戰線幾乎處處都推進到俄國領土上。俄國的防禦體系、要塞、鐵路以及河流防線等整個戰略設施都落入了德軍手中。一年以前對東普魯士、西利西亞和匈牙利構成入侵威脅的俄國大軍，在遭到可怕的傷亡與失敗後已經紛紛退後。至於奧地利，他的領土解放了，他的軍隊得到了德軍插手的支持，不但能發揮作用對付俄國，而且能輕而易舉地擋開曾一度擔心的義大利軍隊進攻。巴爾幹國家結成敵對聯盟的危險結束了。塞爾維亞作為一個軍事要素和一個國家實際上已被摧毀。深信德國將獲勝的保加利亞已成為盟國。通往土耳其的道路已經打開。火車能從漢堡開到巴格達。橫跨 2,200 英里的大地完全處於德國的控制下。僅僅武器彈藥將源源不斷地運往達達尼爾海峽和加利波利的這個前景，就足以促使英軍在一切希望化為烏有和所有犧牲失去價值的情況下撤離半島。派赴地中海的軍隊現在可以包括在薩洛尼加前線的保加利亞軍了。從加利波利戰鬥中解脫出來的土耳其軍 20 個師，現在可以進退自如地威脅埃及，扭轉美索不達米亞的局勢，並向高加索和加利西亞的俄軍施加壓力。15 個英軍師團和 5 個法軍師團 6 個多月以來實際上待在一邊未參加戰鬥，這等於另一方獲得幾乎相等兵力的增援。交戰雙方兵力的平衡發生了有利於德國的變化，相差接近 40 個師或者說集團軍的一半。奧地利作家丘皮克說：「1915 年陰暗地開始，但以宏偉壯觀的軍事勝利結束，勝利規模之大，歐洲甚至在拿破崙時代亦未見過。前線形勢的巨大變化喚醒了奧地利的好戰精神。」

與此同時，法軍和英軍在西線發動的所有進攻都遭受了嚴重的挫折，

法金漢重返西線

進攻部隊損失驚人。2,250,000 的德軍似乎有能力與 3,500,000 的協約國軍隊相持不下。西方兩個民主國家的意志力依然勇敢無畏；英國的軍事力量依然持續穩步地成長；不難看出英國的制海權依然未受到挑戰；但是他們的目的如何才能達到？勝利似乎與他們的願望還相距甚遠，就像和平與他們的決心還相距甚遠。地中海或波羅的海側翼的宏大戰略不再是他們的任務。剩下的唯有向在法國的德軍築防戰線發動大規模正面進攻；即使要做到這一點也必須進行數個月的準備。當法金漢將這個形勢與馬恩河戰役和倫貝格戰役後德、奧所處的險境相對照時，他有理由為他 15 個月以來的卓越指揮感到自豪。

此外，在個人方面，他的地位已經完全恢復。他再次穩定了自己凌駕於興－魯之上的權威。他把他指揮的戈爾利采－塔爾努夫戰役所取得較為偉大的戰略成果，與興－魯贏得的坦能堡的勝利進行了一番比較。他在東南進攻塞爾維亞、團結保加利亞以及挫敗英國艦隊進攻達達尼爾海峽的計畫等方面獲得的成功，大大滿足了德國首相和外交部的政治要求。貝特曼－霍爾韋格已經離開興登堡，興－魯的光彩黯然失色。做出重要決定的權力不再屬於他們。他們注定只配採取一些區域性軍事行動去對付冰凍的俄國，那是個在德國人眼中已經被打敗的國家。他們在總體軍事方針領域所提的建議，現在遭到了有更大成就的上司的冷笑和更高權威的冷眼。他們為此只能在冬天的科夫諾垂頭喪氣。他們可以抱怨 1915 年一勞永逸地了結俄國的大好時機已經失去。但是法金漢權勢日隆，只有他手持指揮棒，頭戴桂冠。

然而，法金漢對自己的好運和功勞的評價，比他的皇上、他自己的參謀官或德國人民及其盟友所做的評價要低。他曾違背自己的意志被吸引到東線。他得到了超過他希望的成功。他曾被迫離開決定性的戰場。他是被動進入勝利的。因此他是「不自覺的征服者」。在他看來，對恢復日耳曼的事業來說，這些輝煌的軍事行動只具有次要的，甚至是華而不實的性

質。正如他常常說的,這些軍事行動絕對不能產生最後的結果。正如他常常預言的,俄軍已經逃出了興登堡視作目標的那場大包圍。俄國仍然是一流的軍事大國。他的軍火危機正在過去,他的防線處處固守著,戰線後方有遼闊的幅員和無限的人力。俄國大公被免職,華沙已被占領,塞爾維亞被打垮,保加利亞參加同盟國,英、法艦隊對達達尼爾海峽的遠征被打敗,英、法軍隊在阿圖瓦和香檳被擊退——在法金漢心目中,所有這一切加起來都比不上德軍在西線的一場成功進攻的價值。按照法金漢的想法,勝利的希望只在那裡。他現在已經重掌大權,他將以他的全部力量回到那裡。1914年伊普爾和伊塞爾河遭受的災難和1915年在東線和東南戰場取得的勝利都不會改變他的信念,法金漢現在毫不遲疑地決定在法國發動一場聲勢浩大的進攻。

對戰爭本質的深刻誤解,對戰爭精神與技術因素的錯誤判斷,是導致這位天分過人卻墨守成規的軍事家犯下致命錯誤的原因,對此我們應該予以較深入的研究。在同樣能力的兩軍之間,進攻需要有數量上的優勢。1916年的德國不可能有集結優勢數量兵力的希望;相反的,他在西線的兵力從未超過協約國的三分之二。即使擁有數量上的微弱優勢,在這個時候防禦的力量也是無法攻破的。法軍在香檳之戰中發現,即使集中多個師的兵力和大炮,具有充分的勇敢、訓練和準備,也無法占有優勢。甚至,德軍兩個師在遭到法軍將近20個師攻擊時,也可以進行持久的抵抗,等待援軍到來,消除被打開缺口的危險。法金漢目睹了法軍的巨大努力和重大損失,然而他的觀點沒有絲毫的改變。德國的軍隊和德國的作戰方法將在他人失敗的地方獲得勝利成功,它們甚至將在雙方武器相等而敵人人數較多的情況下獲得勝利。法金漢可悲地低估了英、法對手的士氣和戰鬥能力。他把巴黎和倫敦的政治反應想像為德軍猛攻的結果,而事實上產生的效果幾乎相反。他忽視了德軍未能獲得完全勝利將給日益不友好的世界造成不佳印象這個事實。他似乎不理解,即使是非常成功的進攻也十分不

法金漢重返西線

易，在推進數英里之後也會停滯不前；他也不理解，失去陣地的一方，在戰鬥延長為數星期的情況下仍然會成為勝利者。只要不能獲得絕對勝利，就可以被認為是德國的失敗；只要法、英防線仍然連成一體，協約國就將是勝利者。法金漢要實現自己的目標，只能靠一個結局，而且是極度困難的結局。法金漢的對手要達到自己不高的要求，辦法則有上百種。

在西線的冒險，其本身就沒有成功的希望。但是在東線，什麼樣的機會他不曾錯過，什麼樣的危險他不曾闖過！第一個和最近一個的機會就是將羅馬尼亞納入德國的體系。由於協約國軍隊在達達尼爾海峽的失敗，保加利亞參加同盟國，塞爾維亞令人毛骨悚然的命運，最重要的是由於俄國的衰敗及其軍隊從加利西亞的撤退，羅馬尼亞處於幾乎難以忍受的孤立狀態。只需再增加一點點壓力就能迫使他做出早已承諾的決定，他很久以來一直在這個決定的邊緣上顫抖。除了處於混亂的希臘之外，贏得羅馬尼亞，將鞏固整個巴爾幹半島。此舉將給同盟國增加20個師的兵力，俄國正在非常痛苦的環境中與同盟國對抗。此舉將置大量的糧食和石油資源於中歐帝國的支配之下。德國在東南戰場應該優先著手做的事業是一舉吸納羅馬尼亞，進而為自己提供富有成果的重要場地。德、奧部隊以敖德薩為主要目標向烏克蘭境內推進，這將為受封鎖的中歐帝國開闢廣闊的糧食供應基地，將黑海變成德國的內陸湖。德國再投入少量的強大力量，就可以率領土耳其在高加索的軍隊進入裏海盆地的油田和廣闊水域了。德國在被英國海軍切斷了與海外連繫的情況下，將在廣袤的大陸地區重新獲得繼續生存和擴大實力的手段。波斯、阿富汗和印度將相繼因為關於遙遠的、但穩步接近的德軍名聲與傳聞而受到強烈刺激並產生動盪。大不列顛的軍事方針現在降到最低點，他將不得不在整個東線採取守勢，並被迫將此刻為法國戰場準備的數個師印度軍隊派往平原和邊境。這些重大成果也不是僅僅靠使用大量兵力就可以取得的。德軍只需十多個師，將足以激勵和引導奧地利、土耳其和羅馬尼亞的軍隊向東進軍，比在西線進攻的消耗量小得

多。與此同時，在北方的興登堡將迫使俄軍拚命地防守他們剩餘的鐵路。

但是法金漢對上述戰略戰術都不感興趣。他選擇的進攻目標或許是法軍防線上最牢固的一點。崎嶇不平的、多丘陵的、築有防禦工事的凸出部，有凡爾登堡壘群像鋼鐵般護衛的地方，將成為法金漢的戰場。此地沒有向巴黎進軍的路線；它實際上是距離法國首都最遙遠的防禦地段。它不是處在英軍和法軍之間的連線點。即使德軍成功地推進 50 英里，也不會把協約國軍趕回到任何主要交通線。即使那座著名的堡壘陷落，即使那些肯定要守衛這座堡壘的精銳野戰軍被迫做 50 英里的撤退，他們也僅僅是縮短了他們的戰線，在他們的新陣地與巴黎聖母院的臺階之間仍相距 150 英里。那麼，這位有成就的軍事家，幾乎可以肯定是德國在整個大戰期間派任的最有才幹的將領，為什麼會陷入如此令人震驚的，而且顯然是剛愎自用的方針之中呢？

他有一套驚人且別出心裁的作戰計畫。此類計畫在大戰期間任何軍隊的軍事行動中都找不到；此類計畫靠過去歷次戰爭的武器是不可能實施的。這個計畫建立在法金漢對法軍的心理和德軍大炮的評估基礎之上。他相信，法軍是以與實質性事實無關的感情來看待凡爾登的。凡爾登是歷史上高盧人戰勝條頓人的古戰場。舉國上下將凡爾登視為法軍築壘抵抗德國的基石。為了保住凡爾登，法軍將像法金漢所判斷的那樣不惜竭盡全力。凡爾登將成為一塊鐵砧，在這塊鐵砧上，法軍的剩餘兵力將被德軍連續的重榴彈炮摧毀。他們的血將流盡；他們的心將破碎；榮譽將迫使他們防守陣地——從冷靜的戰爭觀點看本應在付出一定代價後放棄的陣地。勇士將陳屍疆場，巴黎將在承認失敗的情況下乞求和平。

可以看出，這裡沒有興－魯所擅長的那種迂迴運動，也沒有戈爾利采－塔爾努夫戰役的那種「突破」。法金漢計畫的主旨就是，強迫法軍在這座無情的祭壇上逐一為之犧牲。他正確地判斷了法軍的自尊心。結果，法軍在凡爾登獻出了將近 400,000 人的生命，那是 100 個師的精華。實際

法金漢重返西線

上，德軍從曠野進攻，他們遭受的傷亡要比踞守在也許是世界上最堅固的堡壘陣地裡的防守者要少。但是在所有重要的方面法金漢都錯了。他錯誤地估計了法國的英勇堅定和這個古老民族的頑強剛毅。而在東線他不但錯失了良機，而且有損失大量生命的危險。俄國正在恢復力量。全世界在英國 7 億財富的授權下生產的軍火，現在正源源不斷地向俄國輸送。整整一年，東線軍隊時而在這裡時而在那裡進行著非決定性的戰爭，但是俄國巨人還有一個大仗要打。

奧地利的行為有另一種產生破壞作用的嚴重弱點。1915 年同盟國東線的勝利，雖然是靠德國的軍隊和戰略贏得的，但也增強了奧軍最高司令部的驕傲和自信。康拉德覺得自己是勝利者，至少是勝利者的代理人。難道不是他的眼睛在俄國防線上辨認出正確的進攻點嗎？難道不是他正確地構想了這個攻勢的特點嗎？奧匈帝國擺脫了眼前的危機，再次占有了整個加利西亞；受全面勝利前景的鼓舞，康拉德和由他主持的軍界控制了奧匈帝國的權力，因而覺得有資格反對他們的德國盟友，堅持自己的獨立判斷了。他們取得了對塞爾維亞戰役的勝利，在歡欣鼓舞中夾雜著一股強烈的惱怒情緒。這盼望已久的戰爭到頭來成了德國的勝利。他們覺得自己既受到了德軍總司令部的指揮又受到了它的「保護」。在黑暗的日子裡，俄軍的刺刀在喀爾巴阡山巔閃閃發光，因而他們對德國的服從在所難免。現在局勢已經發生了變化，奧地利人的自尊心急遽高漲。法金漢與康拉德之間的關係日趨緊張。

個人之間的摩擦因目標的分歧而加劇。法金漢希望集結盡可能多的德軍兵力進攻凡爾登，為此，他要求奧地利繼續全力以赴與俄國作戰。因為他要去西線，康拉德就應該把主要力量放在東線，牢牢牽制俄軍，最大限度地騰出德軍部隊。康拉德的想法和奧地利的意圖與此相反。他們對義大利懷有強烈的仇恨。他們最希望的就是懲罰這個「背信棄義」的海盜國家。奧地利軍隊本身也懷有這種情緒。他們很清楚與義大利人失和的原

因，所以他們打義大利人的願望比打俄國人的願望更加迫切。在提洛爾發動一場猛烈攻勢是他們的由衷希望；康拉德為此擬訂了一套計畫。

法金漢不贊成這個進攻計畫，但他的意見受到了堅決抵制。為了壓制這個攻勢，法金漢要求奧軍提供重榴彈炮供他用於對凡爾登的進攻。這一要求也遭到了拒絕。他從康拉德那裡所能得到的充其量是一個莊嚴的保證：東線不會因為撤走前往攻打義大利戰役的軍隊而陷入危險。這個保證並未兌現。正當俄國集中全力累積力量之際，奧地利卻一步步抽走他的東線部隊，將每一個師和每一門大炮都用在提洛爾，對義大利進行復仇。

為了新的遠征，康拉德為自己安排了一椿歡快的婚事。他鰥居多年。在母親去世之後，他覺得可以自由再娶了。當皇帝法蘭茲・約瑟夫得知有關他這個意願的消息之後，公開表示不予同意。他認為在戰爭的嚴重危機下參謀長不宜進行婚姻上的冒險。皇帝的這種偏見可能不近情理，但卻為奧匈帝國的軍隊和國民普遍認同，所以當康拉德的新娘在特申司令部公開露面盡女主人之誼時，即使在那種勝利的間歇時刻，還是引起了普遍不客氣的批評。康拉德為國效命的功績深受國民歡迎，但是因為此事，他受歡迎的程度受到了致命的影響。他再也沒有能力承受再一次的失敗了。人們普遍有一種感覺：對偉大的司令官來說，大決戰應該是一項需要他奉獻一切的事業。

法金漢重返西線

布魯西洛夫的進攻

　　1915 年頻頻降臨在協約國每一個戰場上的災難，迫使協約國更緊密地團結，並進行更密切的磋商。從此，協約國內部的會議開始發揮突出的作用。他們用心的努力，視戰爭為一個整體，因而協調制定聯合協同的作戰計畫。此時形成了一股反對糾纏於「枝節問題」的強烈思潮。1916 年的最大努力是進攻德軍在西線築有工事的防線。英國和法國將在夏天共同進攻索姆河兩岸，義大利和俄國也同時實施大舉進攻。這樣，同盟國在每條防線上都將遭到攻擊。

　　法金漢 1916 年 2 月 21 日向凡爾登的進攻打亂了這些精心策劃的準備。法軍必須從北方戰場調出整整一個集團軍去凡爾登；北方戰場出現的缺口必須由英軍延伸戰線加以充實。因此，各集團軍中的法金漢學派認為，事實證明法金漢在決定性戰場實施突然進攻和奪取主動權的主張是正確的。毫無疑問，從德國人的立場看，這個結果本身是很好的。但是，要打亂英、法即將發動的進攻，有很多更容易和更廉價的辦法。如果法金漢願意採取像 1915 年在東線那樣有深遠影響的戰役，以之作為這次作戰的主要特色，那麼他顯然可以將西線的危險降到最低限度，其辦法就是像興登堡和魯登道夫在 1917 年初指揮戰爭時所做的那樣，在 1916 年 4 月、5 月或 6 月實施同樣性質的退後。德國在第一次入侵浪潮中如此偶然地獲得的這片法國土地，如果不作為犧牲，獻祭給它的主人，或者由其主人以充分的時間與鮮血的代價贖回，那麼這片土地有何用處？有人認為，如果法金漢不攻打凡爾登，而且協約國隨後也不減弱沿索姆河的夏季攻勢，那麼德軍在法國的防線將必然被攻破，這種意見是不能接受的。

　　隨著隆冬依依不捨地離去，交戰雙方制定的龐大計畫開始付諸實施。

布魯西洛夫的進攻

在 1915 年 12 月和 1916 年 3 月,俄國的北方大軍實際上做出了巨大努力,但經過流血犧牲後卻是無果而終。1916 年 3 月分他們在納羅奇湖附近發動進攻時,似乎正是冰雪融化的時候,這個季節的融雪使地面道路難以通行,進攻的步兵苦不堪言,大炮和軍需供應無法跟上。在納羅奇湖進攻中俄軍有 18 個師參戰,使用大量新到的一般炮彈和重炮彈,但還是被艾希霍恩所率領的第 10 集團軍擊退,損失高達 70,000 人。

凡爾登響起了驚人的炮轟,迴響震動整個戰爭世界,各戰場的目光全落在了在杜奧蒙、蒂歐蒙和「304 米小山」周圍激烈進行的荷馬史詩般的戰鬥。英軍採取一切措施,迅速向法國派遣了全部「基奇納」部隊,參加即將發動的索姆河攻勢。預期到 1916 年 6 月中旬,道格拉斯‧黑格爵士將擁有近 50 個師,相當於一支 2,000,000 人大軍的戰鬥力供他在法國和弗蘭德斯調遣。俄國人在同志情誼的競爭中發揮了沙皇軍隊的特性,他們協調一致地發動了一場新的大規模進攻,部署了 26 個師主攻莫洛傑奇諾附近的克列沃村南北 25 英里長的防線。為了將敵人牽制在防線的其餘部分,阻止敵人將增援部隊調往受威脅的地段,西南戰線高級司令部奉命準備輔助性的進攻。伊萬諾夫將軍已經退出疆場。他被任命為「帝國會議成員」——這是最後強迫他退出實權機構的一種表示敬意的方法。布魯西洛夫將軍接替了他的職位,讀者一定還記得他就是現在已過去近兩年的倫貝格戰役中最南面俄國集團軍的領導者。迄今為止一直對奧軍作戰的布魯西洛夫遭受了戰爭的各種考驗。他肯定將成為一名精力突出、理解力精湛的軍官並名垂青史。布魯西洛夫有幸成為公認最真正優秀的 4 個集團軍司令的上司;這 4 個集團軍司令是卡列金、薩哈羅夫、謝爾巴切夫和列奇茨基。他們都充分了解現代戰爭的現實,並擅長於指揮大規模軍事行動。因此,西南戰線司令部立即著手研究自身應該發揮的輔助任務。

同盟國在東線的活動停止了近 5 個月。除了俄軍的兩次運氣不佳的進攻之外,據說,「每天僅有 100 至 150 人的傷亡」的壕塹戰非常平靜,從

波羅的海到羅馬尼亞邊界的氣氛沉悶難當；這一喘息空間對俄國來說非常寶貴。他的軍隊在波蘭凸出部慘敗，但撤退之後得到了整編和補充。軍需供應的危機已經解決。從現在起，彈藥、大炮，最主要的是步槍，正與日俱增地源源抵達。英國觀察家諾克斯將軍注意到，俄國生產步槍的能力已擴大到每月 100,000 支，還得到了美國、法國、義大利和日本運抵的近 1,200,000 支步槍的增援。與此同時，士兵得到補充，大量無武器人員排在各編隊的後面，準備依次接受步槍和戰士的任務。就這樣，俄軍考慮以最大規模重新發動進攻，打算在 1916 年 6 月中旬左右全線投入戰鬥。這場從東線重新發動的全面進攻，將與西線協約國軍對索姆河的攻勢同時開始。法金漢和德軍最高司令部對這次可怕的捲土重來毫無覺察。

種種事態的發展加速了俄軍的進攻。凡爾登的劇烈場面似乎需要法國的每一個盟國競相做出犧牲。1916 年 5 月 15 日康拉德再次進入舞臺。他在加利西亞靠別人的力量取得勝利之後洋洋得意。好幾週以來他一直企盼冰雪消融，以便向可恨的義大利發動新的攻勢。我們已經看到，法金漢是多麼強烈地反對這種力量的分散。這兩位司令官最終因分歧不可彌合而分道揚鑣。在特倫提諾山脈中，這是兩年以後英、法軍要據守的地帶，康拉德正以優勢兵力和全部最精良的奧地利大炮向義大利軍隊發起攻擊，這些兵力和大炮是罄奧、俄對峙的前線之所有調來的。他立即勢如破竹地將矛頭直指維羅納。義大利全國驚恐，義大利國王親自馳電沙皇求援。俄國最高軍事委員會頗為感動，詢問布魯西洛夫能否採取某種措施解除受困盟友的壓力。當然沒有理由反對在克列沃附近發動精心策劃的進攻；但是有可能令軍隊稍做向前運動，這肯定能阻止奧軍進一步從加利西亞撤退，向特倫提諾轉移。布魯西洛夫答覆說，他的部隊完全能夠在 3 週後按指定時間在 1916 年 6 月初做這樣的部署，屆時他們將與克列沃的主要戰鬥計畫協調行動。布魯西洛夫被授權根據自己的能力出擊。俄方認為只能期望此舉獲得有限的結果。

布魯西洛夫的進攻

正是由於打亂這一個計畫的時間表,俄軍在大戰中才幸運地獲得了最輝煌的勝利。因為在軍事上的極度謹慎,俄國最高軍事委員會犯下了一個錯誤:過早地發動4個西南集團軍的攻勢,損害了在克列沃周圍戰鬥的預期效果。然而正是通常所謂「缺乏清晰思考」的這一個因素,給布魯西洛夫的進攻提供出人意料的可貴性質。此外,布魯西洛夫的計畫制定得甚為出色。4個集團軍全部同時出擊。他們在進攻之前並沒有做精心設計或引人注目的準備。短時間的炮轟——僅僅一天,這一天的炮轟用了整整兩週戰鬥所使用的彈藥數量——接著就是全體俄軍沿近200英里戰線的大步向前推進。日期就定在1916年6月4日;決定的快速保護了計畫的祕密。

指令一發,這場雖不密集但廣泛的戰鬥就落在了毫無防備的奧軍頭上。目光緊緊盯住維羅納的康拉德獲悉,他的東線各集團軍已成為一片火海。次日,俄國步兵向前挺進。在右翼,卡列金占領了敵人的所有戰壕,在30英里的戰線上前進了10英里。在左翼,列奇茨基大獲全勝。而中央兩個軍的勝利就不是那麼令人激動;但是基本上奧軍部隊不是逃之夭夭,就是迫不及待地大量向俄軍投降。一些波希米亞團實際上與他們的斯拉夫同胞非常友善。奧匈各集團軍的防線被全線擊敗;在同盟國的東部防線上裂開了一條長達195英里的缺口。布魯西洛夫的輔助性進攻,雖然發動過早而且與主攻脫節,但是所取得的戰果,遠遠超過俄軍在精心策劃克列沃進攻時所夢想的。俄國最高軍事委員會表明,它有能力從命運之神的禮物中獲益,能夠放棄經過長期醞釀的戰役計畫,並決心支持這場新的勝利,將鐵路能夠運載的每一個人和每一門炮送往南方。這次兵力的調動只受到了鐵路品質不好的阻撓,自1916年6月9日或10日以後情況有全面改進。與此同時,布魯西洛夫持續向前推進。尼古拉二世的各路大軍,此前曾以堅忍不拔的毅力遭受了無可比擬的不幸,其力量幾乎是征服者所不屑一顧的,但現在他們在第二個月就抓獲戰俘350,000人以上,繳獲大炮將近400門,機槍1,300挺,並重新占領了寬200英里,在某些地段縱深近60

英里的一片有爭議的土地。

　　法金漢在最窘迫的時刻收到了這些令人倉皇失措的消息。他對凡爾登的進攻已經降格為一場持久的集中爭奪環繞該要塞布滿彈坑的戰場的戰鬥。雙方將一整師一整師的新增部隊擠進範圍有限的生死搏鬥戰場，將無數的炮彈射向對方。德軍表現得極為出色。杜奧蒙和蒂歐蒙以及沃城在他們的手中。雙方不但用血肉之軀爭奪「304米小山」，而且都聲稱占領了它。但是世人只有一個印象：即法軍守住了凡爾登；而這一印象對德國的軍事事業來說是悲哀的。在過去的3個多月裡，不存在一場可以隨意中斷的進攻。勝負事關德軍的威信，深深關係到法金漢、德軍總司令部、實際上還有不幸的皇位繼承人的聲譽。在蓄意一決雌雄的這片戰場上得到某些確定無疑的勝利，在軍事上以及對個人來說都是絕對必須的。

　　與此同時，在向北100英里處，新到的英國陸軍有30或40個師，人人都是志願兵，其右翼是強大的法軍部隊，他們顯然將要以為數眾多的部隊發動一場最大規模的進攻。在德軍索姆河防線對面排列了眾多炮群；空中偵察表明，有大量堆積的軍火和將近1,000,000人的密集兵營。這場風暴即將爆發。法金漢樂意地而且是執拗地要去西線，因此他留在了那裡。

　　德軍最高司令官和他的參謀們對這現狀的看法並無不同。他們以冷靜而精確的判斷做出了事態發展強加給他們的決定。他們放棄了攻占凡爾登的希望。他們正視即將爆發的索姆河進攻。他們決心恢復東線的防務。

　　俄軍如滾滾波濤洶湧前進，在所到之處，進攻的浪潮一遇到德軍就像碰到岩石般突然轉向。博特默率領南方集團軍——由一個德國師支援9個奧地利師組成——堅守陣地或徐徐後撤。林辛根面對俄軍進攻的最右側，為掩護科韋利和向後延伸至霍爾姆和伊萬哥羅德的主要鐵路線，一直保持頑強的態勢。現在必須從四面八方調來德軍，讓他們重新聚集在奧地利東道主那裡，並重組防線。興－魯必須派出3個師，還有2個師必須從地方後備軍中徵集；4個師必須從也正處於最需要兵員的時刻的法國抽調。

布魯西洛夫的進攻

至於康拉德，在他不適當和不公正地放棄德國為他重建防線的行動時被阻止了，在未獲許可即分散兵力進攻特倫提諾時被當場攔截；他必須受到紀律的毫不留情地管束。奧軍最高司令部 1915 年以後隨心所欲地使用的託辭，再也不能得到容忍。組建聯合司令部是德軍總司令部一再堅持的要求，這應成為對他們再次英勇幫助的回報。康拉德對義大利的進攻應立即被制止。奧國軍隊和大炮必須再次橫穿奧匈帝國的遼闊領土，去協助抵擋洪水般湧來的俄軍。布魯西洛夫指揮的大戰結果，現在取決於德國派往奧地利的援軍到達的速度是否比來自北方增援他的俄軍更快。在這裡，俄國鐵路顯示出了它的弱點。此外，曾對布魯西洛夫有利的一時衝勁，現在卻使他的後勤沒法獲得及時的補給。在他進攻的後面沒有完全可靠的支援力量。到 1916 年 7 月中旬，日耳曼防線重新連成一片。互有勝負的戰鬥沿整個南部戰線激烈進行，但敵人的防線再次變得牢不可破了。

在法國，重大戰事又起。英軍 14 個師和法軍 5 個師及差不多數量的後備軍於 1916 年 7 月 1 日開始了索姆河戰役。儘管倫敦和巴黎受到了英軍占領少許地盤和捕獲少許俘虜消息的愚弄和安慰，但是第一天大戰明明白白是德軍的勝利，而此後的戰鬥再也沒有達到如此規模。法軍遭受的損失沒有超過獲得的戰果；但是英軍之民族精華，在德軍機槍的掃射下紛紛倒地；1916 年 7 月 1 日夜間，道格拉斯·黑格爵士不得不承認，他的敗退付出了近 60,000 人的代價。現在索姆河戰役發展成為一場在遭到徹底摧毀的原野和村莊裡進行的、代表國家而不是代表軍隊的、若干師和軍之間的、難以想像的殘酷血腥戰鬥。這場戰鬥對德軍參謀部來說成了一次必須全神貫注的可怕任務，而不是嚴重危機。然而隨著戰鬥的繼續，新增英軍以堅毅的精神不顧傷亡、跨過成千上萬的屍體奮勇向前，他們在戰鬥中的魄力，漸漸開始使雙方狀況達到平衡。德軍的損失起初小得不成比例，但後來急遽膨脹。整個 1916 年 7 月，整個 8 月，整個 9 月，生死決鬥一直在繼續。10 月，戰火從索姆河蔓延到斯卡爾普河，到了 11 月底，甚至當

皮卡第隆冬最嚴寒的天氣給戰爭增添了極度恐怖時，道格拉斯·黑格爵士仍擁有飽滿熱情和堅強不屈的數師之眾，可以給敵人新的打擊。至此，德軍的損失不但影響了國家的人力，而且影響了軍隊的能力。根據德軍自己軍隊史的證據表明，他們此後再也沒有像在索姆河戰役那樣進行過戰鬥。

直到此時，法金漢歷經過他所做決定的後果和厄運的打擊後仍保持原位。但是現在，對他的致命打擊即將來臨了。迄今為止，德國人民儘管遭受了痛苦的考驗並對此困惑不解，但還是為重建東線和在索姆河上阻遏英軍和法軍等消息而受到鼓舞。此前，德軍總司令部可以聲稱：「一切都按計畫進行中。」可是現在德國受到了一次他毫無準備的打擊，雖然這個打擊的威脅是存在已久的。1916年8月27日，羅馬尼亞宣戰。

從1915年的整個冬天到1916年夏季，興登堡和魯登道夫一直留在科夫諾，他們所率領的部隊有4個集團軍。雖然在他們的防線上大型區域性戰鬥時有發生；但是他們仍處於戰事的主流之外。世界大戰使他們處在軍事上的孤獨狀態。他們為東線取得新部隊的一切努力都毫無結果。他們懷著不祥的預感和反對的態度注視著法金漢集結部隊攻打凡爾登，注視著康拉德為奪取特倫提諾而抽調東線的兵力。儘管權威已縮小，由於1915年別人的輝煌勝利，他們顯得黯然失色，但他們依然唱著相同的老調：「在將俄國了結之前，你絕對不應重返西線。俄國只是受了點輕傷，尚未氣絕。如果你容許我們從北方實施大包圍的話，本來你去年就可以置俄國於死地的。」但是當壓倒一切的凡爾登和索姆河插曲充滿所有人的頭腦時，最高司令部無人注意興－魯。

布魯西洛夫的勝利震驚了德國軍界。沒有人相信這樣的事件有可能發生。毫無疑問，德軍總司令部正在巧妙地應付這個緊急情況。此外，一定是在某個環節出現了嚴重的計算錯誤。畢竟這些東線將領們是坦能堡戰役的英雄，他們在反覆大聲疾呼「了結俄國」時是正確的。

羅馬尼亞以德國敵人的身分參戰使所有人都睜大了眼睛。他是萬分焦

布魯西洛夫的進攻

急地要找出勝利一方的小國；他在大戰的第 3 個年頭，甚至在看到塞爾維亞受懲罰之後，仍把全部賭注押在了法國、俄國和英國的最後勝利上。自從保加利亞以武裝形式投入了另一方，時間過去還不到一年；在這 9 個月當中到底發生了什麼，竟使德國的軍事信譽有如此的不同？從整體上說，各次戰役進展順利。人們一直聽到抓獲俘虜、繳獲大炮、奪取領土的種種傳聞，然而羅馬尼亞清楚地認為德國將輸掉這場戰爭。德軍完成了所接受的每項任務。但是有人給他們布置了錯誤的任務。於是受過教育的和半受過教育的不滿像暴雨般傾瀉到法金漢的頭上；幾乎是驚慌失措的震盪在統治圈子裡迅速傳播。皇太子在一年多以前就表述過自己的觀點。這些意見當然並未因在凡爾登遭受的嚴重傷亡而有所改變，為此傷亡應承擔的責任不公正地加在了法金漢頭上。德皇一定是承受了極大壓力才拋棄這位有成就、有才幹的統帥的，此人曾挽救馬恩河戰役和倫貝格戰役的失敗。這是政府採取的一項令人生畏的行動。然而威廉二世頂住強烈的輿論浪潮，做出了正確的決定。

　　1916 年 8 月 28 日興登堡和魯登道夫應召到柏林。當晚，帝國軍事內閣參謀長通知法金漢說，皇帝已經決定尋求並傾聽獨立的軍事意見。德皇致法金漢的通告明白的說明其中的原委。

1916 年 8 月 28 日

　　我的軍事內閣參謀長告訴我說，你認為不得不把此事看作對你不信任的表示，對此你不能忍受；他又說，我應該就當前形勢與陸軍元帥興登堡商量。在今晚的談話中，你對關係我本人的這個立場發表了你的看法。在理論上我能理解你的觀點，因為在形式上這符合對參謀長的信任。然而我是最高軍事指揮官，參謀長本人最終是我的下屬，在我看來是正確的時候，或往往是正確的時候，我必須聽取我特別信任的其他高級指揮官的意見，尤其是在當前如此嚴峻的形勢下。但是，自從我不得不擔心本來就存在於我思想中的意見分歧和摩擦，令我最深表遺憾的是，我不能反對你要

求解除職務的願望。同時，我衷心感謝你在大戰這兩年裡完成的所有使命；並請求你在我最後決定你的繼任人選之前繼續你的任務。我還將幫助你實現在前線找到合適職務的願望。

你的友好的和滿懷感激之情的國王。

威廉

就這樣，「東線派」贏得了他們長期鬥爭中的最後一個回合。興－魯接管了德軍總司令部。這位年事已高的陸軍元師以他的魁梧體形坐上了最高軍事寶座。在他身旁代行職權者——魯登道夫將軍奪取了德國命運的控制權，此人大權獨攬、役使一切、不知疲倦、愛冒風險。霍夫曼將留在東線。的確，對東線來說，不可能有更佳的選擇了。現在我們知道了大量被隱瞞的事實，看來當這位智囊人物離開了魯登道夫的勢力和興登堡的威望時，3頭聯盟也就瓦解了。法金漢被派去對付羅馬尼亞。

整個秋天，俄國最高軍事委員會堅定地支持布魯西洛夫。隨著德軍逐漸抵達破碎的防線，俄軍的進攻便變得傷亡增多卻沒有戰果。雖然如此，進攻還是懷著新的希望在繼續進行。俄軍擴大了軍事行動，新進攻對準原來進攻的北翼展開。整個1916年7月、8月和9月他們沿斯托霍德河進行浴血奮戰。俄軍將領們奮力用血肉之軀去達到只有大炮才能實現的目的。沒有炮彈把鐵刺網炸開，他們就從被德軍的機槍掃射堆積在鐵刺網前的屍體堆上爬過去。指揮官們的這種慷慨赴死的精神非常可貴，他們部下的獻身精神也毫不遜色。俄軍的努力和忠貞不渝的堅持，與英軍在索姆河和斯卡爾普河的戰鬥精神完全一致。在這些並不引人注目的戰場上，生命的損失，幾乎沒有被大戰任何一個時期所超過。到前線穩定下來時，布魯西洛夫的進攻實際傷亡達350,000人。與此相對照的是，他抓獲了相同數量的奧軍戰俘，此外還斃傷敵人250,000人。但是在南方戰場的整個戰役中，在布魯西洛夫進攻之後的戰鬥中，俄軍遭受的損失接近1,000,000人。與這些數字相比，德軍的傷亡是不相稱地少。然而，俄軍在這數幾個月之間

布魯西洛夫的進攻

一往無前的戰鬥氣勢非常恢宏，所以德、奧在東線承受到持續不斷的壓力，兵力從1,300個營增加到1,800個營，增加了500個營，以及相同比例的其他武器；而德軍在西線迎戰英、法進攻的兵力接近1,300個營。這就是沙皇的軍隊所承擔的最後一次卓有成效的軍事行動。

這一年的其餘時間裡出現了德軍元氣的第二次大恢復。儘管恢復的規模不及倫貝格和馬恩河兩次戰役之後那麼大，但是德軍在1916年底突然顯示的作戰能力仍使協約國感到震驚。過分的樂觀導致倫敦和巴黎相信：德軍在索姆河已處於極其困難的境地，奧地利受到了布魯西洛夫的致命打擊，羅馬尼亞的宣戰是大戰結束的開始。然而情況並非如此，在1917年底之前，協約國還要忍受悲慘的遭遇——它們弱小的新盟友被完全毀滅，俄國最終崩潰和義大利在卡波雷托慘敗。

儘管對付羅馬尼亞局勢的初步安排，法金漢早已預見到並作好了準備，而且事實上由他親自執行，但是酬勞這個行動的榮耀自然而然地歸於新司令官們。我在前卷著作中較為詳細地描述了那場蹂躪羅馬尼亞的戰役，羅馬尼亞的軍隊遭到摧毀或擊潰，他的首都被占領，羅馬尼亞政府的剩餘部分被驅趕到俄軍在披薩拉比亞防線以內的避難所，在那裡度過了挨餓的嚴冬酷寒。羅馬尼亞的迅速崩潰在協約國之間產生的驚慌，幾乎和他參戰時在柏林造成的驚慌一樣大。這個小國似乎被毫無成果地消耗掉了。的確，他犧牲的唯一結果是給延伸400餘英里的俄軍戰線造成了極大的麻煩，並牽制了俄軍近20個師的兵力。布加勒斯特於1916年12月6日淪陷，索姆河之戰在1916年12月的濃霜凍雨中緩和下來。

現在到了奧匈帝國的皇帝法蘭茲·約瑟夫行將去世的時候。他懷著冷淡的滿意心情目睹了1915年俄國的大撤退。在他看來，尼古拉大公被免除俄軍統帥之職，是同盟國勝利的象徵，比攻陷華沙更加不容置疑。他以慎重的贊同態度密切注意對塞爾維亞實施的、過遲的、但最後應得的懲罰。他曾在德皇前往那場歡樂慶祝的途中歡迎他。那是一場互相祝賀的宴

會。但是密切注意的觀察者已經察覺到，這兩位君主的高昂精神似乎相當勉強；感謝當時做了記錄的馬爾古蒂男爵，他當時就覺得，這兩位君主都真心希望和平。他們把勝利看作求得和平的手段，而不是像他們手下的將軍們那樣，視之為奪取進一步勝利的手段。他們有自己全神貫注的問題，但不是他們的臣僕所關心的問題。國家衰敗後可以復興，但是當今的王朝只能非存即亡。此外在 1916 年初，陽光燦燦地照耀在中歐帝國閃閃發亮的刺刀上，各國的總參謀部人員權勢日盛。據說，法金漢還要創造新的奇蹟；我們也已經看到，康拉德也有他的計畫。

　　奧匈帝國的皇帝活得夠長，他忍受了布魯西洛夫進攻的消息，聽到了他長期擔心的羅馬尼亞宣戰，見到了春天光彩照人的解救者法金漢在秋天被德皇免去職務。這位老人根深蒂固的悲觀主義和內心深處對不幸的預感再次以雙重力道壓倒了他。此前他不是經常看到這些虛幻的開端嗎？真的，普魯士的戰火似乎不可能熄滅，羅馬尼亞已經遭受了他自己背信棄義的懲罰。勝利的夏天光明燦爛，但也轉瞬而逝。烏雲重新聚集起來。顯然，就如他向來堅信不疑而且經常公開表白的那樣，通向戰爭終點的道路是艱難的。而現在他的生命已經走到終點。

　　自大戰開始以來，他很少在公共場合露面。他拒絕所有假期，在申布倫宮有條不紊地、辛勞地完成日常事務。細心的宮廷大臣禁止皇宮窗前的御花園對大眾開放。廣為散布的謠傳說，皇帝已經駕崩，但被作為偶像和象徵停棺存放起來。有關百姓的社會與經濟生活等等那些令人不快的詳情都小心翼翼地瞞著他。但是他豐富的閱歷使他比廷臣和將軍更加明白：糧食短缺和民眾的不滿已到了何等嚴重的地步；因此，當他的首相施蒂爾克伯爵被民主黨領袖的兒子用手槍打死時，法蘭茲·約瑟夫就下定了明確的決心，決定盡可能快速地和平解決。他決心採取任何手段，最遲在 1917 年春季實現和平。作為第一步，他用左翼政治家克貝爾接替遭謀殺的大臣，這位人士受到數百萬飢餓民眾的尊敬，但不為數萬富人所信任。此舉

布魯西洛夫的進攻

是他對奧匈帝國的國事所做的最後貢獻。

到了85歲，支氣管炎總是嚴重的影響他的生活，皇帝咳嗽咳得很厲害，夜不成眠。儘管如此，1916年11月20日凌晨，他已經身著藍色舊制服坐在他辦公桌前。按慣例每天送給他3個資料夾。第一個資料夾準時處理完畢。但是在第二個資料夾看完之前，他的虛弱和發燒狀況已經十分嚴重，所以他的孫女送來教皇的特別祝福，並勸他接受聖禮。中午用4隻小雞給他熬了一碗雞湯，他吃不下。但是中午的文件還是按時發送到各部。下午，大夫們成功地說服他去上床睡覺。他自己從案前起身，但必須靠人攙扶到隔壁臥室。多年來勞心累積的無限疲憊壓倒了他。睡意和死亡在迅速靠近。他吃力地對一位貼身男僕說，「7點鐘叫我，我的工作積壓下來了」，說完立即昏迷過去。各部詢問關於晚間資料夾的事情，值班侍從武官答覆說，今晚不會發送。數小時以後，法蘭茲·約瑟夫66年的統治宣告結束。他在皇位上去世。

儘管大戰沉重地壓在維也納上空，但為這位逝去的統治者所舉辦的葬儀還是相當宏偉。民眾飽受嚴酷的考驗，處於靜默、無助和飢餓之中，他們知道，中歐歷史上漫長的一章已經結束。一定會翻到新的一頁；不，一定會開啟新的一卷。年事已高的帕爾伯爵已經看不到這新的一卷了。他在他的主人去世的第二天對馬爾古蒂說：「我已於昨日死去。」事實上，他在兩天以後的悼念儀式期間去世。與奧皇畢生連繫中止之際，也是這位忠心耿耿侍從的心弦斷裂之時。

但是戰爭還在繼續。

俄羅斯帝國的瓦解

　　1917 年 3 月 13 日下午，俄國駐倫敦大使館通知我們說，他們已經和聖彼得堡失去連繫。數日以來，俄國首都為騷亂所困擾，據信騷亂已被有效地平息。現在突然之間出現了一片沉寂。關於這個沉寂的種種前因後果已經寫有許多著作。沉寂對我們放下了當時事件的帷幕。

　　協約國對德軍 1916 年底的恢復元氣感到震驚和失望，決定採取比以往更密切的協調行動，計畫了他們希望於第二年實施的決定性軍事行動。全體協約國的每一個成員──法國、英國、俄國、義大利、羅馬尼亞和薩洛尼卡──都要在選定的時刻在他們各自的戰線實施攻擊。前景看好。協約國現在擁有差不多是 5：2 的戰力優勢，敵國領土之外的全世界工廠生產的軍火和戰備物資都在源源不斷地輸往協約國。對於俄國無窮無盡的人力所帶來的戰力還是極為期待的，自開戰以來他第一次得到完善的裝備。通往白海海岸不凍港莫曼斯克的雙軌寬距鐵路現在終於建成了。幾千名戰俘及許多罪犯和中國勞工，歷經種種苦難和死亡的折磨，在北極嚴寒的條件中艱辛勞動數月，建成了這條橫貫冰凍平原和沼澤 1,600 英里長的鐵路，現在俄國第一次能與協約國保持永久性的連繫了。他的兵力最近增加了近 200 個營；軍隊後方有大量存放各種炮彈的大型倉庫。似乎沒有軍事上的理由可以解釋為什麼 1917 年看不到協約國的最終勝利，為什麼俄國經歷無限痛苦而不能尋得回報？

　　現在突然陷入了這樣的一片沉寂。我們與他有如此親密的夥伴關係，沒有他一切計畫都將變得毫無意義，這樣一個大國一下子被打啞了。得到俄國的有效支持，全體協約國戰線就能一起出擊。失去這種支持，戰爭很有可能失敗。因此，我們全神貫注地等待通往聖彼得堡的電報線路重新開通。

俄羅斯帝國的瓦解

　　許多溪流匯成洪水氾濫。俄國的革命是由社會、軍事、政治等原因引起的，而社會、軍事、政治力量在一週之內就被目瞪口呆地拋在革命的後面。在革命突然爆發時，所有頭腦清醒的俄國人都參與了革命，它最初的目的是反對戰爭的不幸和錯誤處置，是一場愛國起義。失敗、災難、糧食短缺和禁酒、數百萬人的死亡加上政府的低效和腐敗，激起了全國各階級的共憤，他們除了反叛別無出路，除了君主找不到替罪羊。在過去的一年裡，沙皇和皇后一直是日益增長的怨恨對象。這位痴情而固執的丈夫和父親，擁有絕對權力的君主，顯然不具備擔任危機時期國家統治者的所有能力。他承擔了德國軍隊給予俄國苦難的全部責任。他身後的皇后是一位更加可恨的人物，他蟄居於自己的狹小圈子裡，只聽得進那些知心朋友——女伴維魯波娃夫人，他的精神顧問，淫蕩而神祕的拉斯普丁——的話。在這些人的慫恿下，他擅自支配飽受苦難帝國的整個政策和命運。

　　皇室成員們，姑且不談其他問題，出於對自己身家性命的深切關注，試圖影響自己的主子但無濟於事。杜馬領袖們和獨立人士提出抗議純屬徒勞。協約國大使所給予精心準備的暗示，甚至按本國政府指示而提出的莊嚴正式的警告，也無法發揮作用。尼古拉二世儘管感到苦惱，但仍不改初衷。他像其他人一樣清楚地看到了與日俱增的危險。他不知道避開危險的方法。在他看來，唯獨數世紀以來確立的專制制度能使俄國人迄今為止仍頂著災難繼續活下去。沒有哪個民族遭受過像俄國人那樣的苦難和犧牲。沒有哪個政府、哪個國家遭受過如此規模的考驗並保持了他完整的結構。龐大的國家機器在吱吱嘎嘎作響並發出痛苦的呻吟，但它依然在正常運作。再做一次努力勝利就將到來。改變國家制度，向入侵者敞開大門，捨去任何一部分專制權力，在沙皇的眼裡都將導致徹底的崩潰。因此，儘管每天都陷入更深的焦慮與困惑，他的本能和推理能力仍使他留在固定的位置上。他像是受侮弄的動物，被繫在木樁上，陷入走投無路的虛弱境地。

　　從未承受過這種煎熬的批評家很容易列舉俄國失去的機會。他們輕鬆

地談到，在大戰的嚴重關頭俄國應該改變基本原則，從君主專制政體改為像英國或法國那樣的議會制度。這個建言如此有信心、如此堅定，要對它提出非難指責，不是一件輕易的事。不過，俄國在本書所描述的3次令人生畏的戰役中所取得的軍事勝利和國家成就是一大奇蹟，它令人感到驚訝的程度，絕不亞於後來俄國的崩潰。制度的嚴格屬性賦予制度本身力量，而這種制度一旦遭到破壞，就不可能完全復原。擁有絕對權力的沙皇儘管有許多可悲可嘆的缺點，他還是控制著俄國。絕對無法證明，在這樣一個時期，四分之三的或一半的沙皇統治加上其餘的議會統治就能控制局勢。事實上，沙皇遜位之後，再沒有一個俄國人能夠控制全域。直到一批有點可怕的國際主義者和邏輯學家在基督教文明的廢墟上建立起一個「準人類結構」，才重新出現某種形式的秩序或構想。因此，絕不能肯定地認為對實際步驟逐步接受的觀點是正確的，也不能認為沙皇是錯誤的，儘管他自身有過失和缺點。他畢竟距離安全和成功僅有一步之遙。再過一個月，美國就會參加協約國的事業，這必將給俄國社會帶來新的巨大力量、勇氣和士氣。絕不會再次喪失唾手可得的勝利了，這個勝利將像一輪新日在亞洲荒原和太平洋那邊展現。只要再過一個月就是黎明！只要再過一個月世界就有可能免於遭受前兩年那樣最為悲慘的戰爭苦難。就差這麼一個月。一個短暫而可怕的間隙斷送了光明的前景。過去，尼古拉二世時而一心想著他所皈依的上帝，時而一心想著他心愛的妻兒，現在則只想保住他的皇位。

形形色色的俄國人投身於這場革命，但是沒有哪一種人獲得利益。在1917年3月這些日子裡決心「不惜一切代價求得變革」而紛紛湧上聖彼得堡喧囂街頭和前廳的人群中，有俄國大公、衣著華麗的貴婦、最憤世嫉俗的死硬分子和像普里什克維奇和尤蘇波夫那樣的專制主義者；有像羅江科和古奇科夫那樣的堅定的愛國政治家；有身經百戰的將軍；有舊政權的外交家和金融家；有自由派人士和民主主義者；有像克倫斯基那樣的社會主義者；有堅定的市民和商人；有希望皇太子擺脫居心叵測的顧問的忠誠軍

俄羅斯帝國的瓦解

人；有決心希望俄國清除受德國影響的熱情的民族主義者們；有成千上萬忠心耿耿的農民和工人們……

實際上，廢黜沙皇的行動是他的軍隊首領執行的。1917年3月11日下午，當時尼古拉在莫希列夫的司令部裡，第一批有關聖彼得堡出現騷亂的電報開始湧現。據報導，起初這些騷亂並未引起嚴重後果。如果沙皇在首都，能接見那些當時尚且溫和而現在已經怒不可遏的各派力量，可能還有機會挽回。即使不一定像我們所想的那樣擋開災難，但能減輕騷亂的衝擊。但是他在莫希列夫；而本應統率軍隊的尼古拉大公又處於半放逐狀態，遠在梯弗里斯。1917年3月11日上午，杜馬議長羅江科面對迅速高漲的危機，向他的主人發去如下電報：

形勢嚴峻。首都處於無政府狀態。政府癱瘓。運輸、糧食、燃料等安排完全混亂。普遍的不滿在增加。街上有雜亂槍聲，部分軍隊互相射擊。關鍵是委託對國家抱有信心的某人組成新政府。必不可拖延，任何耽擱皆有致命之憂。我謹祈求上帝，在此時此刻，責任勿由皇上承擔。

羅江科向各集團軍群「前線」總司令和俄國最高軍事委員會的阿列克謝耶夫發去相同電報，要求他們的支持。第二天即1917年3月12日，他再次致電沙皇：

形勢不斷變壞，必須立即採取行動，拖延到明天將為時太晚。決定國家和王朝命運的最後時刻已經來臨。

這消息已經夠嚴重的了，但此時從皇村又傳來了差不多同樣令人不安的消息：皇帝的孩子患上了麻疹。沙皇給他的顧問們的回電表現出僵硬的輕蔑，給皇后的回電則充滿了同情心。

隨著這一天漸漸消逝，阿列克謝耶夫發著燒，焦慮不安地上床休息。沙皇要求速備皇家快班車。他作為君主與父親的職責都需要他返回政府所在地。快班車在午夜準備就緒；但是清掃鐵路上的障礙又花了6個小時。

皇太后已經到達，母子結伴而行。次日下午火車停在德諾無法前進！據說，有一座橋被炸毀或者嚴重受損。沙皇指示走另一條路線，卻平生第一次遇到了赤裸裸的抵抗。現在統治聖彼得堡的當局不允許他進一步靠近。轉向何方？幾個小時過去了。返回莫希列夫？我們不知道沙皇花了多少時間考查這個可能性。或許他已經意識到，未說出口的指責已使最高軍事委員會的氣氛變得多麼沉重。那麼去北方前線 —— 去魯斯基將軍處。在那裡他至少可以找到一位可信賴的司令官，其軍隊離反叛的首都最近。

火車抵達普斯科夫，魯斯基以鄭重的禮節到站迎接。但是與他在一起的有剛到達的杜馬代表古奇科夫和舒利金。一些能幹而堅決的軍政要員在這裡提出坦率的忠告：立即退位，由其子繼承，並由其弟米哈伊爾‧亞歷山德羅維奇大公攝政。沙皇向魯斯基救助；魯斯基預感到了自己的責任，感覺這個問題對他來說太嚴重了。實際上在沙皇到達之前，魯斯基已經與最高軍事委員會和其他司令官有過商量。決定沙皇命運的電報早已透過最高軍事委員會發往整個俄軍戰線。所有集團軍群司令官，包括布魯西洛夫、葉瓦爾什、俄國大公，最後還有遠在羅馬尼亞的薩哈羅夫（他附有諸多保留條件），宣布贊成沙皇退位。文件已經擬訂，古奇科夫拿出了筆。尼古拉準備簽字。沙皇突然發問，他和家人是否可以居住克里米亞的利瓦季亞，皇宮裡有陽光充足的花園，似乎四季常青而且寧靜宜人。然而他被坦率的告知，他必須馬上離開俄國，新的君主必須留在人民中間。在這個問題上，他的父愛壓倒了他對國家承擔的職責，而且確實壓倒了他加冕時的誓言。為避免與兒子分離，他剝奪了皇子的繼承權。於是文件重新擬訂：尼古拉二世遜位，把皇位傳給其弟。這樣，所有的合法權利均處於風雨飄搖之中。

現在什麼都亂了套。沙皇已不再掌權。感到周圍的一切正在土崩瓦解的弟弟，擔心未經國民議會投票不可能得到哥哥放棄的權力。再也沒有任何力量能把促成穩定的思想聚集到一起了。在這裡我們無法追述那既漫長

俄羅斯帝國的瓦解

又迅速且徹底破碎而墜入深淵的帝王世系。不可能有其他結局。這個王朝已經完結。杜馬和地方自治機構的領導人力圖抓住沉舟的邊緣，但已無能為力，如今輪到他們崩潰了。克倫斯基和他的民族主義民主派試圖阻止局勢陷入進一步的混亂之中，卻是徒勞無功。偉大的實幹家們，柯爾尼洛夫將軍和恐怖主義愛國者薩文科夫，力圖集合社會革命力量保衛俄國避免歸於失敗。但他們全都一頭栽進了深淵，在那裡，列寧、托洛茨基、季諾維耶夫等革命人物正在等待著他們的獵物。

這裡我們只想關切地記述一下迄今為止一直在捍衛俄國領土的那些英勇軍隊的毀滅。1917年3月15日聖彼得堡蘇維埃發布了致命的歷史性「第1號命令」；這道命令毀壞了軍隊的紀律，將正在全力戰鬥的俄軍置於選舉出來的委員會控制之下。從此以後，士兵們不再抗擊外國入侵者。他們將精力和仇恨轉向他們自己的軍官。克倫斯基的進攻和從里加橋頭堡逃跑所造成的可恥悲劇在此不值一提。俄國已經變得無力進攻，無力防守，甚至無力撤退。不惜一切代價求得和平成為唯一的目標。強迫那些使俄國遭受屈辱的人之中的最極端分子接受他們行為的後果，這需要列寧運用他所有冷酷嚴峻的邏輯。1917年11月做出了停戰安排，次年3月簽訂了《布列斯特－立陶夫斯克條約》。

因為俄國的局勢變幻不定、晦暗不明，以及對布魯西洛夫突襲造成的創痛記憶猶新，所以在停戰協定簽訂之前仍有大量主要採取守勢的奧軍和德軍被牽制在俄國防線前面。甚至到1917年10月，仍有80個日耳曼師在駐守東線。但是到1917年11月奧地利就在德國的支持下用主力進攻義大利的卡波雷託了；年底，魯登道夫要求霍夫曼做出安排，將1,000,000人——50個師和5,000門大炮——從俄國運往西線。於是1918年驚心動魄的西線大會戰就按其指定的路線進行了，造成英、法和德軍官兵高達2,000,000的死亡或傷殘。

東線戰事宣告結束。

東線悲歌，邱吉爾述說這場失敗者的遊戲：

第一次世界大戰不為人知的一面，以獨到視角重述三大帝國的毀滅

作　　　者：	［英］溫斯頓・邱吉爾（Winston Churchill）
編　　　譯：	伊莉莎
發 行 人：	黃振庭
出 版 者：	複刻文化事業有限公司
發 行 者：	崧燁文化事業有限公司
E - m a i l：	sonbookservice@gmail.com
粉 絲 頁：	https://www.facebook.com/sonbookss/
網　　　址：	https://sonbook.net/
地　　　址：	台北市中正區重慶南路一段61號8樓 8F., No.61, Sec. 1, Chongqing S. Rd., Zhongzheng Dist., Taipei City 100, Taiwan

國家圖書館出版品預行編目資料

東線悲歌，邱吉爾述說這場失敗者的遊戲：第一次世界大戰不為人知的一面，以獨到視角重述三大帝國的毀滅 / ［英］溫斯頓・邱吉爾（Winston Churchill）著，伊莉莎編譯. -- 第一版. -- 臺北市：複刻文化事業有限公司, 2025.01
面；　公分
POD 版
譯　自：The world crisis : the eastern front
ISBN 978-626-7620-42-7(平裝)
1.CST: 第一次世界大戰
740.272　　　　　113019709

電　　　話：	(02)2370-3310
傳　　　真：	(02)2388-1990
印　　　刷：	京峯數位服務有限公司
律師顧問：	廣華律師事務所 張珮琦律師
定　　　價：	420 元
發行日期：	2025 年 01 月第一版

◎本書以 POD 印製
Design Assets from Freepik.com

電子書購買

爽讀 APP　　　臉書